PAINTING

INTERIOR ESTIMATE FORMS BOOK

START DATE _____ END DATE _____

THIS BOOK IS PROPERTY OF -

NAME _____

PHONE _____

ADDRESS _____

EMAIL _____

IF FOUND, PLEASE CONTACT _____

Forms organized and created by Donna-Lea Tomlin

About the Author

Jeff Lockwood is the author of the Amazon best-selling book *Paint Smart, Not Hard*. With over 15 years of experience as a successful painting contractor, Jeff has always been passionate about helping struggling painters get their businesses on the right track. He provides expert advice on equipment, sales, marketing, business networking, proper estimating, and production systems—all with the goal of helping painters achieve financial stability and enjoy more personal freedom, allowing for more time with family and friends.

Since 2008, Jeff has been operating his own painting company in South-Western Ontario, Canada, during which time his company has won numerous local Reader's Choice Business Awards. His company is a proud member of the Grey Bruce Home Builders & Trades Association (OHBA/CHBA), the Thornbury Home Builders & Trades Association, and the Painting Contractors Association (www.pcapainted.org).

In 2024, Jeff was invited to speak on the expert panel "How to Become a Selling Machine" at the Painting Contractors Association Expo at Disney World in Orlando, Florida.

Jeff lives in Chatsworth, Ontario, with his wife Valerie and enjoys spending time with his three wonderful grandchildren. He also offers nationwide painting business coaching through his website, **paintingbizcoach.com**. To contact Jeff for mentoring, coaching, or speaking at your painting-related event, email him at **jeff@paintingbizcoach.com**.

6 Tips for the Best Interior Painting Estimate

As a painting contractor, providing a thorough and accurate interior residential estimate is crucial for setting the right expectations with your client and ensuring your profitability. Here's a step-by-step guide to help you create a professional and comprehensive interior estimate:

1. Pre-Visit Preparation

- **Gather Basic Information**: Before visiting the property, ask the homeowner for details about the project, such as the number of rooms to be painted, the desired timeline, and any special requests. If possible, ask for photos or a rough description of the surfaces to be painted.
- **Research Local Market Rates**: Familiarize yourself with the average painting rates in your area so you can remain competitive while still covering your costs.

2. On-Site Inspection

During the site visit, perform a detailed inspection of the interior to assess the full scope of work. Pay close attention to the following:

- **Room Size and Surface Area**:
  - Measure the square footage of the walls and ceilings to be painted. A laser measure or tape measure works well for this. Also, measure the length of trim, doors, and windows that require painting.
  - **Quick tip**: Calculate the total square footage by multiplying the room's length by its width and height. This will give you a rough idea of the amount of paint and labor required.

- **Surface Condition**:
  - Check for cracks, peeling, or damaged walls that may require repair before painting. Older homes may need extra prep work like sanding or patching.
  - Determine whether the walls need priming, especially if there's a color change or the current paint is dark or stained.
  - Note any water damage, mold, or other issues that could complicate the job and require special treatment or repair.

- **Number of Coats**:
  - Assess whether the walls will require one or two coats of paint. New construction or color changes often require two coats for full coverage.

- **Type of Surface**:
  - Different surfaces (drywall, plaster, wood, or brick) may require different types of paint or prep work.

- Identify any unique surfaces, such as cabinets, wood paneling, or feature walls, that might require specialty finishes or additional labor.

- **Accessibility**:
  - Consider whether any areas are hard to reach (e.g., high ceilings, tight staircases) or if furniture or fixtures will need to be moved. These challenges could increase labor time or require additional equipment like ladders or scaffolding.

- **Additional Services**:
  - Identify if other services like wall repairs, wallpaper removal, or caulking will be required. Offering these services can add value but will also increase the cost.

3. Discuss Details with the Homeowner

- **Color Choices**: Discuss the paint colors, finishes (e.g., matte, eggshell, satin, semi-gloss), and whether they will be using one color throughout or different colors for various rooms or accent walls.

- **Type of Paint**: Recommend the best paint based on their needs (e.g., durability for high-traffic areas, stain resistance for kitchens or bathrooms). Offering high-quality, washable paint might increase the overall cost but can provide better long-term results.

- **Additional Requests**: Clarify any additional services such as removing and re-installing fixtures, outlets, or covering furniture. Ensure you address any special requests from the homeowner upfront to avoid misunderstandings later.

4. Calculate the Estimate

Once you've gathered all the necessary details, it's time to calculate your estimate. Break it down into the following categories:

- **Materials**:
  - Estimate the total amount of paint required. A general rule is that one gallon covers approximately 350 square feet per coat. Adjust based on the surface texture and the number of coats required.
  - Factor in the cost of primer if it's needed. Also, include other materials such as caulk, painter's tape, plastic sheeting, drop cloths, and brushes or rollers.
  - **Paint Cost**: Multiply the total gallons of paint required by the cost per gallon. Add the cost of other materials such as caulking, sanding paper, etc.

- **Labor**:
    - Estimate the total hours needed to complete the job. Labor usually accounts for 60-70% of the overall project cost. Determine how many workers are needed and how long the job will take based on the surface area and complexity.
    - Labor rates vary by location, but typical rates range between **$25 and $75 per hour**.
    - **Example**: If a project is estimated to take 40 hours of labor and you charge $40 per hour, labor costs would total $1,600.

- **Repairs and Prep Work**:
    - If wall repairs, sanding, or additional prep work is needed, calculate the time and materials for this. More extensive repairs should be broken out as separate line items in the estimate.

- **Additional Services**:
    - If the homeowner has requested additional services like wallpaper removal, include a separate charge for that. Wallpaper removal, for example, can cost **$2 to $4 per square foot**, depending on its condition and the difficulty of removal.

- **Travel and Overhead**:
    - Factor in travel time to the job site, especially if it's far from your usual work area.
    - Include overhead costs (insurance, equipment, business expenses) in your calculations.

- **Profit Margin**:
    - Add your profit margin, which typically ranges between **15% and 30%**, depending on your overhead and market conditions.

5. Present a Professional Estimate

- **Use Estimating Software**: To streamline the process and look professional, consider using painting estimating software like **Jobber**, **Estimate Rocket**, **Dripjobs** or **PaintScout**. These tools allow you to create clear, detailed, and branded estimates quickly.

- **Provide a Detailed Breakdown**: List out materials, labor, prep work, and any additional services separately. Homeowners appreciate transparency, and a detailed estimate helps build trust.

- **Terms and Conditions**: Clearly outline the payment terms (e.g., deposit, progress payments, and final payment) and any warranties or guarantees for your work.

6. Follow Up

After submitting the estimate, follow up with the homeowner within a few days. This shows that you are attentive and increases your chances of landing the job. Be prepared to answer any questions or clarify parts of the estimate.

Key Tips for Success:

- **Accuracy**: Ensure your measurements and calculations are accurate. Underestimating materials or labor can cut into your profit, while overestimating can make you less competitive.

- **Professionalism**: Present a well-organized and professional estimate. A clean, detailed quote with branding can help differentiate you from competitors.

- **Transparency**: Be upfront about potential additional costs, such as repairs or unforeseen issues like mold or water damage.

- **Offer Value**: Explain the benefits of using higher-quality materials or opting for multiple coats of paint, even if they increase the cost.

Example Estimate for an Interior Painting Job:

- **Living Room (12x16, 8 ft ceilings)**: 500 sq ft of wall space.
- **Materials**:
    - Paint: 2 gallons at $50 per gallon = $100
    - Primer: 1 gallon at $30 per gallon = $30
    - Other materials: $50
- **Labor**:
    - 10 hours at $40/hour = $400
- **Repairs and Prep**: $150 for minor wall repairs and patching.
- **Total Estimate**: $730

By following these steps and ensuring accuracy in your measurements and labor estimations, you'll create a competitive, professional estimate that helps you win more business and ensures profitability.

ESTIMATE INDEX – CLIENTS NAME   Page

1 _____
2 _____
3 _____
4 _____
5 _____
6 _____
7 _____
8 _____
9 _____
10 _____
11 _____
12 _____
13 _____
14 _____
15 _____
16 _____
17 _____
18 _____
19 _____
20 _____
21 _____
22 _____
23 _____
24 _____   Page #

25
26
27
28
29
30
31
32
33
34
35
36
37
38
39
40
41
42
43
44
45
46
47
48
49
50

QUICK INTERIOR PART REFERENCE

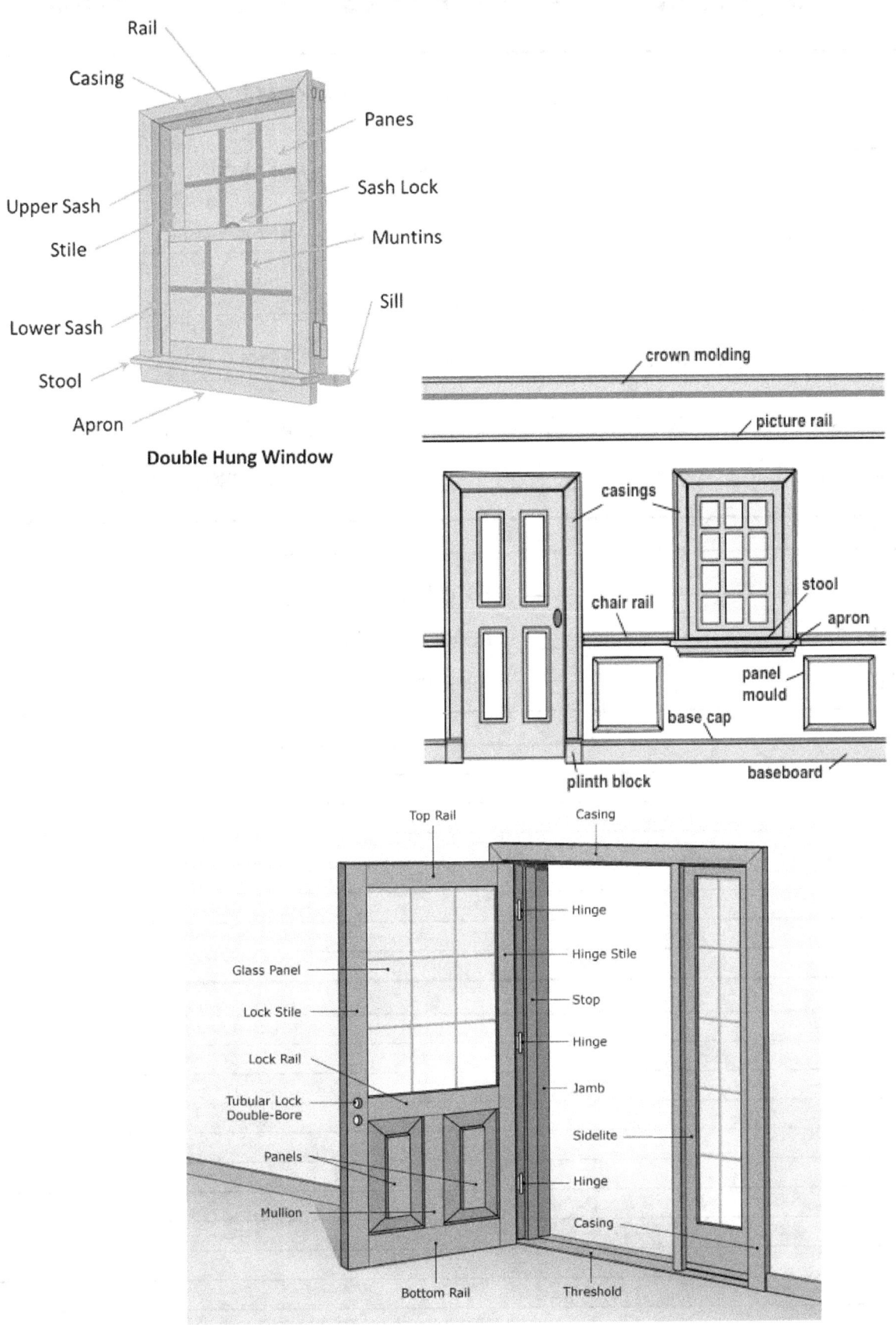

INTERIOR RESIDENTAL PAINTING ESTIMATE FORM

CLIENT CALL DATE: _____ CLIENT CALL BACK DATE: _____

CLIENT SITE VISIT DATE: _____ TIME: _____ CLIENT 2ⁿ CALL BACK DATE: _____

CLIENT NAME: _____ PHONE NUMBER: _____

ADDRESS: _____ EMAIL: _____

CITY: _____ POSTAL CODE _____ OTHER: _____

HOW DID YOU HEAR ABOUT US?   GOOGLE   WEBSITE   MAGAZINE   WORD OF MOUTH   SIGNAGE

CLIENT REFERRAL-NAME: _____   REFERRAL PROGRAM: _____

ESTIMATE DATE: _____ ESTIMATE # _____

REQUESTED START DATE: _____ REQUESTED FINISH DATE: _____

APPROX START DATE: _____ APPROX NUMBER OF DAYS: _____

NOTES:

SPECIAL INSTRUCTIONS:

KITCHEN:	____H	____L x ____W	____L x ____W	____L x ____W	____TOTAL SFT
AREA(S)	____CEILINGS	____CROWN	____WALLS	____TRIM	____DOORS ____CLOSET
COLOUR	_____	_____	_____	_____	_____
BASEBOARD ONLY: ____LF	DOOR TRIM ONLY: ____LF	WINDOW TRIM ONLY: ____LF		DOORS ONLY: ____QTY	
DINING ROOM:	____H	____L x ____W	____L x ____W	____L x ____W	____TOTAL SFT
AREA(S)	____CEILINGS	____CROWN	____WALLS	____TRIM	____DOORS ____CLOSET
COLOUR	_____	_____	_____	_____	_____
BASEBOARD ONLY: ____LF	DOOR TRIM ONLY: ____LF	WINDOW TRIM ONLY: ____LF		DOORS ONLY: ____QTY	
PANTRY:	____H	____L x ____W	____L x ____W	____L x ____W	____TOTAL SFT
AREA(S)	____CEILINGS	____CROWN	____WALLS	____TRIM	____DOORS ____CLOSET
COLOUR	_____	_____	_____	_____	_____
BASEBOARD ONLY: ____LF	DOOR TRIM ONLY: ____LF	WINDOW TRIM ONLY: ____LF		DOORS ONLY: ____QTY	
LIVING ROOM:	____H	____L x ____W	____L x ____W	____L x ____W	____TOTAL SFT
AREA(S)	____CEILINGS	____CROWN	____WALLS	____TRIM	____DOORS ____CLOSET
COLOUR	_____	_____	_____	_____	_____
BASEBOARD ONLY: ____LF	DOOR TRIM ONLY: ____LF	WINDOW TRIM ONLY: ____LF		DOORS ONLY: ____QTY	
LAUNDRY:	____H	____L x ____W	____L x ____W	____L x ____W	____TOTAL SFT
AREA(S)	____CEILINGS	____CROWN	____WALLS	____TRIM	____DOORS ____CLOSET
COLOUR	_____	_____	_____	_____	_____
BASEBOARD ONLY: ____LF	DOOR TRIM ONLY: ____LF	WINDOW TRIM ONLY: ____LF		DOORS ONLY: ____QTY	
MUDROOM:	____H	____L x ____W	____L x ____W	____L x ____W	____TOTAL SFT
AREA(S)	____CEILINGS	____CROWN	____WALLS	____TRIM	____DOORS ____CLOSET
COLOUR	_____	_____	_____	_____	_____
BASEBOARD ONLY: ____LF	DOOR TRIM ONLY: ____LF	WINDOW TRIM ONLY: ____LF		DOORS ONLY: ____QTY	
FOYER:	____H	____L x ____W	____L x ____W	____L x ____W	____TOTAL SFT
AREA(S)	____CEILINGS	____CROWN	____WALLS	____TRIM	____DOORS ____CLOSET
COLOUR	_____	_____	_____	_____	_____
BASEBOARD ONLY: ____LF	DOOR TRIM ONLY: ____LF	WINDOW TRIM ONLY: ____LF		DOORS ONLY: ____QTY	
MASTER BED:	____H	____L x ____W	____L x ____W	____L x ____W	____TOTAL SFT
AREA(S)	____CEILINGS	____CROWN	____WALLS	____TRIM	____DOORS ____CLOSET
COLOUR	_____	_____	_____	_____	_____
BASEBOARD ONLY: ____LF	DOOR TRIM ONLY: ____LF	WINDOW TRIM ONLY: ____LF		DOORS ONLY: ____QTY	
ENSUITE:	____H	____L x ____W	____L x ____W	____L x ____W	____TOTAL SFT
AREA(S)	____CEILINGS	____CROWN	____WALLS	____TRIM	____DOORS ____CLOSET
COLOUR	_____	_____	_____	_____	_____
BASEBOARD ONLY: ____LF	DOOR TRIM ONLY: ____LF	WINDOW TRIM ONLY: ____LF		DOORS ONLY: ____QTY	
BEDROOM 1:	____H	____L x ____W	____L x ____W	____L x ____W	____TOTAL SFT
AREA(S)	____CEILINGS	____CROWN	____WALLS	____TRIM	____DOORS ____CLOSET
COLOUR	_____	_____	_____	_____	_____
BASEBOARD ONLY: ____LF	DOOR TRIM ONLY: ____LF	WINDOW TRIM ONLY: ____LF		DOORS ONLY: ____QTY	
BEDROOM 2:	____H	____L x ____W	____L x ____W	____L x ____W	____TOTAL SFT
AREA(S)	____CEILINGS	____CROWN	____WALLS	____TRIM	____DOORS ____CLOSET
COLOUR	_____	_____	_____	_____	_____
BASEBOARD ONLY: ____LF	DOOR TRIM ONLY: ____LF	WINDOW TRIM ONLY: ____LF		DOORS ONLY: ____QTY	
BEDROOM 3:	____H	____L x ____W	____L x ____W	____L x ____W	____TOTAL SFT
AREA(S)	____CEILINGS	____CROWN	____WALLS	____TRIM	____DOORS ____CLOSET
COLOUR	_____	_____	_____	_____	_____
BASEBOARD ONLY: ____LF	DOOR TRIM ONLY: ____LF	WINDOW TRIM ONLY: ____LF		DOORS ONLY: ____QTY	
BEDROOM 4:	____H	____L x ____W	____L x ____W	____L x ____W	____TOTAL SFT
AREA(S)	____CEILINGS	____CROWN	____WALLS	____TRIM	____DOORS ____CLOSET
COLOUR	_____	_____	_____	_____	_____
BASEBOARD ONLY: ____LF	DOOR TRIM ONLY: ____LF	WINDOW TRIM ONLY: ____LF		DOORS ONLY: ____QTY	
MAIN BATH:	____H	____L x ____W	____L x ____W	____L x ____W	____TOTAL SFT
AREA(S)	____CEILINGS	____CROWN	____WALLS	____TRIM	____DOORS ____CLOSET
COLOUR	_____	_____	_____	_____	_____
BASEBOARD ONLY: ____LF	DOOR TRIM ONLY: ____LF	WINDOW TRIM ONLY: ____LF		DOORS ONLY: ____QTY	
BATH 1:	____H	____L x ____W	____L x ____W	____L x ____W	____TOTAL SFT
AREA(S)	____CEILINGS	____CROWN	____WALLS	____TRIM	____DOORS ____CLOSET
COLOUR	_____	_____	_____	_____	_____
BASEBOARD ONLY: ____LF	DOOR TRIM ONLY: ____LF	WINDOW TRIM ONLY: ____LF		DOORS ONLY: ____QTY	

ATH 2:	_____H	_____ L x ___ W	_____ L x ___ W	_____ L x ___ W	_____ TOTAL SFT
AREA(S)	_____CEILINGS	_____CROWN	_____WALLS	_____TRIM	_____DOORS _____ CLOSET
COLOUR					
BASEBOARD ONLY: _____LF	DOOR TRIM ONLY: _____LF	WINDOW TRIM ONLY: _____LF	DOORS ONLY: _____QTY		

POWDER ROOM:	_____H	_____ L x ___ W	_____ L x ___ W	_____ L x ___ W	_____ TOTAL SFT
AREA(S)	_____CEILINGS	_____CROWN	_____WALLS	_____TRIM	_____DOORS _____ CLOSET
COLOUR					
BASEBOARD ONLY: _____LF	DOOR TRIM ONLY: _____LF	WINDOW TRIM ONLY: _____LF	DOORS ONLY: _____QTY		

REC ROOM	_____H	_____ L x ___ W	_____ L x ___ W	_____ L x ___ W	_____ TOTAL SFT
AREA(S)	_____CEILINGS	_____CROWN	_____WALLS	_____TRIM	_____DOORS _____ CLOSET
COLOUR					
BASEBOARD ONLY: _____LF	DOOR TRIM ONLY: _____LF	WINDOW TRIM ONLY: _____LF	DOORS ONLY: _____QTY		

MAIN FLOOR HALL:	_____H	_____ L x ___ W	_____ L x ___ W	_____ L x ___ W	_____ TOTAL SFT
AREA(S)	_____CEILINGS	_____CROWN	_____WALLS	_____TRIM	_____DOORS _____ CLOSET
COLOUR					
BASEBOARD ONLY: _____LF	DOOR TRIM ONLY: _____LF	WINDOW TRIM ONLY: _____LF	DOORS ONLY: _____QTY		

UPPER HALL:	_____H	_____ L x ___ W	_____ L x ___ W	_____ L x ___ W	_____ TOTAL SFT
AREA(S)	_____CEILINGS	_____CROWN	_____WALLS	_____TRIM	_____DOORS _____ CLOSET
COLOUR					
BASEBOARD ONLY: _____LF	DOOR TRIM ONLY: _____LF	WINDOW TRIM ONLY: _____LF	DOORS ONLY: _____QTY		

UPPER STAIRWELL:	_____H	_____ L x ___ W	_____ L x ___ W	_____ L x ___ W	_____ TOTAL SFT
AREA(S)	_____CEILINGS	_____CROWN	_____WALLS	_____TRIM	_____DOORS _____ CLOSET
COLOUR					
BASEBOARD ONLY: _____LF	DOOR TRIM ONLY: _____LF	WINDOW TRIM ONLY: _____LF	DOORS ONLY: _____QTY		

LOWER HALL:	_____H	_____ L x ___ W	_____ L x ___ W	_____ L x ___ W	_____ TOTAL SFT
AREA(S)	_____CEILINGS	_____CROWN	_____WALLS	_____TRIM	_____DOORS _____ CLOSET
COLOUR					
BASEBOARD ONLY: _____LF	DOOR TRIM ONLY: _____LF	WINDOW TRIM ONLY: _____LF	DOORS ONLY: _____QTY		

LOWER STAIRWELL:	_____H	_____ L x ___ W	_____ L x ___ W	_____ L x ___ W	_____ TOTAL SFT
AREA(S)	_____CEILINGS	_____CROWN	_____WALLS	_____TRIM	_____DOORS _____ CLOSET
COLOUR					
BASEBOARD ONLY: _____LF	DOOR TRIM ONLY: _____LF	WINDOW TRIM ONLY: _____LF	DOORS ONLY: _____QTY		

GARAGE:	_____H	_____ L x ___ W	_____ L x ___ W	_____ L x ___ W	_____ TOTAL SFT
AREA(S)	_____CEILINGS	_____CROWN	_____WALLS	_____TRIM	_____DOORS _____ CLOSET
COLOUR					
BASEBOARD ONLY: _____LF	DOOR TRIM ONLY: _____LF	WINDOW TRIM ONLY: _____LF	DOORS ONLY: _____QTY		

NOTES:

STAIRCASE	TREADS #	RISERS #	STRINGERS #	POSTS #	BALUSTERS #	HANDRAIL #
PRIME						
PAINT						
STAIN						
CLEAR COAT						

KITCHEN	UPPER CABINET DOORS	BASE CABINETS DOORS	DRAWERS	VANITY	OTHER
PRIME					
PAINT					
STAIN					
CLEAR COAT					

WALLPAPER REMOVAL

ROOM(S) _____

ROOM SIZE _____ W x _____ L x _____ H

BORDER _____ YES _____ NO

DRAWING

INTERIOR RESIDENTAL PAINTING ESTIMATE FORM

CLIENT CALL DATE: _____   CLIENT CALL BACK DATE: _____

CLIENT SITE VISIT DATE: _____ TIME: _____   CLIENT 2ᴺ CALL BACK DATE: _____

CLIENT NAME: _____   PHONE NUMBER: _____

ADDRESS: _____   EMAIL: _____

CITY: _____ POSTAL CODE _____   OTHER: _____

HOW DID YOU HEAR ABOUT US?   GOOGLE   WEBSITE   MAGAZINE   WORD OF MOUTH   SIGNAGE

CLIENT REFERRAL-NAME: _____   REFERRAL PROGRAM: _____

ESTIMATE DATE: _____   ESTIMATE # _____

REQUESTED START DATE: _____   REQUESTED FINISH DATE: _____

APPROX START DATE: _____   APPROX NUMBER OF DAYS: _____

NOTES:
_____
_____
_____
_____
_____
_____
_____

SPECIAL INSTRUCTIONS:
_____
_____
_____
_____
_____
_____
_____
_____
_____
_____
_____
_____

KITCHEN:	____H	____L x ___W	____L x ___W	____L x ___W	____TOTAL SFT
AREA(S)	____CEILINGS	____CROWN	____WALLS	____TRIM	____DOORS ____CLOSET
COLOUR					
BASEBOARD ONLY: ____LF	DOOR TRIM ONLY: ____LF		WINDOW TRIM ONLY: ____LF	DOORS ONLY: ____QTY	
DINING ROOM:	____H	____L x ___W	____L x ___W	____L x ___W	____TOTAL SFT
AREA(S)	____CEILINGS	____CROWN	____WALLS	____TRIM	____DOORS ____CLOSET
COLOUR					
BASEBOARD ONLY: ____LF	DOOR TRIM ONLY: ____LF		WINDOW TRIM ONLY: ____LF	DOORS ONLY: ____QTY	
PANTRY:	____H	____L x ___W	____L x ___W	____L x ___W	____TOTAL SFT
AREA(S)	____CEILINGS	____CROWN	____WALLS	____TRIM	____DOORS ____CLOSET
COLOUR					
BASEBOARD ONLY: ____LF	DOOR TRIM ONLY: ____LF		WINDOW TRIM ONLY: ____LF	DOORS ONLY: ____QTY	
LIVING ROOM:	____H	____L x ___W	____L x ___W	____L x ___W	____TOTAL SFT
AREA(S)	____CEILINGS	____CROWN	____WALLS	____TRIM	____DOORS ____CLOSET
COLOUR					
BASEBOARD ONLY: ____LF	DOOR TRIM ONLY: ____LF		WINDOW TRIM ONLY: ____LF	DOORS ONLY: ____QTY	
LAUNDRY:	____H	____L x ___W	____L x ___W	____L x ___W	____TOTAL SFT
AREA(S)	____CEILINGS	____CROWN	____WALLS	____TRIM	____DOORS ____CLOSET
COLOUR					
BASEBOARD ONLY: ____LF	DOOR TRIM ONLY: ____LF		WINDOW TRIM ONLY: ____LF	DOORS ONLY: ____QTY	
MUDROOM:	____H	____L x ___W	____L x ___W	____L x ___W	____TOTAL SFT
AREA(S)	____CEILINGS	____CROWN	____WALLS	____TRIM	____DOORS ____CLOSET
COLOUR					
BASEBOARD ONLY: ____LF	DOOR TRIM ONLY: ____LF		WINDOW TRIM ONLY: ____LF	DOORS ONLY: ____QTY	
FOYER:	____H	____L x ___W	____L x ___W	____L x ___W	____TOTAL SFT
AREA(S)	____CEILINGS	____CROWN	____WALLS	____TRIM	____DOORS ____CLOSET
COLOUR					
BASEBOARD ONLY: ____LF	DOOR TRIM ONLY: ____LF		WINDOW TRIM ONLY: ____LF	DOORS ONLY: ____QTY	
MASTER BED:	____H	____L x ___W	____L x ___W	____L x ___W	____TOTAL SFT
AREA(S)	____CEILINGS	____CROWN	____WALLS	____TRIM	____DOORS ____CLOSET
COLOUR					
BASEBOARD ONLY: ____LF	DOOR TRIM ONLY: ____LF		WINDOW TRIM ONLY: ____LF	DOORS ONLY: ____QTY	
ENSUITE:	____H	____L x ___W	____L x ___W	____L x ___W	____TOTAL SFT
AREA(S)	____CEILINGS	____CROWN	____WALLS	____TRIM	____DOORS ____CLOSET
COLOUR					
BASEBOARD ONLY: ____LF	DOOR TRIM ONLY: ____LF		WINDOW TRIM ONLY: ____LF	DOORS ONLY: ____QTY	
BEDROOM 1:	____H	____L x ___W	____L x ___W	____L x ___W	____TOTAL SFT
AREA(S)	____CEILINGS	____CROWN	____WALLS	____TRIM	____DOORS ____CLOSET
COLOUR					
BASEBOARD ONLY: ____LF	DOOR TRIM ONLY: ____LF		WINDOW TRIM ONLY: ____LF	DOORS ONLY: ____QTY	
BEDROOM 2:	____H	____L x ___W	____L x ___W	____L x ___W	____TOTAL SFT
AREA(S)	____CEILINGS	____CROWN	____WALLS	____TRIM	____DOORS ____CLOSET
COLOUR					
BASEBOARD ONLY: ____LF	DOOR TRIM ONLY: ____LF		WINDOW TRIM ONLY: ____LF	DOORS ONLY: ____QTY	
BEDROOM 3:	____H	____L x ___W	____L x ___W	____L x ___W	____TOTAL SFT
AREA(S)	____CEILINGS	____CROWN	____WALLS	____TRIM	____DOORS ____CLOSET
COLOUR					
BASEBOARD ONLY: ____LF	DOOR TRIM ONLY: ____LF		WINDOW TRIM ONLY: ____LF	DOORS ONLY: ____QTY	
BEDROOM 4:	____H	____L x ___W	____L x ___W	____L x ___W	____TOTAL SFT
AREA(S)	____CEILINGS	____CROWN	____WALLS	____TRIM	____DOORS ____CLOSET
COLOUR					
BASEBOARD ONLY: ____LF	DOOR TRIM ONLY: ____LF		WINDOW TRIM ONLY: ____LF	DOORS ONLY: ____QTY	
MAIN BATH:	____H	____L x ___W	____L x ___W	____L x ___W	____TOTAL SFT
AREA(S)	____CEILINGS	____CROWN	____WALLS	____TRIM	____DOORS ____CLOSET
COLOUR					
BASEBOARD ONLY: ____LF	DOOR TRIM ONLY: ____LF		WINDOW TRIM ONLY: ____LF	DOORS ONLY: ____QTY	
BATH 1:	____H	____L x ___W	____L x ___W	____L x ___W	____TOTAL SFT
AREA(S)	____CEILINGS	____CROWN	____WALLS	____TRIM	____DOORS ____CLOSET
COLOUR					
BASEBOARD ONLY: ____LF	DOOR TRIM ONLY: ____LF		WINDOW TRIM ONLY: ____LF	DOORS ONLY: ____QTY	

ATH 2:	___H	___L x ___W	___L x ___W	___L x ___W	___TOTAL SFT
AREA(S) ___CEILINGS	___CROWN	___WALLS	___TRIM	___DOORS	___CLOSET
COLOUR					
BASEBOARD ONLY: ___LF	DOOR TRIM ONLY: ___LF	WINDOW TRIM ONLY: ___LF		DOORS ONLY: ___QTY	

POWDER ROOM:	___H	___L x ___W	___L x ___W	___L x ___W	___TOTAL SFT
AREA(S) ___CEILINGS	___CROWN	___WALLS	___TRIM	___DOORS	___CLOSET
COLOUR					
BASEBOARD ONLY: ___LF	DOOR TRIM ONLY: ___LF	WINDOW TRIM ONLY: ___LF		DOORS ONLY: ___QTY	

REC ROOM	___H	___L x ___W	___L x ___W	___L x ___W	___TOTAL SFT
AREA(S) ___CEILINGS	___CROWN	___WALLS	___TRIM	___DOORS	___CLOSET
COLOUR					
BASEBOARD ONLY: ___LF	DOOR TRIM ONLY: ___LF	WINDOW TRIM ONLY: ___LF		DOORS ONLY: ___QTY	

MAIN FLOOR HALL:	___H	___L x ___W	___L x ___W	___L x ___W	___TOTAL SFT
AREA(S) ___CEILINGS	___CROWN	___WALLS	___TRIM	___DOORS	___CLOSET
COLOUR					
BASEBOARD ONLY: ___LF	DOOR TRIM ONLY: ___LF	WINDOW TRIM ONLY: ___LF		DOORS ONLY: ___QTY	

UPPER HALL:	___H	___L x ___W	___L x ___W	___L x ___W	___TOTAL SFT
AREA(S) ___CEILINGS	___CROWN	___WALLS	___TRIM	___DOORS	___CLOSET
COLOUR					
BASEBOARD ONLY: ___LF	DOOR TRIM ONLY: ___LF	WINDOW TRIM ONLY: ___LF		DOORS ONLY: ___QTY	

UPPER STAIRWELL:	___H	___L x ___W	___L x ___W	___L x ___W	___TOTAL SFT
AREA(S) ___CEILINGS	___CROWN	___WALLS	___TRIM	___DOORS	___CLOSET
COLOUR					
BASEBOARD ONLY: ___LF	DOOR TRIM ONLY: ___LF	WINDOW TRIM ONLY: ___LF		DOORS ONLY: ___QTY	

LOWER HALL:	___H	___L x ___W	___L x ___W	___L x ___W	___TOTAL SFT
AREA(S) ___CEILINGS	___CROWN	___WALLS	___TRIM	___DOORS	___CLOSET
COLOUR					
BASEBOARD ONLY: ___LF	DOOR TRIM ONLY: ___LF	WINDOW TRIM ONLY: ___LF		DOORS ONLY: ___QTY	

LOWER STAIRWELL:	___H	___L x ___W	___L x ___W	___L x ___W	___TOTAL SFT
AREA(S) ___CEILINGS	___CROWN	___WALLS	___TRIM	___DOORS	___CLOSET
COLOUR					
BASEBOARD ONLY: ___LF	DOOR TRIM ONLY: ___LF	WINDOW TRIM ONLY: ___LF		DOORS ONLY: ___QTY	

GARAGE:	___H	___L x ___W	___L x ___W	___L x ___W	___TOTAL SFT
AREA(S) ___CEILINGS	___CROWN	___WALLS	___TRIM	___DOORS	___CLOSET
COLOUR					
BASEBOARD ONLY: ___LF	DOOR TRIM ONLY: ___LF	WINDOW TRIM ONLY: ___LF		DOORS ONLY: ___QTY	

NOTES:

STAIRCASE	TREADS #	RISERS #	STRINGERS #	POSTS #	BALUSTERS #	HANDRAIL #
PRIME						
PAINT						
STAIN						
CLEAR COAT						

KITCHEN	UPPER CABINET DOORS	BASE CABINETS DOORS	DRAWERS	VANITY	OTHER
PRIME					
PAINT					
STAIN					
CLEAR COAT					

WALLPAPER REMOVAL

ROOM(S) _____

ROOM SIZE _____ W x _____ L x _____ H

BORDER _____ YES _____ NO

DRAWING

INTERIOR RESIDENTAL PAINTING ESTIMATE FORM

CLIENT CALL DATE: _____   CLIENT CALL BACK DATE: _____

CLIENT SITE VISIT DATE: _____ TIME: _____   CLIENT 2ⁿ CALL BACK DATE: _____

CLIENT NAME: _____   PHONE NUMBER: _____

ADDRESS: _____   EMAIL: _____

CITY: _____ POSTAL CODE _____   OTHER: _____

HOW DID YOU HEAR ABOUT US?   GOOGLE   WEBSITE   MAGAZINE   WORD OF MOUTH   SIGNAGE

CLIENT REFERRAL-NAME: _____   REFERRAL PROGRAM: _____

ESTIMATE DATE: _____   ESTIMATE # _____

REQUESTED START DATE: _____   REQUESTED FINISH DATE: _____

APPROX START DATE: _____   APPROX NUMBER OF DAYS: _____

NOTES:
_____
_____
_____
_____
_____
_____
_____

SPECIAL INSTRUCTIONS:
_____
_____
_____
_____
_____
_____
_____
_____
_____
_____
_____
_____

KITCHEN:	____H	____L x ___W	____L x ___W	____L x ___W	____TOTAL SFT
AREA(S)	____CEILINGS	____CROWN	____WALLS	____TRIM	____DOORS ____CLOSET
COLOUR					
BASEBOARD ONLY: ____LF	DOOR TRIM ONLY: ____LF		WINDOW TRIM ONLY: ____LF		DOORS ONLY: ____QTY

DINING ROOM:	____H	____L x ___W	____L x ___W	____L x ___W	____TOTAL SFT
AREA(S)	____CEILINGS	____CROWN	____WALLS	____TRIM	____DOORS ____CLOSET
COLOUR					
BASEBOARD ONLY: ____LF	DOOR TRIM ONLY: ____LF		WINDOW TRIM ONLY: ____LF		DOORS ONLY: ____QTY

PANTRY:	____H	____L x ___W	____L x ___W	____L x ___W	____TOTAL SFT
AREA(S)	____CEILINGS	____CROWN	____WALLS	____TRIM	____DOORS ____CLOSET
COLOUR					
BASEBOARD ONLY: ____LF	DOOR TRIM ONLY: ____LF		WINDOW TRIM ONLY: ____LF		DOORS ONLY: ____QTY

LIVING ROOM:	____H	____L x ___W	____L x ___W	____L x ___W	____TOTAL SFT
AREA(S)	____CEILINGS	____CROWN	____WALLS	____TRIM	____DOORS ____CLOSET
COLOUR					
BASEBOARD ONLY: ____LF	DOOR TRIM ONLY: ____LF		WINDOW TRIM ONLY: ____LF		DOORS ONLY: ____QTY

LAUNDRY:	____H	____L x ___W	____L x ___W	____L x ___W	____TOTAL SFT
AREA(S)	____CEILINGS	____CROWN	____WALLS	____TRIM	____DOORS ____CLOSET
COLOUR					
BASEBOARD ONLY: ____LF	DOOR TRIM ONLY: ____LF		WINDOW TRIM ONLY: ____LF		DOORS ONLY: ____QTY

MUDROOM:	____H	____L x ___W	____L x ___W	____L x ___W	____TOTAL SFT
AREA(S)	____CEILINGS	____CROWN	____WALLS	____TRIM	____DOORS ____CLOSET
COLOUR					
BASEBOARD ONLY: ____LF	DOOR TRIM ONLY: ____LF		WINDOW TRIM ONLY: ____LF		DOORS ONLY: ____QTY

FOYER:	____H	____L x ___W	____L x ___W	____L x ___W	____TOTAL SFT
AREA(S)	____CEILINGS	____CROWN	____WALLS	____TRIM	____DOORS ____CLOSET
COLOUR					
BASEBOARD ONLY: ____LF	DOOR TRIM ONLY: ____LF		WINDOW TRIM ONLY: ____LF		DOORS ONLY: ____QTY

MASTER BED:	____H	____L x ___W	____L x ___W	____L x ___W	____TOTAL SFT
AREA(S)	____CEILINGS	____CROWN	____WALLS	____TRIM	____DOORS ____CLOSET
COLOUR					
BASEBOARD ONLY: ____LF	DOOR TRIM ONLY: ____LF		WINDOW TRIM ONLY: ____LF		DOORS ONLY: ____QTY

ENSUITE:	____H	____L x ___W	____L x ___W	____L x ___W	____TOTAL SFT
AREA(S)	____CEILINGS	____CROWN	____WALLS	____TRIM	____DOORS ____CLOSET
COLOUR					
BASEBOARD ONLY: ____LF	DOOR TRIM ONLY: ____LF		WINDOW TRIM ONLY: ____LF		DOORS ONLY: ____QTY

BEDROOM 1:	____H	____L x ___W	____L x ___W	____L x ___W	____TOTAL SFT
AREA(S)	____CEILINGS	____CROWN	____WALLS	____TRIM	____DOORS ____CLOSET
COLOUR					
BASEBOARD ONLY: ____LF	DOOR TRIM ONLY: ____LF		WINDOW TRIM ONLY: ____LF		DOORS ONLY: ____QTY

BEDROOM 2:	____H	____L x ___W	____L x ___W	____L x ___W	____TOTAL SFT
AREA(S)	____CEILINGS	____CROWN	____WALLS	____TRIM	____DOORS ____CLOSET
COLOUR					
BASEBOARD ONLY: ____LF	DOOR TRIM ONLY: ____LF		WINDOW TRIM ONLY: ____LF		DOORS ONLY: ____QTY

BEDROOM 3:	____H	____L x ___W	____L x ___W	____L x ___W	____TOTAL SFT
AREA(S)	____CEILINGS	____CROWN	____WALLS	____TRIM	____DOORS ____CLOSET
COLOUR					
BASEBOARD ONLY: ____LF	DOOR TRIM ONLY: ____LF		WINDOW TRIM ONLY: ____LF		DOORS ONLY: ____QTY

BEDROOM 4:	____H	____L x ___W	____L x ___W	____L x ___W	____TOTAL SFT
AREA(S)	____CEILINGS	____CROWN	____WALLS	____TRIM	____DOORS ____CLOSET
COLOUR					
BASEBOARD ONLY: ____LF	DOOR TRIM ONLY: ____LF		WINDOW TRIM ONLY: ____LF		DOORS ONLY: ____QTY

MAIN BATH:	____H	____L x ___W	____L x ___W	____L x ___W	____TOTAL SFT
AREA(S)	____CEILINGS	____CROWN	____WALLS	____TRIM	____DOORS ____CLOSET
COLOUR					
BASEBOARD ONLY: ____LF	DOOR TRIM ONLY: ____LF		WINDOW TRIM ONLY: ____LF		DOORS ONLY: ____QTY

BATH 1:	____H	____L x ___W	____L x ___W	____L x ___W	____TOTAL SFT
AREA(S)	____CEILINGS	____CROWN	____WALLS	____TRIM	____DOORS ____CLOSET
COLOUR					
BASEBOARD ONLY: ____LF	DOOR TRIM ONLY: ____LF		WINDOW TRIM ONLY: ____LF		DOORS ONLY: ____QTY

ATH 2:	___H	___L x ___W	___L x ___W	___L x ___W	___TOTAL SFT
AREA(S) ___CEILINGS	___CROWN	___WALLS	___TRIM	___DOORS	___CLOSET
COLOUR					
BASEBOARD ONLY: ___LF	DOOR TRIM ONLY: ___LF	WINDOW TRIM ONLY: ___LF		DOORS ONLY: ___QTY	

POWDER ROOM:	___H	___L x ___W	___L x ___W	___L x ___W	___TOTAL SFT
AREA(S) ___CEILINGS	___CROWN	___WALLS	___TRIM	___DOORS	___CLOSET
COLOUR					
BASEBOARD ONLY: ___LF	DOOR TRIM ONLY: ___LF	WINDOW TRIM ONLY: ___LF		DOORS ONLY: ___QTY	

REC ROOM	___H	___L x ___W	___L x ___W	___L x ___W	___TOTAL SFT
AREA(S) ___CEILINGS	___CROWN	___WALLS	___TRIM	___DOORS	___CLOSET
COLOUR					
BASEBOARD ONLY: ___LF	DOOR TRIM ONLY: ___LF	WINDOW TRIM ONLY: ___LF		DOORS ONLY: ___QTY	

MAIN FLOOR HALL:	___H	___L x ___W	___L x ___W	___L x ___W	___TOTAL SFT
AREA(S) ___CEILINGS	___CROWN	___WALLS	___TRIM	___DOORS	___CLOSET
COLOUR					
BASEBOARD ONLY: ___LF	DOOR TRIM ONLY: ___LF	WINDOW TRIM ONLY: ___LF		DOORS ONLY: ___QTY	

UPPER HALL:	___H	___L x ___W	___L x ___W	___L x ___W	___TOTAL SFT
AREA(S) ___CEILINGS	___CROWN	___WALLS	___TRIM	___DOORS	___CLOSET
COLOUR					
BASEBOARD ONLY: ___LF	DOOR TRIM ONLY: ___LF	WINDOW TRIM ONLY: ___LF		DOORS ONLY: ___QTY	

UPPER STAIRWELL:	___H	___L x ___W	___L x ___W	___L x ___W	___TOTAL SFT
AREA(S) ___CEILINGS	___CROWN	___WALLS	___TRIM	___DOORS	___CLOSET
COLOUR					
BASEBOARD ONLY: ___LF	DOOR TRIM ONLY: ___LF	WINDOW TRIM ONLY: ___LF		DOORS ONLY: ___QTY	

LOWER HALL:	___H	___L x ___W	___L x ___W	___L x ___W	___TOTAL SFT
AREA(S) ___CEILINGS	___CROWN	___WALLS	___TRIM	___DOORS	___CLOSET
COLOUR					
BASEBOARD ONLY: ___LF	DOOR TRIM ONLY: ___LF	WINDOW TRIM ONLY: ___LF		DOORS ONLY: ___QTY	

LOWER STAIRWELL:	___H	___L x ___W	___L x ___W	___L x ___W	___TOTAL SFT
AREA(S) ___CEILINGS	___CROWN	___WALLS	___TRIM	___DOORS	___CLOSET
COLOUR					
BASEBOARD ONLY: ___LF	DOOR TRIM ONLY: ___LF	WINDOW TRIM ONLY: ___LF		DOORS ONLY: ___QTY	

GARAGE:	___H	___L x ___W	___L x ___W	___L x ___W	___TOTAL SFT
AREA(S) ___CEILINGS	___CROWN	___WALLS	___TRIM	___DOORS	___CLOSET
COLOUR					
BASEBOARD ONLY: ___LF	DOOR TRIM ONLY: ___LF	WINDOW TRIM ONLY: ___LF		DOORS ONLY: ___QTY	

NOTES:

STAIRCASE	TREADS #	RISERS #	STRINGERS #	POSTS #	BALUSTERS #	HANDRAIL #
PRIME						
PAINT						
STAIN						
CLEAR COAT						

KITCHEN	UPPER CABINET DOORS	BASE CABINETS DOORS	DRAWERS	VANITY	OTHER
PRIME					
PAINT					
STAIN					
CLEAR COAT					

WALLPAPER REMOVAL

ROOM(S) _____

ROOM SIZE _____ W x _____ L x _____ H

BORDER _____ YES _____ NO

DRAWING

INTERIOR RESIDENTAL PAINTING ESTIMATE FORM

CLIENT CALL DATE: _____ CLIENT CALL BACK DATE: _____

CLIENT SITE VISIT DATE: _____ TIME: _____ CLIENT 2ᴺ CALL BACK DATE: _____

CLIENT NAME: _____ PHONE NUMBER: _____

ADDRESS: _____ EMAIL: _____

CITY: _____ POSTAL CODE _____ OTHER: _____

HOW DID YOU HEAR ABOUT US?   GOOGLE   WEBSITE   MAGAZINE   WORD OF MOUTH   SIGNAGE

CLIENT REFERRAL-NAME: _____   REFERRAL PROGRAM: _____

ESTIMATE DATE: _____ ESTIMATE # _____

REQUESTED START DATE: _____ REQUESTED FINISH DATE: _____

APPROX START DATE: _____ APPROX NUMBER OF DAYS: _____

NOTES:

SPECIAL INSTRUCTIONS:

KITCHEN:	____H	____L x ____W	____L x ____W	____L x ____W	____TOTAL SFT
AREA(S)	____CEILINGS	____CROWN	____WALLS	____TRIM	____DOORS ____CLOSET
COLOUR					
BASEBOARD ONLY: ____LF	DOOR TRIM ONLY: ____LF	WINDOW TRIM ONLY: ____LF	DOORS ONLY: ____QTY		
DINING ROOM:	____H	____L x ____W	____L x ____W	____L x ____W	____TOTAL SFT
AREA(S)	____CEILINGS	____CROWN	____WALLS	____TRIM	____DOORS ____CLOSET
COLOUR					
BASEBOARD ONLY: ____LF	DOOR TRIM ONLY: ____LF	WINDOW TRIM ONLY: ____LF	DOORS ONLY: ____QTY		
PANTRY:	____H	____L x ____W	____L x ____W	____L x ____W	____TOTAL SFT
AREA(S)	____CEILINGS	____CROWN	____WALLS	____TRIM	____DOORS ____CLOSET
COLOUR					
BASEBOARD ONLY: ____LF	DOOR TRIM ONLY: ____LF	WINDOW TRIM ONLY: ____LF	DOORS ONLY: ____QTY		
LIVING ROOM:	____H	____L x ____W	____L x ____W	____L x ____W	____TOTAL SFT
AREA(S)	____CEILINGS	____CROWN	____WALLS	____TRIM	____DOORS ____CLOSET
COLOUR					
BASEBOARD ONLY: ____LF	DOOR TRIM ONLY: ____LF	WINDOW TRIM ONLY: ____LF	DOORS ONLY: ____QTY		
LAUNDRY:	____H	____L x ____W	____L x ____W	____L x ____W	____TOTAL SFT
AREA(S)	____CEILINGS	____CROWN	____WALLS	____TRIM	____DOORS ____CLOSET
COLOUR					
BASEBOARD ONLY: ____LF	DOOR TRIM ONLY: ____LF	WINDOW TRIM ONLY: ____LF	DOORS ONLY: ____QTY		
MUDROOM:	____H	____L x ____W	____L x ____W	____L x ____W	____TOTAL SFT
AREA(S)	____CEILINGS	____CROWN	____WALLS	____TRIM	____DOORS ____CLOSET
COLOUR					
BASEBOARD ONLY: ____LF	DOOR TRIM ONLY: ____LF	WINDOW TRIM ONLY: ____LF	DOORS ONLY: ____QTY		
FOYER:	____H	____L x ____W	____L x ____W	____L x ____W	____TOTAL SFT
AREA(S)	____CEILINGS	____CROWN	____WALLS	____TRIM	____DOORS ____CLOSET
COLOUR					
BASEBOARD ONLY: ____LF	DOOR TRIM ONLY: ____LF	WINDOW TRIM ONLY: ____LF	DOORS ONLY: ____QTY		
MASTER BED:	____H	____L x ____W	____L x ____W	____L x ____W	____TOTAL SFT
AREA(S)	____CEILINGS	____CROWN	____WALLS	____TRIM	____DOORS ____CLOSET
COLOUR					
BASEBOARD ONLY: ____LF	DOOR TRIM ONLY: ____LF	WINDOW TRIM ONLY: ____LF	DOORS ONLY: ____QTY		
ENSUITE:	____H	____L x ____W	____L x ____W	____L x ____W	____TOTAL SFT
AREA(S)	____CEILINGS	____CROWN	____WALLS	____TRIM	____DOORS ____CLOSET
COLOUR					
BASEBOARD ONLY: ____LF	DOOR TRIM ONLY: ____LF	WINDOW TRIM ONLY: ____LF	DOORS ONLY: ____QTY		
BEDROOM 1:	____H	____L x ____W	____L x ____W	____L x ____W	____TOTAL SFT
AREA(S)	____CEILINGS	____CROWN	____WALLS	____TRIM	____DOORS ____CLOSET
COLOUR					
BASEBOARD ONLY: ____LF	DOOR TRIM ONLY: ____LF	WINDOW TRIM ONLY: ____LF	DOORS ONLY: ____QTY		
BEDROOM 2:	____H	____L x ____W	____L x ____W	____L x ____W	____TOTAL SFT
AREA(S)	____CEILINGS	____CROWN	____WALLS	____TRIM	____DOORS ____CLOSET
COLOUR					
BASEBOARD ONLY: ____LF	DOOR TRIM ONLY: ____LF	WINDOW TRIM ONLY: ____LF	DOORS ONLY: ____QTY		
BEDROOM 3:	____H	____L x ____W	____L x ____W	____L x ____W	____TOTAL SFT
AREA(S)	____CEILINGS	____CROWN	____WALLS	____TRIM	____DOORS ____CLOSET
COLOUR					
BASEBOARD ONLY: ____LF	DOOR TRIM ONLY: ____LF	WINDOW TRIM ONLY: ____LF	DOORS ONLY: ____QTY		
BEDROOM 4:	____H	____L x ____W	____L x ____W	____L x ____W	____TOTAL SFT
AREA(S)	____CEILINGS	____CROWN	____WALLS	____TRIM	____DOORS ____CLOSET
COLOUR					
BASEBOARD ONLY: ____LF	DOOR TRIM ONLY: ____LF	WINDOW TRIM ONLY: ____LF	DOORS ONLY: ____QTY		
MAIN BATH:	____H	____L x ____W	____L x ____W	____L x ____W	____TOTAL SFT
AREA(S)	____CEILINGS	____CROWN	____WALLS	____TRIM	____DOORS ____CLOSET
COLOUR					
BASEBOARD ONLY: ____LF	DOOR TRIM ONLY: ____LF	WINDOW TRIM ONLY: ____LF	DOORS ONLY: ____QTY		
BATH 1:	____H	____L x ____W	____L x ____W	____L x ____W	____TOTAL SFT
AREA(S)	____CEILINGS	____CROWN	____WALLS	____TRIM	____DOORS ____CLOSET
COLOUR					
BASEBOARD ONLY: ____LF	DOOR TRIM ONLY: ____LF	WINDOW TRIM ONLY: ____LF	DOORS ONLY: ____QTY		

ATH 2: _____H	_____ L x ___ W	_____ L x ___ W	_____ L x ___ W	___ TOTAL SFT	
AREA(S) ____CEILINGS	_____CROWN	_____WALLS	_____TRIM	_____DOORS	____CLOSET
COLOUR _____	_____	_____	_____	_____	_____
BASEBOARD ONLY: _____LF	DOOR TRIM ONLY: _____LF	WINDOW TRIM ONLY: _____LF	DOORS ONLY: _____QTY		

POWDER ROOM: _____H	_____ L x ___ W	_____ L x ___ W	_____ L x ___ W	___ TOTAL SFT	
AREA(S) ____CEILINGS	_____CROWN	_____WALLS	_____TRIM	_____DOORS	____CLOSET
COLOUR _____	_____	_____	_____	_____	_____
BASEBOARD ONLY: _____LF	DOOR TRIM ONLY: _____LF	WINDOW TRIM ONLY: _____LF	DOORS ONLY: _____QTY		

REC ROOM _____H	_____ L x ___ W	_____ L x ___ W	_____ L x ___ W	___ TOTAL SFT	
AREA(S) ____CEILINGS	_____CROWN	_____WALLS	_____TRIM	_____DOORS	____CLOSET
COLOUR _____	_____	_____	_____	_____	_____
BASEBOARD ONLY: _____LF	DOOR TRIM ONLY: _____LF	WINDOW TRIM ONLY: _____LF	DOORS ONLY: _____QTY		

MAIN FLOOR HALL: _____H	_____ L x ___ W	_____ L x ___ W	_____ L x ___ W	___ TOTAL SFT	
AREA(S) ____CEILINGS	_____CROWN	_____WALLS	_____TRIM	_____DOORS	____CLOSET
COLOUR _____	_____	_____	_____	_____	_____
BASEBOARD ONLY: _____LF	DOOR TRIM ONLY: _____LF	WINDOW TRIM ONLY: _____LF	DOORS ONLY: _____QTY		

UPPER HALL: _____H	_____ L x ___ W	_____ L x ___ W	_____ L x ___ W	___ TOTAL SFT	
AREA(S) ____CEILINGS	_____CROWN	_____WALLS	_____TRIM	_____DOORS	____CLOSET
COLOUR _____	_____	_____	_____	_____	_____
BASEBOARD ONLY: _____LF	DOOR TRIM ONLY: _____LF	WINDOW TRIM ONLY: _____LF	DOORS ONLY: _____QTY		

UPPER STAIRWELL: _____H	_____ L x ___ W	_____ L x ___ W	_____ L x ___ W	___ TOTAL SFT	
AREA(S) ____CEILINGS	_____CROWN	_____WALLS	_____TRIM	_____DOORS	____CLOSET
COLOUR _____	_____	_____	_____	_____	_____
BASEBOARD ONLY: _____LF	DOOR TRIM ONLY: _____LF	WINDOW TRIM ONLY: _____LF	DOORS ONLY: _____QTY		

LOWER HALL: _____H	_____ L x ___ W	_____ L x ___ W	_____ L x ___ W	___ TOTAL SFT	
AREA(S) ____CEILINGS	_____CROWN	_____WALLS	_____TRIM	_____DOORS	____CLOSET
COLOUR _____	_____	_____	_____	_____	_____
BASEBOARD ONLY: _____LF	DOOR TRIM ONLY: _____LF	WINDOW TRIM ONLY: _____LF	DOORS ONLY: _____QTY		

LOWER STAIRWELL: _____H	_____ L x ___ W	_____ L x ___ W	_____ L x ___ W	___ TOTAL SFT	
AREA(S) ____CEILINGS	_____CROWN	_____WALLS	_____TRIM	_____DOORS	____CLOSET
COLOUR _____	_____	_____	_____	_____	_____
BASEBOARD ONLY: _____LF	DOOR TRIM ONLY: _____LF	WINDOW TRIM ONLY: _____LF	DOORS ONLY: _____QTY		

GARAGE: _____H	_____ L x ___ W	_____ L x ___ W	_____ L x ___ W	___ TOTAL SFT	
AREA(S) ____CEILINGS	_____CROWN	_____WALLS	_____TRIM	_____DOORS	____CLOSET
COLOUR _____	_____	_____	_____	_____	_____
BASEBOARD ONLY: _____LF	DOOR TRIM ONLY: _____LF	WINDOW TRIM ONLY: _____LF	DOORS ONLY: _____QTY		

NOTES:

STAIRCASE	TREADS #	RISERS #	STRINGERS #	POSTS #	BALUSTERS #	HANDRAIL #
PRIME						
PAINT						
STAIN						
CLEAR COAT						

KITCHEN	UPPER CABINET DOORS	BASE CABINETS DOORS	DRAWERS	VANITY	OTHER
PRIME					
PAINT					
STAIN					
CLEAR COAT					

WALLPAPER REMOVAL

ROOM(S) _____

ROOM SIZE _____ W x _____ L x _____ H

BORDER _____ YES _____ NO

DRAWING

INTERIOR RESIDENTAL PAINTING ESTIMATE FORM

CLIENT CALL DATE: _____ CLIENT CALL BACK DATE: _____

CLIENT SITE VISIT DATE: _____ TIME: _____ CLIENT 2ᴺ CALL BACK DATE: _____

CLIENT NAME: _____ PHONE NUMBER: _____

ADDRESS: _____ EMAIL: _____

CITY: _____ POSTAL CODE _____ OTHER: _____

HOW DID YOU HEAR ABOUT US?   GOOGLE   WEBSITE   MAGAZINE   WORD OF MOUTH   SIGNAGE

CLIENT REFERRAL-NAME: _____ REFERRAL PROGRAM: _____

ESTIMATE DATE: _____ ESTIMATE # _____

REQUESTED START DATE: _____ REQUESTED FINISH DATE: _____

APPROX START DATE: _____ APPROX NUMBER OF DAYS: _____

NOTES:
_____
_____
_____
_____
_____
_____
_____

SPECIAL INSTRUCTIONS:
_____
_____
_____
_____
_____
_____
_____
_____
_____
_____
_____
_____

KITCHEN: ____H	____L x ____W	____L x ____W	____L x ____W	____TOTAL SFT	
AREA(S) ____CEILINGS	____CROWN	____WALLS	____TRIM	____DOORS	____CLOSET
COLOUR _____	_____	_____	_____	_____	_____
BASEBOARD ONLY: ____LF	DOOR TRIM ONLY: ____LF	WINDOW TRIM ONLY: ____LF	DOORS ONLY: ____QTY		
DINING ROOM: ____H	____L x ____W	____L x ____W	____L x ____W	____TOTAL SFT	
AREA(S) ____CEILINGS	____CROWN	____WALLS	____TRIM	____DOORS	____CLOSET
COLOUR _____	_____	_____	_____	_____	_____
BASEBOARD ONLY: ____LF	DOOR TRIM ONLY: ____LF	WINDOW TRIM ONLY: ____LF	DOORS ONLY: ____QTY		
PANTRY: ____H	____L x ____W	____L x ____W	____L x ____W	____TOTAL SFT	
AREA(S) ____CEILINGS	____CROWN	____WALLS	____TRIM	____DOORS	____CLOSET
COLOUR _____	_____	_____	_____	_____	_____
BASEBOARD ONLY: ____LF	DOOR TRIM ONLY: ____LF	WINDOW TRIM ONLY: ____LF	DOORS ONLY: ____QTY		
LIVING ROOM: ____H	____L x ____W	____L x ____W	____L x ____W	____TOTAL SFT	
AREA(S) ____CEILINGS	____CROWN	____WALLS	____TRIM	____DOORS	____CLOSET
COLOUR _____	_____	_____	_____	_____	_____
BASEBOARD ONLY: ____LF	DOOR TRIM ONLY: ____LF	WINDOW TRIM ONLY: ____LF	DOORS ONLY: ____QTY		
LAUNDRY: ____H	____L x ____W	____L x ____W	____L x ____W	____TOTAL SFT	
AREA(S) ____CEILINGS	____CROWN	____WALLS	____TRIM	____DOORS	____CLOSET
COLOUR _____	_____	_____	_____	_____	_____
BASEBOARD ONLY: ____LF	DOOR TRIM ONLY: ____LF	WINDOW TRIM ONLY: ____LF	DOORS ONLY: ____QTY		
MUDROOM: ____H	____L x ____W	____L x ____W	____L x ____W	____TOTAL SFT	
AREA(S) ____CEILINGS	____CROWN	____WALLS	____TRIM	____DOORS	____CLOSET
COLOUR _____	_____	_____	_____	_____	_____
BASEBOARD ONLY: ____LF	DOOR TRIM ONLY: ____LF	WINDOW TRIM ONLY: ____LF	DOORS ONLY: ____QTY		
FOYER: ____H	____L x ____W	____L x ____W	____L x ____W	____TOTAL SFT	
AREA(S) ____CEILINGS	____CROWN	____WALLS	____TRIM	____DOORS	____CLOSET
COLOUR _____	_____	_____	_____	_____	_____
BASEBOARD ONLY: ____LF	DOOR TRIM ONLY: ____LF	WINDOW TRIM ONLY: ____LF	DOORS ONLY: ____QTY		
MASTER BED: ____H	____L x ____W	____L x ____W	____L x ____W	____TOTAL SFT	
AREA(S) ____CEILINGS	____CROWN	____WALLS	____TRIM	____DOORS	____CLOSET
COLOUR _____	_____	_____	_____	_____	_____
BASEBOARD ONLY: ____LF	DOOR TRIM ONLY: ____LF	WINDOW TRIM ONLY: ____LF	DOORS ONLY: ____QTY		
ENSUITE: ____H	____L x ____W	____L x ____W	____L x ____W	____TOTAL SFT	
AREA(S) ____CEILINGS	____CROWN	____WALLS	____TRIM	____DOORS	____CLOSET
COLOUR _____	_____	_____	_____	_____	_____
BASEBOARD ONLY: ____LF	DOOR TRIM ONLY: ____LF	WINDOW TRIM ONLY: ____LF	DOORS ONLY: ____QTY		
BEDROOM 1: ____H	____L x ____W	____L x ____W	____L x ____W	____TOTAL SFT	
AREA(S) ____CEILINGS	____CROWN	____WALLS	____TRIM	____DOORS	____CLOSET
COLOUR _____	_____	_____	_____	_____	_____
BASEBOARD ONLY: ____LF	DOOR TRIM ONLY: ____LF	WINDOW TRIM ONLY: ____LF	DOORS ONLY: ____QTY		
BEDROOM 2: ____H	____L x ____W	____L x ____W	____L x ____W	____TOTAL SFT	
AREA(S) ____CEILINGS	____CROWN	____WALLS	____TRIM	____DOORS	____CLOSET
COLOUR _____	_____	_____	_____	_____	_____
BASEBOARD ONLY: ____LF	DOOR TRIM ONLY: ____LF	WINDOW TRIM ONLY: ____LF	DOORS ONLY: ____QTY		
BEDROOM 3: ____H	____L x ____W	____L x ____W	____L x ____W	____TOTAL SFT	
AREA(S) ____CEILINGS	____CROWN	____WALLS	____TRIM	____DOORS	____CLOSET
COLOUR _____	_____	_____	_____	_____	_____
BASEBOARD ONLY: ____LF	DOOR TRIM ONLY: ____LF	WINDOW TRIM ONLY: ____LF	DOORS ONLY: ____QTY		
BEDROOM 4: ____H	____L x ____W	____L x ____W	____L x ____W	____TOTAL SFT	
AREA(S) ____CEILINGS	____CROWN	____WALLS	____TRIM	____DOORS	____CLOSET
COLOUR _____	_____	_____	_____	_____	_____
BASEBOARD ONLY: ____LF	DOOR TRIM ONLY: ____LF	WINDOW TRIM ONLY: ____LF	DOORS ONLY: ____QTY		
MAIN BATH: ____H	____L x ____W	____L x ____W	____L x ____W	____TOTAL SFT	
AREA(S) ____CEILINGS	____CROWN	____WALLS	____TRIM	____DOORS	____CLOSET
COLOUR _____	_____	_____	_____	_____	_____
BASEBOARD ONLY: ____LF	DOOR TRIM ONLY: ____LF	WINDOW TRIM ONLY: ____LF	DOORS ONLY: ____QTY		
BATH 1: ____H	____L x ____W	____L x ____W	____L x ____W	____TOTAL SFT	
AREA(S) ____CEILINGS	____CROWN	____WALLS	____TRIM	____DOORS	____CLOSET
COLOUR _____	_____	_____	_____	_____	_____
BASEBOARD ONLY: ____LF	DOOR TRIM ONLY: ____LF	WINDOW TRIM ONLY: ____LF	DOORS ONLY: ____QTY		

ATH 2:	____H	____L x ____W	____L x ____W	____L x ____W	____TOTAL SFT
AREA(S)	____CEILINGS	____CROWN	____WALLS	____TRIM	____DOORS ____CLOSET
COLOUR					
BASEBOARD ONLY: ____LF	DOOR TRIM ONLY: ____LF	WINDOW TRIM ONLY: ____LF		DOORS ONLY: ____QTY	

POWDER ROOM:	____H	____L x ____W	____L x ____W	____L x ____W	____TOTAL SFT
AREA(S)	____CEILINGS	____CROWN	____WALLS	____TRIM	____DOORS ____CLOSET
COLOUR					
BASEBOARD ONLY: ____LF	DOOR TRIM ONLY: ____LF	WINDOW TRIM ONLY: ____LF		DOORS ONLY: ____QTY	

REC ROOM	____H	____L x ____W	____L x ____W	____L x ____W	____TOTAL SFT
AREA(S)	____CEILINGS	____CROWN	____WALLS	____TRIM	____DOORS ____CLOSET
COLOUR					
BASEBOARD ONLY: ____LF	DOOR TRIM ONLY: ____LF	WINDOW TRIM ONLY: ____LF		DOORS ONLY: ____QTY	

MAIN FLOOR HALL:	____H	____L x ____W	____L x ____W	____L x ____W	____TOTAL SFT
AREA(S)	____CEILINGS	____CROWN	____WALLS	____TRIM	____DOORS ____CLOSET
COLOUR					
BASEBOARD ONLY: ____LF	DOOR TRIM ONLY: ____LF	WINDOW TRIM ONLY: ____LF		DOORS ONLY: ____QTY	

UPPER HALL:	____H	____L x ____W	____L x ____W	____L x ____W	____TOTAL SFT
AREA(S)	____CEILINGS	____CROWN	____WALLS	____TRIM	____DOORS ____CLOSET
COLOUR					
BASEBOARD ONLY: ____LF	DOOR TRIM ONLY: ____LF	WINDOW TRIM ONLY: ____LF		DOORS ONLY: ____QTY	

UPPER STAIRWELL:	____H	____L x ____W	____L x ____W	____L x ____W	____TOTAL SFT
AREA(S)	____CEILINGS	____CROWN	____WALLS	____TRIM	____DOORS ____CLOSET
COLOUR					
BASEBOARD ONLY: ____LF	DOOR TRIM ONLY: ____LF	WINDOW TRIM ONLY: ____LF		DOORS ONLY: ____QTY	

LOWER HALL:	____H	____L x ____W	____L x ____W	____L x ____W	____TOTAL SFT
AREA(S)	____CEILINGS	____CROWN	____WALLS	____TRIM	____DOORS ____CLOSET
COLOUR					
BASEBOARD ONLY: ____LF	DOOR TRIM ONLY: ____LF	WINDOW TRIM ONLY: ____LF		DOORS ONLY: ____QTY	

LOWER STAIRWELL:	____H	____L x ____W	____L x ____W	____L x ____W	____TOTAL SFT
AREA(S)	____CEILINGS	____CROWN	____WALLS	____TRIM	____DOORS ____CLOSET
COLOUR					
BASEBOARD ONLY: ____LF	DOOR TRIM ONLY: ____LF	WINDOW TRIM ONLY: ____LF		DOORS ONLY: ____QTY	

GARAGE:	____H	____L x ____W	____L x ____W	____L x ____W	____TOTAL SFT
AREA(S)	____CEILINGS	____CROWN	____WALLS	____TRIM	____DOORS ____CLOSET
COLOUR					
BASEBOARD ONLY: ____LF	DOOR TRIM ONLY: ____LF	WINDOW TRIM ONLY: ____LF		DOORS ONLY: ____QTY	

NOTES:

STAIRCASE	TREADS #	RISERS #	STRINGERS #	POSTS #	BALUSTERS #	HANDRAIL #
PRIME						
PAINT						
STAIN						
CLEAR COAT						

KITCHEN	UPPER CABINET DOORS	BASE CABINETS DOORS	DRAWERS	VANITY	OTHER
PRIME					
PAINT					
STAIN					
CLEAR COAT					

WALLPAPER REMOVAL

ROOM(S) _____

ROOM SIZE _____ W x _____ L x _____ H

BORDER _____ YES _____ NO

DRAWING

INTERIOR RESIDENTAL PAINTING ESTIMATE FORM

CLIENT CALL DATE: _____ CLIENT CALL BACK DATE: _____

CLIENT SITE VISIT DATE: _____ TIME: _____ CLIENT 2ⁿ CALL BACK DATE: _____

CLIENT NAME: _____ PHONE NUMBER: _____

ADDRESS: _____ EMAIL: _____

CITY: _____ POSTAL CODE _____ OTHER: _____

HOW DID YOU HEAR ABOUT US?   GOOGLE   WEBSITE   MAGAZINE   WORD OF MOUTH   SIGNAGE

CLIENT REFERRAL-NAME: _____ REFERRAL PROGRAM: _____

ESTIMATE DATE: _____ ESTIMATE # _____

REQUESTED START DATE: _____ REQUESTED FINISH DATE: _____

APPROX START DATE: _____ APPROX NUMBER OF DAYS: _____

NOTES:

SPECIAL INSTRUCTIONS:

KITCHEN:	____H	___L x ___W	___L x ___W	___L x ___W	___TOTAL SFT
AREA(S) ____CEILINGS	____CROWN	____WALLS	____TRIM	____DOORS	____CLOSET
COLOUR _____	_____	_____	_____	_____	_____
BASEBOARD ONLY: ____LF	DOOR TRIM ONLY: ____LF	WINDOW TRIM ONLY: ____LF		DOORS ONLY: ____QTY	
DINING ROOM:	____H	___L x ___W	___L x ___W	___L x ___W	___TOTAL SFT
AREA(S) ____CEILINGS	____CROWN	____WALLS	____TRIM	____DOORS	____CLOSET
COLOUR _____	_____	_____	_____	_____	_____
BASEBOARD ONLY: ____LF	DOOR TRIM ONLY: ____LF	WINDOW TRIM ONLY: ____LF		DOORS ONLY: ____QTY	
PANTRY:	____H	___L x ___W	___L x ___W	___L x ___W	___TOTAL SFT
AREA(S) ____CEILINGS	____CROWN	____WALLS	____TRIM	____DOORS	____CLOSET
COLOUR _____	_____	_____	_____	_____	_____
BASEBOARD ONLY: ____LF	DOOR TRIM ONLY: ____LF	WINDOW TRIM ONLY: ____LF		DOORS ONLY: ____QTY	
LIVING ROOM:	____H	___L x ___W	___L x ___W	___L x ___W	___TOTAL SFT
AREA(S) ____CEILINGS	____CROWN	____WALLS	____TRIM	____DOORS	____CLOSET
COLOUR _____	_____	_____	_____	_____	_____
BASEBOARD ONLY: ____LF	DOOR TRIM ONLY: ____LF	WINDOW TRIM ONLY: ____LF		DOORS ONLY: ____QTY	
LAUNDRY:	____H	___L x ___W	___L x ___W	___L x ___W	___TOTAL SFT
AREA(S) ____CEILINGS	____CROWN	____WALLS	____TRIM	____DOORS	____CLOSET
COLOUR _____	_____	_____	_____	_____	_____
BASEBOARD ONLY: ____LF	DOOR TRIM ONLY: ____LF	WINDOW TRIM ONLY: ____LF		DOORS ONLY: ____QTY	
MUDROOM:	____H	___L x ___W	___L x ___W	___L x ___W	___TOTAL SFT
AREA(S) ____CEILINGS	____CROWN	____WALLS	____TRIM	____DOORS	____CLOSET
COLOUR _____	_____	_____	_____	_____	_____
BASEBOARD ONLY: ____LF	DOOR TRIM ONLY: ____LF	WINDOW TRIM ONLY: ____LF		DOORS ONLY: ____QTY	
FOYER:	____H	___L x ___W	___L x ___W	___L x ___W	___TOTAL SFT
AREA(S) ____CEILINGS	____CROWN	____WALLS	____TRIM	____DOORS	____CLOSET
COLOUR _____	_____	_____	_____	_____	_____
BASEBOARD ONLY: ____LF	DOOR TRIM ONLY: ____LF	WINDOW TRIM ONLY: ____LF		DOORS ONLY: ____QTY	
MASTER BED:	____H	___L x ___W	___L x ___W	___L x ___W	___TOTAL SFT
AREA(S) ____CEILINGS	____CROWN	____WALLS	____TRIM	____DOORS	____CLOSET
COLOUR _____	_____	_____	_____	_____	_____
BASEBOARD ONLY: ____LF	DOOR TRIM ONLY: ____LF	WINDOW TRIM ONLY: ____LF		DOORS ONLY: ____QTY	
ENSUITE:	____H	___L x ___W	___L x ___W	___L x ___W	___TOTAL SFT
AREA(S) ____CEILINGS	____CROWN	____WALLS	____TRIM	____DOORS	____CLOSET
COLOUR _____	_____	_____	_____	_____	_____
BASEBOARD ONLY: ____LF	DOOR TRIM ONLY: ____LF	WINDOW TRIM ONLY: ____LF		DOORS ONLY: ____QTY	
BEDROOM 1:	____H	___L x ___W	___L x ___W	___L x ___W	___TOTAL SFT
AREA(S) ____CEILINGS	____CROWN	____WALLS	____TRIM	____DOORS	____CLOSET
COLOUR _____	_____	_____	_____	_____	_____
BASEBOARD ONLY: ____LF	DOOR TRIM ONLY: ____LF	WINDOW TRIM ONLY: ____LF		DOORS ONLY: ____QTY	
BEDROOM 2:	____H	___L x ___W	___L x ___W	___L x ___W	___TOTAL SFT
AREA(S) ____CEILINGS	____CROWN	____WALLS	____TRIM	____DOORS	____CLOSET
COLOUR _____	_____	_____	_____	_____	_____
BASEBOARD ONLY: ____LF	DOOR TRIM ONLY: ____LF	WINDOW TRIM ONLY: ____LF		DOORS ONLY: ____QTY	
BEDROOM 3:	____H	___L x ___W	___L x ___W	___L x ___W	___TOTAL SFT
AREA(S) ____CEILINGS	____CROWN	____WALLS	____TRIM	____DOORS	____CLOSET
COLOUR _____	_____	_____	_____	_____	_____
BASEBOARD ONLY: ____LF	DOOR TRIM ONLY: ____LF	WINDOW TRIM ONLY: ____LF		DOORS ONLY: ____QTY	
BEDROOM 4:	____H	___L x ___W	___L x ___W	___L x ___W	___TOTAL SFT
AREA(S) ____CEILINGS	____CROWN	____WALLS	____TRIM	____DOORS	____CLOSET
COLOUR _____	_____	_____	_____	_____	_____
BASEBOARD ONLY: ____LF	DOOR TRIM ONLY: ____LF	WINDOW TRIM ONLY: ____LF		DOORS ONLY: ____QTY	
MAIN BATH:	____H	___L x ___W	___L x ___W	___L x ___W	___TOTAL SFT
AREA(S) ____CEILINGS	____CROWN	____WALLS	____TRIM	____DOORS	____CLOSET
COLOUR _____	_____	_____	_____	_____	_____
BASEBOARD ONLY: ____LF	DOOR TRIM ONLY: ____LF	WINDOW TRIM ONLY: ____LF		DOORS ONLY: ____QTY	
BATH 1:	____H	___L x ___W	___L x ___W	___L x ___W	___TOTAL SFT
AREA(S) ____CEILINGS	____CROWN	____WALLS	____TRIM	____DOORS	____CLOSET
COLOUR _____	_____	_____	_____	_____	_____
BASEBOARD ONLY: ____LF	DOOR TRIM ONLY: ____LF	WINDOW TRIM ONLY: ____LF		DOORS ONLY: ____QTY	

ATH 2: ___H ___L x ___W ___L x ___W ___L x ___W ___TOTAL SFT
AREA(S) ___CEILINGS ___CROWN ___WALLS ___TRIM ___DOORS ___CLOSET
COLOUR ___ ___ ___ ___ ___ ___
BASEBOARD ONLY: ___LF DOOR TRIM ONLY: ___LF WINDOW TRIM ONLY: ___LF DOORS ONLY: ___QTY
POWDER ROOM: ___H ___L x ___W ___L x ___W ___L x ___W ___TOTAL SFT
AREA(S) ___CEILINGS ___CROWN ___WALLS ___TRIM ___DOORS ___CLOSET
COLOUR ___ ___ ___ ___ ___ ___
BASEBOARD ONLY: ___LF DOOR TRIM ONLY: ___LF WINDOW TRIM ONLY: ___LF DOORS ONLY: ___QTY
REC ROOM ___H ___L x ___W ___L x ___W ___L x ___W ___TOTAL SFT
AREA(S) ___CEILINGS ___CROWN ___WALLS ___TRIM ___DOORS ___CLOSET
COLOUR ___ ___ ___ ___ ___ ___
BASEBOARD ONLY: ___LF DOOR TRIM ONLY: ___LF WINDOW TRIM ONLY: ___LF DOORS ONLY: ___QTY
MAIN FLOOR HALL: ___H ___L x ___W ___L x ___W ___L x ___W ___TOTAL SFT
AREA(S) ___CEILINGS ___CROWN ___WALLS ___TRIM ___DOORS ___CLOSET
COLOUR ___ ___ ___ ___ ___ ___
BASEBOARD ONLY: ___LF DOOR TRIM ONLY: ___LF WINDOW TRIM ONLY: ___LF DOORS ONLY: ___QTY
UPPER HALL: ___H ___L x ___W ___L x ___W ___L x ___W ___TOTAL SFT
AREA(S) ___CEILINGS ___CROWN ___WALLS ___TRIM ___DOORS ___CLOSET
COLOUR ___ ___ ___ ___ ___ ___
BASEBOARD ONLY: ___LF DOOR TRIM ONLY: ___LF WINDOW TRIM ONLY: ___LF DOORS ONLY: ___QTY
UPPER STAIRWELL: ___H ___L x ___W ___L x ___W ___L x ___W ___TOTAL SFT
AREA(S) ___CEILINGS ___CROWN ___WALLS ___TRIM ___DOORS ___CLOSET
COLOUR ___ ___ ___ ___ ___ ___
BASEBOARD ONLY: ___LF DOOR TRIM ONLY: ___LF WINDOW TRIM ONLY: ___LF DOORS ONLY: ___QTY
LOWER HALL: ___H ___L x ___W ___L x ___W ___L x ___W ___TOTAL SFT
AREA(S) ___CEILINGS ___CROWN ___WALLS ___TRIM ___DOORS ___CLOSET
COLOUR ___ ___ ___ ___ ___ ___
BASEBOARD ONLY: ___LF DOOR TRIM ONLY: ___LF WINDOW TRIM ONLY: ___LF DOORS ONLY: ___QTY
LOWER STAIRWELL: ___H ___L x ___W ___L x ___W ___L x ___W ___TOTAL SFT
AREA(S) ___CEILINGS ___CROWN ___WALLS ___TRIM ___DOORS ___CLOSET
COLOUR ___ ___ ___ ___ ___ ___
BASEBOARD ONLY: ___LF DOOR TRIM ONLY: ___LF WINDOW TRIM ONLY: ___LF DOORS ONLY: ___QTY
GARAGE: ___H ___L x ___W ___L x ___W ___L x ___W ___TOTAL SFT
AREA(S) ___CEILINGS ___CROWN ___WALLS ___TRIM ___DOORS ___CLOSET
COLOUR ___ ___ ___ ___ ___ ___
BASEBOARD ONLY: ___LF DOOR TRIM ONLY: ___LF WINDOW TRIM ONLY: ___LF DOORS ONLY: ___QTY

NOTES:

STAIRCASE	TREADS #	RISERS #	STRINGERS #	POSTS #	BALUSTERS #	HANDRAIL #
PRIME						
PAINT						
STAIN						
CLEAR COAT						

KITCHEN	UPPER CABINET DOORS	BASE CABINETS DOORS	DRAWERS	VANITY	OTHER
PRIME					
PAINT					
STAIN					
CLEAR COAT					

WALLPAPER REMOVAL

ROOM(S) _____

ROOM SIZE _____W x _____L x _____H

BORDER _____YES _____NO

DRAWING

INTERIOR RESIDENTAL PAINTING ESTIMATE FORM

CLIENT CALL DATE: _____ CLIENT CALL BACK DATE: _____

CLIENT SITE VISIT DATE: _____ TIME: _____ CLIENT 2^N CALL BACK DATE: _____

CLIENT NAME: _____ PHONE NUMBER: _____

ADDRESS: _____ EMAIL: _____

CITY: _____ POSTAL CODE _____ OTHER: _____

HOW DID YOU HEAR ABOUT US?   GOOGLE   WEBSITE   MAGAZINE   WORD OF MOUTH   SIGNAGE

CLIENT REFERRAL-NAME: _____ REFERRAL PROGRAM: _____

ESTIMATE DATE: _____ ESTIMATE # _____

REQUESTED START DATE: _____ REQUESTED FINISH DATE: _____

APPROX START DATE: _____ APPROX NUMBER OF DAYS: _____

NOTES:
_____
_____
_____
_____
_____
_____
_____
_____

SPECIAL INSTRUCTIONS:
_____
_____
_____
_____
_____
_____
_____
_____
_____
_____
_____
_____
_____
_____

KITCHEN: ___H	___ L x ___ W	___ L x ___ W	___ L x ___ W	___ TOTAL SFT	
AREA(S) ___CEILINGS	___CROWN	___WALLS	___TRIM	___DOORS	___CLOSET
COLOUR ___	___	___	___	___	___
BASEBOARD ONLY: ___LF	DOOR TRIM ONLY: ___LF	WINDOW TRIM ONLY: ___LF	DOORS ONLY: ___QTY		
DINING ROOM: ___H	___ L x ___ W	___ L x ___ W	___ L x ___ W	___ TOTAL SFT	
AREA(S) ___CEILINGS	___CROWN	___WALLS	___TRIM	___DOORS	___CLOSET
COLOUR ___	___	___	___	___	___
BASEBOARD ONLY: ___LF	DOOR TRIM ONLY: ___LF	WINDOW TRIM ONLY: ___LF	DOORS ONLY: ___QTY		
PANTRY: ___H	___ L x ___ W	___ L x ___ W	___ L x ___ W	___ TOTAL SFT	
AREA(S) ___CEILINGS	___CROWN	___WALLS	___TRIM	___DOORS	___CLOSET
COLOUR ___	___	___	___	___	___
BASEBOARD ONLY: ___LF	DOOR TRIM ONLY: ___LF	WINDOW TRIM ONLY: ___LF	DOORS ONLY: ___QTY		
LIVING ROOM: ___H	___ L x ___ W	___ L x ___ W	___ L x ___ W	___ TOTAL SFT	
AREA(S) ___CEILINGS	___CROWN	___WALLS	___TRIM	___DOORS	___CLOSET
COLOUR ___	___	___	___	___	___
BASEBOARD ONLY: ___LF	DOOR TRIM ONLY: ___LF	WINDOW TRIM ONLY: ___LF	DOORS ONLY: ___QTY		
LAUNDRY: ___H	___ L x ___ W	___ L x ___ W	___ L x ___ W	___ TOTAL SFT	
AREA(S) ___CEILINGS	___CROWN	___WALLS	___TRIM	___DOORS	___CLOSET
COLOUR ___	___	___	___	___	___
BASEBOARD ONLY: ___LF	DOOR TRIM ONLY: ___LF	WINDOW TRIM ONLY: ___LF	DOORS ONLY: ___QTY		
MUDROOM: ___H	___ L x ___ W	___ L x ___ W	___ L x ___ W	___ TOTAL SFT	
AREA(S) ___CEILINGS	___CROWN	___WALLS	___TRIM	___DOORS	___CLOSET
COLOUR ___	___	___	___	___	___
BASEBOARD ONLY: ___LF	DOOR TRIM ONLY: ___LF	WINDOW TRIM ONLY: ___LF	DOORS ONLY: ___QTY		
FOYER: ___H	___ L x ___ W	___ L x ___ W	___ L x ___ W	___ TOTAL SFT	
AREA(S) ___CEILINGS	___CROWN	___WALLS	___TRIM	___DOORS	___CLOSET
COLOUR ___	___	___	___	___	___
BASEBOARD ONLY: ___LF	DOOR TRIM ONLY: ___LF	WINDOW TRIM ONLY: ___LF	DOORS ONLY: ___QTY		
MASTER BED: ___H	___ L x ___ W	___ L x ___ W	___ L x ___ W	___ TOTAL SFT	
AREA(S) ___CEILINGS	___CROWN	___WALLS	___TRIM	___DOORS	___CLOSET
COLOUR ___	___	___	___	___	___
BASEBOARD ONLY: ___LF	DOOR TRIM ONLY: ___LF	WINDOW TRIM ONLY: ___LF	DOORS ONLY: ___QTY		
ENSUITE: ___H	___ L x ___ W	___ L x ___ W	___ L x ___ W	___ TOTAL SFT	
AREA(S) ___CEILINGS	___CROWN	___WALLS	___TRIM	___DOORS	___CLOSET
COLOUR ___	___	___	___	___	___
BASEBOARD ONLY: ___LF	DOOR TRIM ONLY: ___LF	WINDOW TRIM ONLY: ___LF	DOORS ONLY: ___QTY		
BEDROOM 1: ___H	___ L x ___ W	___ L x ___ W	___ L x ___ W	___ TOTAL SFT	
AREA(S) ___CEILINGS	___CROWN	___WALLS	___TRIM	___DOORS	___CLOSET
COLOUR ___	___	___	___	___	___
BASEBOARD ONLY: ___LF	DOOR TRIM ONLY: ___LF	WINDOW TRIM ONLY: ___LF	DOORS ONLY: ___QTY		
BEDROOM 2: ___H	___ L x ___ W	___ L x ___ W	___ L x ___ W	___ TOTAL SFT	
AREA(S) ___CEILINGS	___CROWN	___WALLS	___TRIM	___DOORS	___CLOSET
COLOUR ___	___	___	___	___	___
BASEBOARD ONLY: ___LF	DOOR TRIM ONLY: ___LF	WINDOW TRIM ONLY: ___LF	DOORS ONLY: ___QTY		
BEDROOM 3: ___H	___ L x ___ W	___ L x ___ W	___ L x ___ W	___ TOTAL SFT	
AREA(S) ___CEILINGS	___CROWN	___WALLS	___TRIM	___DOORS	___CLOSET
COLOUR ___	___	___	___	___	___
BASEBOARD ONLY: ___LF	DOOR TRIM ONLY: ___LF	WINDOW TRIM ONLY: ___LF	DOORS ONLY: ___QTY		
BEDROOM 4: ___H	___ L x ___ W	___ L x ___ W	___ L x ___ W	___ TOTAL SFT	
AREA(S) ___CEILINGS	___CROWN	___WALLS	___TRIM	___DOORS	___CLOSET
COLOUR ___	___	___	___	___	___
BASEBOARD ONLY: ___LF	DOOR TRIM ONLY: ___LF	WINDOW TRIM ONLY: ___LF	DOORS ONLY: ___QTY		
MAIN BATH: ___H	___ L x ___ W	___ L x ___ W	___ L x ___ W	___ TOTAL SFT	
AREA(S) ___CEILINGS	___CROWN	___WALLS	___TRIM	___DOORS	___CLOSET
COLOUR ___	___	___	___	___	___
BASEBOARD ONLY: ___LF	DOOR TRIM ONLY: ___LF	WINDOW TRIM ONLY: ___LF	DOORS ONLY: ___QTY		
BATH 1: ___H	___ L x ___ W	___ L x ___ W	___ L x ___ W	___ TOTAL SFT	
AREA(S) ___CEILINGS	___CROWN	___WALLS	___TRIM	___DOORS	___CLOSET
COLOUR ___	___	___	___	___	___
BASEBOARD ONLY: ___LF	DOOR TRIM ONLY: ___LF	WINDOW TRIM ONLY: ___LF	DOORS ONLY: ___QTY		

ATH 2:	____H	____L x ____W	____L x ____W	____L x ____W	____TOTAL SFT
AREA(S)	____CEILINGS	____CROWN	____WALLS	____TRIM	____DOORS ____CLOSET
COLOUR					
BASEBOARD ONLY: ____LF	DOOR TRIM ONLY: ____LF	WINDOW TRIM ONLY: ____LF	DOORS ONLY: ____QTY		
POWDER ROOM:	____H	____L x ____W	____L x ____W	____L x ____W	____TOTAL SFT
AREA(S)	____CEILINGS	____CROWN	____WALLS	____TRIM	____DOORS ____CLOSET
COLOUR					
BASEBOARD ONLY: ____LF	DOOR TRIM ONLY: ____LF	WINDOW TRIM ONLY: ____LF	DOORS ONLY: ____QTY		
REC ROOM	____H	____L x ____W	____L x ____W	____L x ____W	____TOTAL SFT
AREA(S)	____CEILINGS	____CROWN	____WALLS	____TRIM	____DOORS ____CLOSET
COLOUR					
BASEBOARD ONLY: ____LF	DOOR TRIM ONLY: ____LF	WINDOW TRIM ONLY: ____LF	DOORS ONLY: ____QTY		
MAIN FLOOR HALL:	____H	____L x ____W	____L x ____W	____L x ____W	____TOTAL SFT
AREA(S)	____CEILINGS	____CROWN	____WALLS	____TRIM	____DOORS ____CLOSET
COLOUR					
BASEBOARD ONLY: ____LF	DOOR TRIM ONLY: ____LF	WINDOW TRIM ONLY: ____LF	DOORS ONLY: ____QTY		
UPPER HALL:	____H	____L x ____W	____L x ____W	____L x ____W	____TOTAL SFT
AREA(S)	____CEILINGS	____CROWN	____WALLS	____TRIM	____DOORS ____CLOSET
COLOUR					
BASEBOARD ONLY: ____LF	DOOR TRIM ONLY: ____LF	WINDOW TRIM ONLY: ____LF	DOORS ONLY: ____QTY		
UPPER STAIRWELL:	____H	____L x ____W	____L x ____W	____L x ____W	____TOTAL SFT
AREA(S)	____CEILINGS	____CROWN	____WALLS	____TRIM	____DOORS ____CLOSET
COLOUR					
BASEBOARD ONLY: ____LF	DOOR TRIM ONLY: ____LF	WINDOW TRIM ONLY: ____LF	DOORS ONLY: ____QTY		
LOWER HALL:	____H	____L x ____W	____L x ____W	____L x ____W	____TOTAL SFT
AREA(S)	____CEILINGS	____CROWN	____WALLS	____TRIM	____DOORS ____CLOSET
COLOUR					
BASEBOARD ONLY: ____LF	DOOR TRIM ONLY: ____LF	WINDOW TRIM ONLY: ____LF	DOORS ONLY: ____QTY		
LOWER STAIRWELL:	____H	____L x ____W	____L x ____W	____L x ____W	____TOTAL SFT
AREA(S)	____CEILINGS	____CROWN	____WALLS	____TRIM	____DOORS ____CLOSET
COLOUR					
BASEBOARD ONLY: ____LF	DOOR TRIM ONLY: ____LF	WINDOW TRIM ONLY: ____LF	DOORS ONLY: ____QTY		
GARAGE:	____H	____L x ____W	____L x ____W	____L x ____W	____TOTAL SFT
AREA(S)	____CEILINGS	____CROWN	____WALLS	____TRIM	____DOORS ____CLOSET
COLOUR					
BASEBOARD ONLY: ____LF	DOOR TRIM ONLY: ____LF	WINDOW TRIM ONLY: ____LF	DOORS ONLY: ____QTY		

NOTES:

STAIRCASE	TREADS #	RISERS #	STRINGERS #	POSTS #	BALUSTERS #	HANDRAIL #
PRIME						
PAINT						
STAIN						
CLEAR COAT						

KITCHEN	UPPER CABINET DOORS	BASE CABINETS DOORS	DRAWERS	VANITY	OTHER
PRIME					
PAINT					
STAIN					
CLEAR COAT					

WALLPAPER REMOVAL

ROOM(S) _____

ROOM SIZE _____ W x _____ L x _____ H

BORDER _____ YES _____ NO

DRAWING

INTERIOR RESIDENTAL PAINTING ESTIMATE FORM

CLIENT CALL DATE: _____ CLIENT CALL BACK DATE: _____

CLIENT SITE VISIT DATE: _____ TIME: _____ CLIENT 2ᴺ CALL BACK DATE: _____

CLIENT NAME: _____ PHONE NUMBER: _____

ADDRESS: _____ EMAIL: _____

CITY: _____ POSTAL CODE _____ OTHER: _____

HOW DID YOU HEAR ABOUT US?   GOOGLE   WEBSITE   MAGAZINE   WORD OF MOUTH   SIGNAGE

CLIENT REFERRAL-NAME: _____   REFERRAL PROGRAM: _____

ESTIMATE DATE: _____ ESTIMATE # _____

REQUESTED START DATE: _____ REQUESTED FINISH DATE: _____

APPROX START DATE: _____ APPROX NUMBER OF DAYS: _____

NOTES:
_____
_____
_____
_____
_____
_____
_____

SPECIAL INSTRUCTIONS:
_____
_____
_____
_____
_____
_____
_____
_____
_____
_____
_____
_____
_____

KITCHEN:	_____H	_____ L x ___ W	_____ L x ___ W	_____ L x ___ W	_____ TOTAL SFT
AREA(S)	____CEILINGS	_____CROWN	_____WALLS	_____TRIM	_____DOORS _____CLOSET
COLOUR	_____	_____	_____	_____	_____
BASEBOARD ONLY: _____LF	DOOR TRIM ONLY: _____LF	WINDOW TRIM ONLY: _____LF	DOORS ONLY: _____QTY		
DINING ROOM:	_____H	_____ L x ___ W	_____ L x ___ W	_____ L x ___ W	_____ TOTAL SFT
AREA(S)	____CEILINGS	_____CROWN	_____WALLS	_____TRIM	_____DOORS _____CLOSET
COLOUR	_____	_____	_____	_____	_____
BASEBOARD ONLY: _____LF	DOOR TRIM ONLY: _____LF	WINDOW TRIM ONLY: _____LF	DOORS ONLY: _____QTY		
PANTRY:	_____H	_____ L x ___ W	_____ L x ___ W	_____ L x ___ W	_____ TOTAL SFT
AREA(S)	____CEILINGS	_____CROWN	_____WALLS	_____TRIM	_____DOORS _____CLOSET
COLOUR	_____	_____	_____	_____	_____
BASEBOARD ONLY: _____LF	DOOR TRIM ONLY: _____LF	WINDOW TRIM ONLY: _____LF	DOORS ONLY: _____QTY		
LIVING ROOM:	_____H	_____ L x ___ W	_____ L x ___ W	_____ L x ___ W	_____ TOTAL SFT
AREA(S)	____CEILINGS	_____CROWN	_____WALLS	_____TRIM	_____DOORS _____CLOSET
COLOUR	_____	_____	_____	_____	_____
BASEBOARD ONLY: _____LF	DOOR TRIM ONLY: _____LF	WINDOW TRIM ONLY: _____LF	DOORS ONLY: _____QTY		
LAUNDRY:	_____H	_____ L x ___ W	_____ L x ___ W	_____ L x ___ W	_____ TOTAL SFT
AREA(S)	____CEILINGS	_____CROWN	_____WALLS	_____TRIM	_____DOORS _____CLOSET
COLOUR	_____	_____	_____	_____	_____
BASEBOARD ONLY: _____LF	DOOR TRIM ONLY: _____LF	WINDOW TRIM ONLY: _____LF	DOORS ONLY: _____QTY		
MUDROOM:	_____H	_____ L x ___ W	_____ L x ___ W	_____ L x ___ W	_____ TOTAL SFT
AREA(S)	____CEILINGS	_____CROWN	_____WALLS	_____TRIM	_____DOORS _____CLOSET
COLOUR	_____	_____	_____	_____	_____
BASEBOARD ONLY: _____LF	DOOR TRIM ONLY: _____LF	WINDOW TRIM ONLY: _____LF	DOORS ONLY: _____QTY		
FOYER:	_____H	_____ L x ___ W	_____ L x ___ W	_____ L x ___ W	_____ TOTAL SFT
AREA(S)	____CEILINGS	_____CROWN	_____WALLS	_____TRIM	_____DOORS _____CLOSET
COLOUR	_____	_____	_____	_____	_____
BASEBOARD ONLY: _____LF	DOOR TRIM ONLY: _____LF	WINDOW TRIM ONLY: _____LF	DOORS ONLY: _____QTY		
MASTER BED:	_____H	_____ L x ___ W	_____ L x ___ W	_____ L x ___ W	_____ TOTAL SFT
AREA(S)	____CEILINGS	_____CROWN	_____WALLS	_____TRIM	_____DOORS _____CLOSET
COLOUR	_____	_____	_____	_____	_____
BASEBOARD ONLY: _____LF	DOOR TRIM ONLY: _____LF	WINDOW TRIM ONLY: _____LF	DOORS ONLY: _____QTY		
ENSUITE:	_____H	_____ L x ___ W	_____ L x ___ W	_____ L x ___ W	_____ TOTAL SFT
AREA(S)	____CEILINGS	_____CROWN	_____WALLS	_____TRIM	_____DOORS _____CLOSET
COLOUR	_____	_____	_____	_____	_____
BASEBOARD ONLY: _____LF	DOOR TRIM ONLY: _____LF	WINDOW TRIM ONLY: _____LF	DOORS ONLY: _____QTY		
BEDROOM 1:	_____H	_____ L x ___ W	_____ L x ___ W	_____ L x ___ W	_____ TOTAL SFT
AREA(S)	____CEILINGS	_____CROWN	_____WALLS	_____TRIM	_____DOORS _____CLOSET
COLOUR	_____	_____	_____	_____	_____
BASEBOARD ONLY: _____LF	DOOR TRIM ONLY: _____LF	WINDOW TRIM ONLY: _____LF	DOORS ONLY: _____QTY		
BEDROOM 2:	_____H	_____ L x ___ W	_____ L x ___ W	_____ L x ___ W	_____ TOTAL SFT
AREA(S)	____CEILINGS	_____CROWN	_____WALLS	_____TRIM	_____DOORS _____CLOSET
COLOUR	_____	_____	_____	_____	_____
BASEBOARD ONLY: _____LF	DOOR TRIM ONLY: _____LF	WINDOW TRIM ONLY: _____LF	DOORS ONLY: _____QTY		
BEDROOM 3:	_____H	_____ L x ___ W	_____ L x ___ W	_____ L x ___ W	_____ TOTAL SFT
AREA(S)	____CEILINGS	_____CROWN	_____WALLS	_____TRIM	_____DOORS _____CLOSET
COLOUR	_____	_____	_____	_____	_____
BASEBOARD ONLY: _____LF	DOOR TRIM ONLY: _____LF	WINDOW TRIM ONLY: _____LF	DOORS ONLY: _____QTY		
BEDROOM 4:	_____H	_____ L x ___ W	_____ L x ___ W	_____ L x ___ W	_____ TOTAL SFT
AREA(S)	____CEILINGS	_____CROWN	_____WALLS	_____TRIM	_____DOORS _____CLOSET
COLOUR	_____	_____	_____	_____	_____
BASEBOARD ONLY: _____LF	DOOR TRIM ONLY: _____LF	WINDOW TRIM ONLY: _____LF	DOORS ONLY: _____QTY		
MAIN BATH:	_____H	_____ L x ___ W	_____ L x ___ W	_____ L x ___ W	_____ TOTAL SFT
AREA(S)	____CEILINGS	_____CROWN	_____WALLS	_____TRIM	_____DOORS _____CLOSET
COLOUR	_____	_____	_____	_____	_____
BASEBOARD ONLY: _____LF	DOOR TRIM ONLY: _____LF	WINDOW TRIM ONLY: _____LF	DOORS ONLY: _____QTY		
BATH 1:	_____H	_____ L x ___ W	_____ L x ___ W	_____ L x ___ W	_____ TOTAL SFT
AREA(S)	____CEILINGS	_____CROWN	_____WALLS	_____TRIM	_____DOORS _____CLOSET
COLOUR	_____	_____	_____	_____	_____
BASEBOARD ONLY: _____LF	DOOR TRIM ONLY: _____LF	WINDOW TRIM ONLY: _____LF	DOORS ONLY: _____QTY		

ATH 2: _____H	_____ L x ___ W	_____ L x ___ W	_____ L x ___ W	____ TOTAL SFT	
AREA(S) _____CEILINGS	_____CROWN	_____WALLS	_____TRIM	_____DOORS	____CLOSET
COLOUR _____	_____	_____	_____	_____	_____
BASEBOARD ONLY: _____LF	DOOR TRIM ONLY: _____LF	WINDOW TRIM ONLY: _____LF	DOORS ONLY: _____QTY		
POWDER ROOM: _____H	_____ L x ___ W	_____ L x ___ W	_____ L x ___ W	____ TOTAL SFT	
AREA(S) _____CEILINGS	_____CROWN	_____WALLS	_____TRIM	_____DOORS	____CLOSET
COLOUR _____	_____	_____	_____	_____	_____
BASEBOARD ONLY: _____LF	DOOR TRIM ONLY: _____LF	WINDOW TRIM ONLY: _____LF	DOORS ONLY: _____QTY		
REC ROOM _____H	_____ L x ___ W	_____ L x ___ W	_____ L x ___ W	____ TOTAL SFT	
AREA(S) _____CEILINGS	_____CROWN	_____WALLS	_____TRIM	_____DOORS	____CLOSET
COLOUR _____	_____	_____	_____	_____	_____
BASEBOARD ONLY: _____LF	DOOR TRIM ONLY: _____LF	WINDOW TRIM ONLY: _____LF	DOORS ONLY: _____QTY		
MAIN FLOOR HALL: _____H	_____ L x ___ W	_____ L x ___ W	_____ L x ___ W	____ TOTAL SFT	
AREA(S) _____CEILINGS	_____CROWN	_____WALLS	_____TRIM	_____DOORS	____CLOSET
COLOUR _____	_____	_____	_____	_____	_____
BASEBOARD ONLY: _____LF	DOOR TRIM ONLY: _____LF	WINDOW TRIM ONLY: _____LF	DOORS ONLY: _____QTY		
UPPER HALL: _____H	_____ L x ___ W	_____ L x ___ W	_____ L x ___ W	____ TOTAL SFT	
AREA(S) _____CEILINGS	_____CROWN	_____WALLS	_____TRIM	_____DOORS	____CLOSET
COLOUR _____	_____	_____	_____	_____	_____
BASEBOARD ONLY: _____LF	DOOR TRIM ONLY: _____LF	WINDOW TRIM ONLY: _____LF	DOORS ONLY: _____QTY		
UPPER STAIRWELL: _____H	_____ L x ___ W	_____ L x ___ W	_____ L x ___ W	____ TOTAL SFT	
AREA(S) _____CEILINGS	_____CROWN	_____WALLS	_____TRIM	_____DOORS	____CLOSET
COLOUR _____	_____	_____	_____	_____	_____
BASEBOARD ONLY: _____LF	DOOR TRIM ONLY: _____LF	WINDOW TRIM ONLY: _____LF	DOORS ONLY: _____QTY		
LOWER HALL: _____H	_____ L x ___ W	_____ L x ___ W	_____ L x ___ W	____ TOTAL SFT	
AREA(S) _____CEILINGS	_____CROWN	_____WALLS	_____TRIM	_____DOORS	____CLOSET
COLOUR _____	_____	_____	_____	_____	_____
BASEBOARD ONLY: _____LF	DOOR TRIM ONLY: _____LF	WINDOW TRIM ONLY: _____LF	DOORS ONLY: _____QTY		
LOWER STAIRWELL: _____H	_____ L x ___ W	_____ L x ___ W	_____ L x ___ W	____ TOTAL SFT	
AREA(S) _____CEILINGS	_____CROWN	_____WALLS	_____TRIM	_____DOORS	____CLOSET
COLOUR _____	_____	_____	_____	_____	_____
BASEBOARD ONLY: _____LF	DOOR TRIM ONLY: _____LF	WINDOW TRIM ONLY: _____LF	DOORS ONLY: _____QTY		
GARAGE: _____H	_____ L x ___ W	_____ L x ___ W	_____ L x ___ W	____ TOTAL SFT	
AREA(S) _____CEILINGS	_____CROWN	_____WALLS	_____TRIM	_____DOORS	____CLOSET
COLOUR _____	_____	_____	_____	_____	_____
BASEBOARD ONLY: _____LF	DOOR TRIM ONLY: _____LF	WINDOW TRIM ONLY: _____LF	DOORS ONLY: _____QTY		

NOTES:

STAIRCASE	TREADS #	RISERS #	STRINGERS #	POSTS #	BALUSTERS #	HANDRAIL #
PRIME						
PAINT						
STAIN						
CLEAR COAT						

KITCHEN	UPPER CABINET DOORS	BASE CABINETS DOORS	DRAWERS	VANITY	OTHER
PRIME					
PAINT					
STAIN					
CLEAR COAT					

WALLPAPER REMOVAL

ROOM(S) _____

ROOM SIZE _____ W x _____ L x _____ H

BORDER _____ YES _____ NO

DRAWING

INTERIOR RESIDENTAL PAINTING ESTIMATE FORM

CLIENT CALL DATE: _____   CLIENT CALL BACK DATE: _____

CLIENT SITE VISIT DATE: _____ TIME: _____   CLIENT 2ᴺ CALL BACK DATE: _____

CLIENT NAME: _____   PHONE NUMBER: _____

ADDRESS: _____   EMAIL: _____

CITY: _____ POSTAL CODE _____   OTHER: _____

HOW DID YOU HEAR ABOUT US?   GOOGLE   WEBSITE   MAGAZINE   WORD OF MOUTH   SIGNAGE

CLIENT REFERRAL-NAME: _____   REFERRAL PROGRAM: _____

ESTIMATE DATE: _____   ESTIMATE # _____

REQUESTED START DATE: _____   REQUESTED FINISH DATE: _____

APPROX START DATE: _____   APPROX NUMBER OF DAYS: _____

NOTES:
_____
_____
_____
_____
_____
_____
_____

SPECIAL INSTRUCTIONS:
_____
_____
_____
_____
_____
_____
_____
_____
_____
_____
_____
_____

KITCHEN:	_____H	_____ L x ___ W	_____ L x ___ W	_____ L x ___ W	____ TOTAL SFT
AREA(S)	____CEILINGS	_____CROWN	_____WALLS	_____TRIM	_____DOORS ____CLOSET
COLOUR	_____	_____	_____	_____	_____
BASEBOARD ONLY: ____LF	DOOR TRIM ONLY: _____LF		WINDOW TRIM ONLY: ____LF	DOORS ONLY: _____QTY	

DINING ROOM:	_____H	_____ L x ___ W	_____ L x ___ W	_____ L x ___ W	____ TOTAL SFT
AREA(S)	____CEILINGS	_____CROWN	_____WALLS	_____TRIM	_____DOORS ____CLOSET
COLOUR					
BASEBOARD ONLY: ____LF	DOOR TRIM ONLY: _____LF		WINDOW TRIM ONLY: ____LF	DOORS ONLY: _____QTY	

PANTRY:	_____H	_____ L x ___ W	_____ L x ___ W	_____ L x ___ W	____ TOTAL SFT
AREA(S)	____CEILINGS	_____CROWN	_____WALLS	_____TRIM	_____DOORS ____CLOSET
COLOUR					
BASEBOARD ONLY: ____LF	DOOR TRIM ONLY: _____LF		WINDOW TRIM ONLY: ____LF	DOORS ONLY: _____QTY	

LIVING ROOM:	_____H	_____ L x ___ W	_____ L x ___ W	_____ L x ___ W	____ TOTAL SFT
AREA(S)	____CEILINGS	_____CROWN	_____WALLS	_____TRIM	_____DOORS ____CLOSET
COLOUR					
BASEBOARD ONLY: ____LF	DOOR TRIM ONLY: _____LF		WINDOW TRIM ONLY: ____LF	DOORS ONLY: _____QTY	

LAUNDRY:	_____H	_____ L x ___ W	_____ L x ___ W	_____ L x ___ W	____ TOTAL SFT
AREA(S)	____CEILINGS	_____CROWN	_____WALLS	_____TRIM	_____DOORS ____CLOSET
COLOUR					
BASEBOARD ONLY: ____LF	DOOR TRIM ONLY: _____LF		WINDOW TRIM ONLY: ____LF	DOORS ONLY: _____QTY	

MUDROOM:	_____H	_____ L x ___ W	_____ L x ___ W	_____ L x ___ W	____ TOTAL SFT
AREA(S)	____CEILINGS	_____CROWN	_____WALLS	_____TRIM	_____DOORS ____CLOSET
COLOUR					
BASEBOARD ONLY: ____LF	DOOR TRIM ONLY: _____LF		WINDOW TRIM ONLY: ____LF	DOORS ONLY: _____QTY	

FOYER:	_____H	_____ L x ___ W	_____ L x ___ W	_____ L x ___ W	____ TOTAL SFT
AREA(S)	____CEILINGS	_____CROWN	_____WALLS	_____TRIM	_____DOORS ____CLOSET
COLOUR					
BASEBOARD ONLY: ____LF	DOOR TRIM ONLY: _____LF		WINDOW TRIM ONLY: ____LF	DOORS ONLY: _____QTY	

MASTER BED:	_____H	_____ L x ___ W	_____ L x ___ W	_____ L x ___ W	____ TOTAL SFT
AREA(S)	____CEILINGS	_____CROWN	_____WALLS	_____TRIM	_____DOORS ____CLOSET
COLOUR					
BASEBOARD ONLY: ____LF	DOOR TRIM ONLY: _____LF		WINDOW TRIM ONLY: ____LF	DOORS ONLY: _____QTY	

ENSUITE:	_____H	_____ L x ___ W	_____ L x ___ W	_____ L x ___ W	____ TOTAL SFT
AREA(S)	____CEILINGS	_____CROWN	_____WALLS	_____TRIM	_____DOORS ____CLOSET
COLOUR					
BASEBOARD ONLY: ____LF	DOOR TRIM ONLY: _____LF		WINDOW TRIM ONLY: ____LF	DOORS ONLY: _____QTY	

BEDROOM 1:	_____H	_____ L x ___ W	_____ L x ___ W	_____ L x ___ W	____ TOTAL SFT
AREA(S)	____CEILINGS	_____CROWN	_____WALLS	_____TRIM	_____DOORS ____CLOSET
COLOUR					
BASEBOARD ONLY: ____LF	DOOR TRIM ONLY: _____LF		WINDOW TRIM ONLY: ____LF	DOORS ONLY: _____QTY	

BEDROOM 2:	_____H	_____ L x ___ W	_____ L x ___ W	_____ L x ___ W	____ TOTAL SFT
AREA(S)	____CEILINGS	_____CROWN	_____WALLS	_____TRIM	_____DOORS ____CLOSET
COLOUR					
BASEBOARD ONLY: ____LF	DOOR TRIM ONLY: _____LF		WINDOW TRIM ONLY: ____LF	DOORS ONLY: _____QTY	

BEDROOM 3:	_____H	_____ L x ___ W	_____ L x ___ W	_____ L x ___ W	____ TOTAL SFT
AREA(S)	____CEILINGS	_____CROWN	_____WALLS	_____TRIM	_____DOORS ____CLOSET
COLOUR					
BASEBOARD ONLY: ____LF	DOOR TRIM ONLY: _____LF		WINDOW TRIM ONLY: ____LF	DOORS ONLY: _____QTY	

BEDROOM 4:	_____H	_____ L x ___ W	_____ L x ___ W	_____ L x ___ W	____ TOTAL SFT
AREA(S)	____CEILINGS	_____CROWN	_____WALLS	_____TRIM	_____DOORS ____CLOSET
COLOUR					
BASEBOARD ONLY: ____LF	DOOR TRIM ONLY: _____LF		WINDOW TRIM ONLY: ____LF	DOORS ONLY: _____QTY	

MAIN BATH:	_____H	_____ L x ___ W	_____ L x ___ W	_____ L x ___ W	____ TOTAL SFT
AREA(S)	____CEILINGS	_____CROWN	_____WALLS	_____TRIM	_____DOORS ____CLOSET
COLOUR					
BASEBOARD ONLY: ____LF	DOOR TRIM ONLY: _____LF		WINDOW TRIM ONLY: ____LF	DOORS ONLY: _____QTY	

BATH 1:	_____H	_____ L x ___ W	_____ L x ___ W	_____ L x ___ W	____ TOTAL SFT
AREA(S)	____CEILINGS	_____CROWN	_____WALLS	_____TRIM	_____DOORS ____CLOSET
COLOUR					
BASEBOARD ONLY: ____LF	DOOR TRIM ONLY: _____LF		WINDOW TRIM ONLY: ____LF	DOORS ONLY: _____QTY	

ATH 2:	___H	___L x ___W	___L x ___W	___L x ___W	___TOTAL SFT
AREA(S)	___CEILINGS	___CROWN	___WALLS	___TRIM	___DOORS ___CLOSET
COLOUR					
BASEBOARD ONLY: ___LF	DOOR TRIM ONLY: ___LF	WINDOW TRIM ONLY: ___LF		DOORS ONLY: ___QTY	

POWDER ROOM:	___H	___L x ___W	___L x ___W	___L x ___W	___TOTAL SFT
AREA(S)	___CEILINGS	___CROWN	___WALLS	___TRIM	___DOORS ___CLOSET
COLOUR					
BASEBOARD ONLY: ___LF	DOOR TRIM ONLY: ___LF	WINDOW TRIM ONLY: ___LF		DOORS ONLY: ___QTY	

REC ROOM	___H	___L x ___W	___L x ___W	___L x ___W	___TOTAL SFT
AREA(S)	___CEILINGS	___CROWN	___WALLS	___TRIM	___DOORS ___CLOSET
COLOUR					
BASEBOARD ONLY: ___LF	DOOR TRIM ONLY: ___LF	WINDOW TRIM ONLY: ___LF		DOORS ONLY: ___QTY	

MAIN FLOOR HALL:	___H	___L x ___W	___L x ___W	___L x ___W	___TOTAL SFT
AREA(S)	___CEILINGS	___CROWN	___WALLS	___TRIM	___DOORS ___CLOSET
COLOUR					
BASEBOARD ONLY: ___LF	DOOR TRIM ONLY: ___LF	WINDOW TRIM ONLY: ___LF		DOORS ONLY: ___QTY	

UPPER HALL:	___H	___L x ___W	___L x ___W	___L x ___W	___TOTAL SFT
AREA(S)	___CEILINGS	___CROWN	___WALLS	___TRIM	___DOORS ___CLOSET
COLOUR					
BASEBOARD ONLY: ___LF	DOOR TRIM ONLY: ___LF	WINDOW TRIM ONLY: ___LF		DOORS ONLY: ___QTY	

UPPER STAIRWELL:	___H	___L x ___W	___L x ___W	___L x ___W	___TOTAL SFT
AREA(S)	___CEILINGS	___CROWN	___WALLS	___TRIM	___DOORS ___CLOSET
COLOUR					
BASEBOARD ONLY: ___LF	DOOR TRIM ONLY: ___LF	WINDOW TRIM ONLY: ___LF		DOORS ONLY: ___QTY	

LOWER HALL:	___H	___L x ___W	___L x ___W	___L x ___W	___TOTAL SFT
AREA(S)	___CEILINGS	___CROWN	___WALLS	___TRIM	___DOORS ___CLOSET
COLOUR					
BASEBOARD ONLY: ___LF	DOOR TRIM ONLY: ___LF	WINDOW TRIM ONLY: ___LF		DOORS ONLY: ___QTY	

LOWER STAIRWELL:	___H	___L x ___W	___L x ___W	___L x ___W	___TOTAL SFT
AREA(S)	___CEILINGS	___CROWN	___WALLS	___TRIM	___DOORS ___CLOSET
COLOUR					
BASEBOARD ONLY: ___LF	DOOR TRIM ONLY: ___LF	WINDOW TRIM ONLY: ___LF		DOORS ONLY: ___QTY	

GARAGE:	___H	___L x ___W	___L x ___W	___L x ___W	___TOTAL SFT
AREA(S)	___CEILINGS	___CROWN	___WALLS	___TRIM	___DOORS ___CLOSET
COLOUR					
BASEBOARD ONLY: ___LF	DOOR TRIM ONLY: ___LF	WINDOW TRIM ONLY: ___LF		DOORS ONLY: ___QTY	

NOTES:
_____
_____
_____
_____
_____
_____
_____
_____
_____

STAIRCASE	TREADS #	RISERS #	STRINGERS #	POSTS #	BALUSTERS #	HANDRAIL #
PRIME						
PAINT						
STAIN						
CLEAR COAT						

KITCHEN	UPPER CABINET DOORS	BASE CABINETS DOORS	DRAWERS	VANITY	OTHER
PRIME					
PAINT					
STAIN					
CLEAR COAT					

WALLPAPER REMOVAL

ROOM(S) _____

ROOM SIZE _____ W x _____ L x _____ H

BORDER _____ YES _____ NO

DRAWING

INTERIOR RESIDENTAL PAINTING ESTIMATE FORM

CLIENT CALL DATE: _____   CLIENT CALL BACK DATE: _____

CLIENT SITE VISIT DATE: _____ TIME: _____   CLIENT 2ⁿ CALL BACK DATE: _____

CLIENT NAME: _____   PHONE NUMBER: _____

ADDRESS: _____   EMAIL: _____

CITY: _____ POSTAL CODE _____   OTHER: _____

HOW DID YOU HEAR ABOUT US?   GOOGLE   WEBSITE   MAGAZINE   WORD OF MOUTH   SIGNAGE

CLIENT REFERRAL-NAME: _____   REFERRAL PROGRAM: _____

ESTIMATE DATE: _____   ESTIMATE # _____

REQUESTED START DATE: _____   REQUESTED FINISH DATE: _____

APPROX START DATE: _____   APPROX NUMBER OF DAYS: _____

NOTES:
_____
_____
_____
_____
_____
_____
_____

SPECIAL INSTRUCTIONS:
_____
_____
_____
_____
_____
_____
_____
_____
_____
_____
_____
_____
_____

KITCHEN:	_____H	_____ L x ____ W	_____ L x ____ W	_____ L x ____ W	____ TOTAL SFT
AREA(S)	____CEILINGS	_____CROWN	_____WALLS	_____TRIM	_____DOORS ____CLOSET
COLOUR	_____	_____	_____	_____	_____ _____
BASEBOARD ONLY: _____LF	DOOR TRIM ONLY: _____LF		WINDOW TRIM ONLY: _____LF	DOORS ONLY: _____QTY	
DINING ROOM:	_____H	_____ L x ____ W	_____ L x ____ W	_____ L x ____ W	____ TOTAL SFT
AREA(S)	____CEILINGS	_____CROWN	_____WALLS	_____TRIM	_____DOORS ____CLOSET
COLOUR	_____	_____	_____	_____	_____ _____
BASEBOARD ONLY: _____LF	DOOR TRIM ONLY: _____LF		WINDOW TRIM ONLY: _____LF	DOORS ONLY: _____QTY	
PANTRY:	_____H	_____ L x ____ W	_____ L x ____ W	_____ L x ____ W	____ TOTAL SFT
AREA(S)	____CEILINGS	_____CROWN	_____WALLS	_____TRIM	_____DOORS ____CLOSET
COLOUR	_____	_____	_____	_____	_____ _____
BASEBOARD ONLY: _____LF	DOOR TRIM ONLY: _____LF		WINDOW TRIM ONLY: _____LF	DOORS ONLY: _____QTY	
LIVING ROOM:	_____H	_____ L x ____ W	_____ L x ____ W	_____ L x ____ W	____ TOTAL SFT
AREA(S)	____CEILINGS	_____CROWN	_____WALLS	_____TRIM	_____DOORS ____CLOSET
COLOUR	_____	_____	_____	_____	_____ _____
BASEBOARD ONLY: _____LF	DOOR TRIM ONLY: _____LF		WINDOW TRIM ONLY: _____LF	DOORS ONLY: _____QTY	
LAUNDRY:	_____H	_____ L x ____ W	_____ L x ____ W	_____ L x ____ W	____ TOTAL SFT
AREA(S)	____CEILINGS	_____CROWN	_____WALLS	_____TRIM	_____DOORS ____CLOSET
COLOUR	_____	_____	_____	_____	_____ _____
BASEBOARD ONLY: _____LF	DOOR TRIM ONLY: _____LF		WINDOW TRIM ONLY: _____LF	DOORS ONLY: _____QTY	
MUDROOM:	_____H	_____ L x ____ W	_____ L x ____ W	_____ L x ____ W	____ TOTAL SFT
AREA(S)	____CEILINGS	_____CROWN	_____WALLS	_____TRIM	_____DOORS ____CLOSET
COLOUR	_____	_____	_____	_____	_____ _____
BASEBOARD ONLY: _____LF	DOOR TRIM ONLY: _____LF		WINDOW TRIM ONLY: _____LF	DOORS ONLY: _____QTY	
FOYER:	_____H	_____ L x ____ W	_____ L x ____ W	_____ L x ____ W	____ TOTAL SFT
AREA(S)	____CEILINGS	_____CROWN	_____WALLS	_____TRIM	_____DOORS ____CLOSET
COLOUR	_____	_____	_____	_____	_____ _____
BASEBOARD ONLY: _____LF	DOOR TRIM ONLY: _____LF		WINDOW TRIM ONLY: _____LF	DOORS ONLY: _____QTY	
MASTER BED:	_____H	_____ L x ____ W	_____ L x ____ W	_____ L x ____ W	____ TOTAL SFT
AREA(S)	____CEILINGS	_____CROWN	_____WALLS	_____TRIM	_____DOORS ____CLOSET
COLOUR	_____	_____	_____	_____	_____ _____
BASEBOARD ONLY: _____LF	DOOR TRIM ONLY: _____LF		WINDOW TRIM ONLY: _____LF	DOORS ONLY: _____QTY	
ENSUITE:	_____H	_____ L x ____ W	_____ L x ____ W	_____ L x ____ W	____ TOTAL SFT
AREA(S)	____CEILINGS	_____CROWN	_____WALLS	_____TRIM	_____DOORS ____CLOSET
COLOUR	_____	_____	_____	_____	_____ _____
BASEBOARD ONLY: _____LF	DOOR TRIM ONLY: _____LF		WINDOW TRIM ONLY: _____LF	DOORS ONLY: _____QTY	
BEDROOM 1:	_____H	_____ L x ____ W	_____ L x ____ W	_____ L x ____ W	____ TOTAL SFT
AREA(S)	____CEILINGS	_____CROWN	_____WALLS	_____TRIM	_____DOORS ____CLOSET
COLOUR	_____	_____	_____	_____	_____ _____
BASEBOARD ONLY: _____LF	DOOR TRIM ONLY: _____LF		WINDOW TRIM ONLY: _____LF	DOORS ONLY: _____QTY	
BEDROOM 2:	_____H	_____ L x ____ W	_____ L x ____ W	_____ L x ____ W	____ TOTAL SFT
AREA(S)	____CEILINGS	_____CROWN	_____WALLS	_____TRIM	_____DOORS ____CLOSET
COLOUR	_____	_____	_____	_____	_____ _____
BASEBOARD ONLY: _____LF	DOOR TRIM ONLY: _____LF		WINDOW TRIM ONLY: _____LF	DOORS ONLY: _____QTY	
BEDROOM 3:	_____H	_____ L x ____ W	_____ L x ____ W	_____ L x ____ W	____ TOTAL SFT
AREA(S)	____CEILINGS	_____CROWN	_____WALLS	_____TRIM	_____DOORS ____CLOSET
COLOUR	_____	_____	_____	_____	_____ _____
BASEBOARD ONLY: _____LF	DOOR TRIM ONLY: _____LF		WINDOW TRIM ONLY: _____LF	DOORS ONLY: _____QTY	
BEDROOM 4:	_____H	_____ L x ____ W	_____ L x ____ W	_____ L x ____ W	____ TOTAL SFT
AREA(S)	____CEILINGS	_____CROWN	_____WALLS	_____TRIM	_____DOORS ____CLOSET
COLOUR	_____	_____	_____	_____	_____ _____
BASEBOARD ONLY: _____LF	DOOR TRIM ONLY: _____LF		WINDOW TRIM ONLY: _____LF	DOORS ONLY: _____QTY	
MAIN BATH:	_____H	_____ L x ____ W	_____ L x ____ W	_____ L x ____ W	____ TOTAL SFT
AREA(S)	____CEILINGS	_____CROWN	_____WALLS	_____TRIM	_____DOORS ____CLOSET
COLOUR	_____	_____	_____	_____	_____ _____
BASEBOARD ONLY: _____LF	DOOR TRIM ONLY: _____LF		WINDOW TRIM ONLY: _____LF	DOORS ONLY: _____QTY	
BATH 1:	_____H	_____ L x ____ W	_____ L x ____ W	_____ L x ____ W	____ TOTAL SFT
AREA(S)	____CEILINGS	_____CROWN	_____WALLS	_____TRIM	_____DOORS ____CLOSET
COLOUR	_____	_____	_____	_____	_____ _____
BASEBOARD ONLY: _____LF	DOOR TRIM ONLY: _____LF		WINDOW TRIM ONLY: _____LF	DOORS ONLY: _____QTY	

ATH 2:	_____H	_____ L x ___ W	_____ L x ___ W	_____ L x ___ W	_____ TOTAL SFT	
AREA(S)	_____CEILINGS	_____CROWN	_____WALLS	_____TRIM	_____DOORS	_____CLOSET
COLOUR	_____	_____	_____	_____	_____	_____
BASEBOARD ONLY: _____LF	DOOR TRIM ONLY: _____LF	WINDOW TRIM ONLY: _____LF	DOORS ONLY: _____QTY			
POWDER ROOM:	_____H	_____ L x ___ W	_____ L x ___ W	_____ L x ___ W	_____ TOTAL SFT	
AREA(S)	_____CEILINGS	_____CROWN	_____WALLS	_____TRIM	_____DOORS	_____CLOSET
COLOUR	_____	_____	_____	_____	_____	_____
BASEBOARD ONLY: _____LF	DOOR TRIM ONLY: _____LF	WINDOW TRIM ONLY: _____LF	DOORS ONLY: _____QTY			
REC ROOM	_____H	_____ L x ___ W	_____ L x ___ W	_____ L x ___ W	_____ TOTAL SFT	
AREA(S)	_____CEILINGS	_____CROWN	_____WALLS	_____TRIM	_____DOORS	_____CLOSET
COLOUR	_____	_____	_____	_____	_____	_____
BASEBOARD ONLY: _____LF	DOOR TRIM ONLY: _____LF	WINDOW TRIM ONLY: _____LF	DOORS ONLY: _____QTY			
MAIN FLOOR HALL:	_____H	_____ L x ___ W	_____ L x ___ W	_____ L x ___ W	_____ TOTAL SFT	
AREA(S)	_____CEILINGS	_____CROWN	_____WALLS	_____TRIM	_____DOORS	_____CLOSET
COLOUR	_____	_____	_____	_____	_____	_____
BASEBOARD ONLY: _____LF	DOOR TRIM ONLY: _____LF	WINDOW TRIM ONLY: _____LF	DOORS ONLY: _____QTY			
UPPER HALL:	_____H	_____ L x ___ W	_____ L x ___ W	_____ L x ___ W	_____ TOTAL SFT	
AREA(S)	_____CEILINGS	_____CROWN	_____WALLS	_____TRIM	_____DOORS	_____CLOSET
COLOUR	_____	_____	_____	_____	_____	_____
BASEBOARD ONLY: _____LF	DOOR TRIM ONLY: _____LF	WINDOW TRIM ONLY: _____LF	DOORS ONLY: _____QTY			
UPPER STAIRWELL:	_____H	_____ L x ___ W	_____ L x ___ W	_____ L x ___ W	_____ TOTAL SFT	
AREA(S)	_____CEILINGS	_____CROWN	_____WALLS	_____TRIM	_____DOORS	_____CLOSET
COLOUR	_____	_____	_____	_____	_____	_____
BASEBOARD ONLY: _____LF	DOOR TRIM ONLY: _____LF	WINDOW TRIM ONLY: _____LF	DOORS ONLY: _____QTY			
LOWER HALL:	_____H	_____ L x ___ W	_____ L x ___ W	_____ L x ___ W	_____ TOTAL SFT	
AREA(S)	_____CEILINGS	_____CROWN	_____WALLS	_____TRIM	_____DOORS	_____CLOSET
COLOUR	_____	_____	_____	_____	_____	_____
BASEBOARD ONLY: _____LF	DOOR TRIM ONLY: _____LF	WINDOW TRIM ONLY: _____LF	DOORS ONLY: _____QTY			
LOWER STAIRWELL:	_____H	_____ L x ___ W	_____ L x ___ W	_____ L x ___ W	_____ TOTAL SFT	
AREA(S)	_____CEILINGS	_____CROWN	_____WALLS	_____TRIM	_____DOORS	_____CLOSET
COLOUR	_____	_____	_____	_____	_____	_____
BASEBOARD ONLY: _____LF	DOOR TRIM ONLY: _____LF	WINDOW TRIM ONLY: _____LF	DOORS ONLY: _____QTY			
GARAGE:	_____H	_____ L x ___ W	_____ L x ___ W	_____ L x ___ W	_____ TOTAL SFT	
AREA(S)	_____CEILINGS	_____CROWN	_____WALLS	_____TRIM	_____DOORS	_____CLOSET
COLOUR	_____	_____	_____	_____	_____	_____
BASEBOARD ONLY: _____LF	DOOR TRIM ONLY: _____LF	WINDOW TRIM ONLY: _____LF	DOORS ONLY: _____QTY			

NOTES:
_____
_____
_____
_____
_____
_____
_____
_____
_____

STAIRCASE	TREADS #	RISERS #	STRINGERS #	POSTS #	BALUSTERS #	HANDRAIL #
PRIME						
PAINT						
STAIN						
CLEAR COAT						

KITCHEN	UPPER CABINET DOORS	BASE CABINETS DOORS	DRAWERS	VANITY	OTHER
PRIME					
PAINT					
STAIN					
CLEAR COAT					

WALLPAPER REMOVAL

ROOM(S) _____

ROOM SIZE _____W x _____L x _____H

BORDER _____YES _____NO

DRAWING

INTERIOR RESIDENTAL PAINTING ESTIMATE FORM

CLIENT CALL DATE: _____   CLIENT CALL BACK DATE: _____

CLIENT SITE VISIT DATE: _____ TIME: _____   CLIENT 2ᴺ CALL BACK DATE: _____

CLIENT NAME: _____   PHONE NUMBER: _____

ADDRESS: _____   EMAIL: _____

CITY: _____POSTAL CODE_____   OTHER: _____

HOW DID YOU HEAR ABOUT US?   GOOGLE   WEBSITE   MAGAZINE   WORD OF MOUTH   SIGNAGE

CLIENT REFERRAL-NAME: _____   REFERRAL PROGRAM: _____

ESTIMATE DATE: _____   ESTIMATE # _____

REQUESTED START DATE: _____   REQUESTED FINISH DATE: _____

APPROX START DATE: _____   APPROX NUMBER OF DAYS: _____

NOTES:
_____
_____
_____
_____
_____
_____
_____
_____

SPECIAL INSTRUCTIONS:
_____
_____
_____
_____
_____
_____
_____
_____
_____
_____
_____
_____

KITCHEN:	____H	____L x ___W	____L x ___W	____L x ___W	____ TOTAL SFT
AREA(S)	____CEILINGS	____CROWN	____WALLS	____TRIM	____DOORS ____CLOSET
COLOUR					
BASEBOARD ONLY: ____LF	DOOR TRIM ONLY: ____LF	WINDOW TRIM ONLY: ____LF	DOORS ONLY: ____QTY		
DINING ROOM:	____H	____L x ___W	____L x ___W	____L x ___W	____ TOTAL SFT
AREA(S)	____CEILINGS	____CROWN	____WALLS	____TRIM	____DOORS ____CLOSET
COLOUR					
BASEBOARD ONLY: ____LF	DOOR TRIM ONLY: ____LF	WINDOW TRIM ONLY: ____LF	DOORS ONLY: ____QTY		
PANTRY:	____H	____L x ___W	____L x ___W	____L x ___W	____ TOTAL SFT
AREA(S)	____CEILINGS	____CROWN	____WALLS	____TRIM	____DOORS ____CLOSET
COLOUR					
BASEBOARD ONLY: ____LF	DOOR TRIM ONLY: ____LF	WINDOW TRIM ONLY: ____LF	DOORS ONLY: ____QTY		
LIVING ROOM:	____H	____L x ___W	____L x ___W	____L x ___W	____ TOTAL SFT
AREA(S)	____CEILINGS	____CROWN	____WALLS	____TRIM	____DOORS ____CLOSET
COLOUR					
BASEBOARD ONLY: ____LF	DOOR TRIM ONLY: ____LF	WINDOW TRIM ONLY: ____LF	DOORS ONLY: ____QTY		
LAUNDRY:	____H	____L x ___W	____L x ___W	____L x ___W	____ TOTAL SFT
AREA(S)	____CEILINGS	____CROWN	____WALLS	____TRIM	____DOORS ____CLOSET
COLOUR					
BASEBOARD ONLY: ____LF	DOOR TRIM ONLY: ____LF	WINDOW TRIM ONLY: ____LF	DOORS ONLY: ____QTY		
MUDROOM:	____H	____L x ___W	____L x ___W	____L x ___W	____ TOTAL SFT
AREA(S)	____CEILINGS	____CROWN	____WALLS	____TRIM	____DOORS ____CLOSET
COLOUR					
BASEBOARD ONLY: ____LF	DOOR TRIM ONLY: ____LF	WINDOW TRIM ONLY: ____LF	DOORS ONLY: ____QTY		
FOYER:	____H	____L x ___W	____L x ___W	____L x ___W	____ TOTAL SFT
AREA(S)	____CEILINGS	____CROWN	____WALLS	____TRIM	____DOORS ____CLOSET
COLOUR					
BASEBOARD ONLY: ____LF	DOOR TRIM ONLY: ____LF	WINDOW TRIM ONLY: ____LF	DOORS ONLY: ____QTY		
MASTER BED:	____H	____L x ___W	____L x ___W	____L x ___W	____ TOTAL SFT
AREA(S)	____CEILINGS	____CROWN	____WALLS	____TRIM	____DOORS ____CLOSET
COLOUR					
BASEBOARD ONLY: ____LF	DOOR TRIM ONLY: ____LF	WINDOW TRIM ONLY: ____LF	DOORS ONLY: ____QTY		
ENSUITE:	____H	____L x ___W	____L x ___W	____L x ___W	____ TOTAL SFT
AREA(S)	____CEILINGS	____CROWN	____WALLS	____TRIM	____DOORS ____CLOSET
COLOUR					
BASEBOARD ONLY: ____LF	DOOR TRIM ONLY: ____LF	WINDOW TRIM ONLY: ____LF	DOORS ONLY: ____QTY		
BEDROOM 1:	____H	____L x ___W	____L x ___W	____L x ___W	____ TOTAL SFT
AREA(S)	____CEILINGS	____CROWN	____WALLS	____TRIM	____DOORS ____CLOSET
COLOUR					
BASEBOARD ONLY: ____LF	DOOR TRIM ONLY: ____LF	WINDOW TRIM ONLY: ____LF	DOORS ONLY: ____QTY		
BEDROOM 2:	____H	____L x ___W	____L x ___W	____L x ___W	____ TOTAL SFT
AREA(S)	____CEILINGS	____CROWN	____WALLS	____TRIM	____DOORS ____CLOSET
COLOUR					
BASEBOARD ONLY: ____LF	DOOR TRIM ONLY: ____LF	WINDOW TRIM ONLY: ____LF	DOORS ONLY: ____QTY		
BEDROOM 3:	____H	____L x ___W	____L x ___W	____L x ___W	____ TOTAL SFT
AREA(S)	____CEILINGS	____CROWN	____WALLS	____TRIM	____DOORS ____CLOSET
COLOUR					
BASEBOARD ONLY: ____LF	DOOR TRIM ONLY: ____LF	WINDOW TRIM ONLY: ____LF	DOORS ONLY: ____QTY		
BEDROOM 4:	____H	____L x ___W	____L x ___W	____L x ___W	____ TOTAL SFT
AREA(S)	____CEILINGS	____CROWN	____WALLS	____TRIM	____DOORS ____CLOSET
COLOUR					
BASEBOARD ONLY: ____LF	DOOR TRIM ONLY: ____LF	WINDOW TRIM ONLY: ____LF	DOORS ONLY: ____QTY		
MAIN BATH:	____H	____L x ___W	____L x ___W	____L x ___W	____ TOTAL SFT
AREA(S)	____CEILINGS	____CROWN	____WALLS	____TRIM	____DOORS ____CLOSET
COLOUR					
BASEBOARD ONLY: ____LF	DOOR TRIM ONLY: ____LF	WINDOW TRIM ONLY: ____LF	DOORS ONLY: ____QTY		
BATH 1:	____H	____L x ___W	____L x ___W	____L x ___W	____ TOTAL SFT
AREA(S)	____CEILINGS	____CROWN	____WALLS	____TRIM	____DOORS ____CLOSET
COLOUR					
BASEBOARD ONLY: ____LF	DOOR TRIM ONLY: ____LF	WINDOW TRIM ONLY: ____LF	DOORS ONLY: ____QTY		

ATH 2: ___H ___L x ___W ___L x ___W ___L x ___W ___TOTAL SFT AREA(S) ___CEILINGS ___CROWN ___WALLS ___TRIM ___DOORS ___CLOSET COLOUR ___ ___ ___ ___ ___ ___ BASEBOARD ONLY: ___LF DOOR TRIM ONLY: ___LF WINDOW TRIM ONLY: ___LF DOORS ONLY: ___QTY	
POWDER ROOM: ___H ___L x ___W ___L x ___W ___L x ___W ___TOTAL SFT AREA(S) ___CEILINGS ___CROWN ___WALLS ___TRIM ___DOORS ___CLOSET COLOUR ___ ___ ___ ___ ___ ___ BASEBOARD ONLY: ___LF DOOR TRIM ONLY: ___LF WINDOW TRIM ONLY: ___LF DOORS ONLY: ___QTY	
REC ROOM ___H ___L x ___W ___L x ___W ___L x ___W ___TOTAL SFT AREA(S) ___CEILINGS ___CROWN ___WALLS ___TRIM ___DOORS ___CLOSET COLOUR ___ ___ ___ ___ ___ ___ BASEBOARD ONLY: ___LF DOOR TRIM ONLY: ___LF WINDOW TRIM ONLY: ___LF DOORS ONLY: ___QTY	
MAIN FLOOR HALL: ___H ___L x ___W ___L x ___W ___L x ___W ___TOTAL SFT AREA(S) ___CEILINGS ___CROWN ___WALLS ___TRIM ___DOORS ___CLOSET COLOUR ___ ___ ___ ___ ___ ___ BASEBOARD ONLY: ___LF DOOR TRIM ONLY: ___LF WINDOW TRIM ONLY: ___LF DOORS ONLY: ___QTY	
UPPER HALL: ___H ___L x ___W ___L x ___W ___L x ___W ___TOTAL SFT AREA(S) ___CEILINGS ___CROWN ___WALLS ___TRIM ___DOORS ___CLOSET COLOUR ___ ___ ___ ___ ___ ___ BASEBOARD ONLY: ___LF DOOR TRIM ONLY: ___LF WINDOW TRIM ONLY: ___LF DOORS ONLY: ___QTY	
UPPER STAIRWELL: ___H ___L x ___W ___L x ___W ___L x ___W ___TOTAL SFT AREA(S) ___CEILINGS ___CROWN ___WALLS ___TRIM ___DOORS ___CLOSET COLOUR ___ ___ ___ ___ ___ ___ BASEBOARD ONLY: ___LF DOOR TRIM ONLY: ___LF WINDOW TRIM ONLY: ___LF DOORS ONLY: ___QTY	
LOWER HALL: ___H ___L x ___W ___L x ___W ___L x ___W ___TOTAL SFT AREA(S) ___CEILINGS ___CROWN ___WALLS ___TRIM ___DOORS ___CLOSET COLOUR ___ ___ ___ ___ ___ ___ BASEBOARD ONLY: ___LF DOOR TRIM ONLY: ___LF WINDOW TRIM ONLY: ___LF DOORS ONLY: ___QTY	
LOWER STAIRWELL: ___H ___L x ___W ___L x ___W ___L x ___W ___TOTAL SFT AREA(S) ___CEILINGS ___CROWN ___WALLS ___TRIM ___DOORS ___CLOSET COLOUR ___ ___ ___ ___ ___ ___ BASEBOARD ONLY: ___LF DOOR TRIM ONLY: ___LF WINDOW TRIM ONLY: ___LF DOORS ONLY: ___QTY	
GARAGE: ___H ___L x ___W ___L x ___W ___L x ___W ___TOTAL SFT AREA(S) ___CEILINGS ___CROWN ___WALLS ___TRIM ___DOORS ___CLOSET COLOUR ___ ___ ___ ___ ___ ___ BASEBOARD ONLY: ___LF DOOR TRIM ONLY: ___LF WINDOW TRIM ONLY: ___LF DOORS ONLY: ___QTY	

NOTES:

STAIRCASE	TREADS #	RISERS #	STRINGERS #	POSTS #	BALUSTERS #	HANDRAIL #
PRIME						
PAINT						
STAIN						
CLEAR COAT						

KITCHEN					
	UPPER CABINET DOORS	BASE CABINETS DOORS	DRAWERS	VANITY	OTHER
PRIME					
PAINT					
STAIN					
CLEAR COAT					

WALLPAPER REMOVAL

ROOM(S) _____

ROOM SIZE _____ W x _____ L x _____ H

BORDER _____ YES _____ NO

DRAWING

INTERIOR RESIDENTAL PAINTING ESTIMATE FORM

CLIENT CALL DATE: _____ CLIENT CALL BACK DATE: _____

CLIENT SITE VISIT DATE: _____ TIME: _____ CLIENT 2^N CALL BACK DATE: _____

CLIENT NAME: _____ PHONE NUMBER: _____

ADDRESS: _____ EMAIL: _____

CITY: _____ POSTAL CODE _____ OTHER: _____

HOW DID YOU HEAR ABOUT US?   GOOGLE   WEBSITE   MAGAZINE   WORD OF MOUTH   SIGNAGE

CLIENT REFERRAL-NAME: _____   REFERRAL PROGRAM: _____

ESTIMATE DATE: _____ ESTIMATE # _____

REQUESTED START DATE: _____ REQUESTED FINISH DATE: _____

APPROX START DATE: _____ APPROX NUMBER OF DAYS: _____

NOTES:
_____
_____
_____
_____
_____
_____
_____

SPECIAL INSTRUCTIONS:
_____
_____
_____
_____
_____
_____
_____
_____
_____
_____
_____
_____

KITCHEN:	____H	____L x ___W	____L x ___W	____L x ___W	____TOTAL SFT
AREA(S)	____CEILINGS	____CROWN	____WALLS	____TRIM	____DOORS ____CLOSET
COLOUR					
BASEBOARD ONLY: ____LF	DOOR TRIM ONLY: ____LF		WINDOW TRIM ONLY: ____LF		DOORS ONLY: ____QTY
DINING ROOM:	____H	____L x ___W	____L x ___W	____L x ___W	____TOTAL SFT
AREA(S)	____CEILINGS	____CROWN	____WALLS	____TRIM	____DOORS ____CLOSET
COLOUR					
BASEBOARD ONLY: ____LF	DOOR TRIM ONLY: ____LF		WINDOW TRIM ONLY: ____LF		DOORS ONLY: ____QTY
PANTRY:	____H	____L x ___W	____L x ___W	____L x ___W	____TOTAL SFT
AREA(S)	____CEILINGS	____CROWN	____WALLS	____TRIM	____DOORS ____CLOSET
COLOUR					
BASEBOARD ONLY: ____LF	DOOR TRIM ONLY: ____LF		WINDOW TRIM ONLY: ____LF		DOORS ONLY: ____QTY
LIVING ROOM:	____H	____L x ___W	____L x ___W	____L x ___W	____TOTAL SFT
AREA(S)	____CEILINGS	____CROWN	____WALLS	____TRIM	____DOORS ____CLOSET
COLOUR					
BASEBOARD ONLY: ____LF	DOOR TRIM ONLY: ____LF		WINDOW TRIM ONLY: ____LF		DOORS ONLY: ____QTY
LAUNDRY:	____H	____L x ___W	____L x ___W	____L x ___W	____TOTAL SFT
AREA(S)	____CEILINGS	____CROWN	____WALLS	____TRIM	____DOORS ____CLOSET
COLOUR					
BASEBOARD ONLY: ____LF	DOOR TRIM ONLY: ____LF		WINDOW TRIM ONLY: ____LF		DOORS ONLY: ____QTY
MUDROOM:	____H	____L x ___W	____L x ___W	____L x ___W	____TOTAL SFT
AREA(S)	____CEILINGS	____CROWN	____WALLS	____TRIM	____DOORS ____CLOSET
COLOUR					
BASEBOARD ONLY: ____LF	DOOR TRIM ONLY: ____LF		WINDOW TRIM ONLY: ____LF		DOORS ONLY: ____QTY
FOYER:	____H	____L x ___W	____L x ___W	____L x ___W	____TOTAL SFT
AREA(S)	____CEILINGS	____CROWN	____WALLS	____TRIM	____DOORS ____CLOSET
COLOUR					
BASEBOARD ONLY: ____LF	DOOR TRIM ONLY: ____LF		WINDOW TRIM ONLY: ____LF		DOORS ONLY: ____QTY
MASTER BED:	____H	____L x ___W	____L x ___W	____L x ___W	____TOTAL SFT
AREA(S)	____CEILINGS	____CROWN	____WALLS	____TRIM	____DOORS ____CLOSET
COLOUR					
BASEBOARD ONLY: ____LF	DOOR TRIM ONLY: ____LF		WINDOW TRIM ONLY: ____LF		DOORS ONLY: ____QTY
ENSUITE:	____H	____L x ___W	____L x ___W	____L x ___W	____TOTAL SFT
AREA(S)	____CEILINGS	____CROWN	____WALLS	____TRIM	____DOORS ____CLOSET
COLOUR					
BASEBOARD ONLY: ____LF	DOOR TRIM ONLY: ____LF		WINDOW TRIM ONLY: ____LF		DOORS ONLY: ____QTY
BEDROOM 1:	____H	____L x ___W	____L x ___W	____L x ___W	____TOTAL SFT
AREA(S)	____CEILINGS	____CROWN	____WALLS	____TRIM	____DOORS ____CLOSET
COLOUR					
BASEBOARD ONLY: ____LF	DOOR TRIM ONLY: ____LF		WINDOW TRIM ONLY: ____LF		DOORS ONLY: ____QTY
BEDROOM 2:	____H	____L x ___W	____L x ___W	____L x ___W	____TOTAL SFT
AREA(S)	____CEILINGS	____CROWN	____WALLS	____TRIM	____DOORS ____CLOSET
COLOUR					
BASEBOARD ONLY: ____LF	DOOR TRIM ONLY: ____LF		WINDOW TRIM ONLY: ____LF		DOORS ONLY: ____QTY
BEDROOM 3:	____H	____L x ___W	____L x ___W	____L x ___W	____TOTAL SFT
AREA(S)	____CEILINGS	____CROWN	____WALLS	____TRIM	____DOORS ____CLOSET
COLOUR					
BASEBOARD ONLY: ____LF	DOOR TRIM ONLY: ____LF		WINDOW TRIM ONLY: ____LF		DOORS ONLY: ____QTY
BEDROOM 4:	____H	____L x ___W	____L x ___W	____L x ___W	____TOTAL SFT
AREA(S)	____CEILINGS	____CROWN	____WALLS	____TRIM	____DOORS ____CLOSET
COLOUR					
BASEBOARD ONLY: ____LF	DOOR TRIM ONLY: ____LF		WINDOW TRIM ONLY: ____LF		DOORS ONLY: ____QTY
MAIN BATH:	____H	____L x ___W	____L x ___W	____L x ___W	____TOTAL SFT
AREA(S)	____CEILINGS	____CROWN	____WALLS	____TRIM	____DOORS ____CLOSET
COLOUR					
BASEBOARD ONLY: ____LF	DOOR TRIM ONLY: ____LF		WINDOW TRIM ONLY: ____LF		DOORS ONLY: ____QTY
BATH 1:	____H	____L x ___W	____L x ___W	____L x ___W	____TOTAL SFT
AREA(S)	____CEILINGS	____CROWN	____WALLS	____TRIM	____DOORS ____CLOSET
COLOUR					
BASEBOARD ONLY: ____LF	DOOR TRIM ONLY: ____LF		WINDOW TRIM ONLY: ____LF		DOORS ONLY: ____QTY

ATH 2:	___H	___ L x ___ W	___ L x ___ W	___ L x ___ W	___ TOTAL SFT
AREA(S) ___CEILINGS	___CROWN	___WALLS	___TRIM	___DOORS	___CLOSET
COLOUR					
BASEBOARD ONLY: ___LF	DOOR TRIM ONLY: ___LF	WINDOW TRIM ONLY: ___LF	DOORS ONLY: ___QTY		

POWDER ROOM:	___H	___ L x ___ W	___ L x ___ W	___ L x ___ W	___ TOTAL SFT
AREA(S) ___CEILINGS	___CROWN	___WALLS	___TRIM	___DOORS	___CLOSET
COLOUR					
BASEBOARD ONLY: ___LF	DOOR TRIM ONLY: ___LF	WINDOW TRIM ONLY: ___LF	DOORS ONLY: ___QTY		

REC ROOM	___H	___ L x ___ W	___ L x ___ W	___ L x ___ W	___ TOTAL SFT
AREA(S) ___CEILINGS	___CROWN	___WALLS	___TRIM	___DOORS	___CLOSET
COLOUR					
BASEBOARD ONLY: ___LF	DOOR TRIM ONLY: ___LF	WINDOW TRIM ONLY: ___LF	DOORS ONLY: ___QTY		

MAIN FLOOR HALL:	___H	___ L x ___ W	___ L x ___ W	___ L x ___ W	___ TOTAL SFT
AREA(S) ___CEILINGS	___CROWN	___WALLS	___TRIM	___DOORS	___CLOSET
COLOUR					
BASEBOARD ONLY: ___LF	DOOR TRIM ONLY: ___LF	WINDOW TRIM ONLY: ___LF	DOORS ONLY: ___QTY		

UPPER HALL:	___H	___ L x ___ W	___ L x ___ W	___ L x ___ W	___ TOTAL SFT
AREA(S) ___CEILINGS	___CROWN	___WALLS	___TRIM	___DOORS	___CLOSET
COLOUR					
BASEBOARD ONLY: ___LF	DOOR TRIM ONLY: ___LF	WINDOW TRIM ONLY: ___LF	DOORS ONLY: ___QTY		

UPPER STAIRWELL:	___H	___ L x ___ W	___ L x ___ W	___ L x ___ W	___ TOTAL SFT
AREA(S) ___CEILINGS	___CROWN	___WALLS	___TRIM	___DOORS	___CLOSET
COLOUR					
BASEBOARD ONLY: ___LF	DOOR TRIM ONLY: ___LF	WINDOW TRIM ONLY: ___LF	DOORS ONLY: ___QTY		

LOWER HALL:	___H	___ L x ___ W	___ L x ___ W	___ L x ___ W	___ TOTAL SFT
AREA(S) ___CEILINGS	___CROWN	___WALLS	___TRIM	___DOORS	___CLOSET
COLOUR					
BASEBOARD ONLY: ___LF	DOOR TRIM ONLY: ___LF	WINDOW TRIM ONLY: ___LF	DOORS ONLY: ___QTY		

LOWER STAIRWELL:	___H	___ L x ___ W	___ L x ___ W	___ L x ___ W	___ TOTAL SFT
AREA(S) ___CEILINGS	___CROWN	___WALLS	___TRIM	___DOORS	___CLOSET
COLOUR					
BASEBOARD ONLY: ___LF	DOOR TRIM ONLY: ___LF	WINDOW TRIM ONLY: ___LF	DOORS ONLY: ___QTY		

GARAGE:	___H	___ L x ___ W	___ L x ___ W	___ L x ___ W	___ TOTAL SFT
AREA(S) ___CEILINGS	___CROWN	___WALLS	___TRIM	___DOORS	___CLOSET
COLOUR					
BASEBOARD ONLY: ___LF	DOOR TRIM ONLY: ___LF	WINDOW TRIM ONLY: ___LF	DOORS ONLY: ___QTY		

NOTES:

STAIRCASE	TREADS #	RISERS #	STRINGERS #	POSTS #	BALUSTERS #	HANDRAIL #
PRIME						
PAINT						
STAIN						
CLEAR COAT						

KITCHEN	UPPER CABINET DOORS	BASE CABINETS DOORS	DRAWERS	VANITY	OTHER
PRIME					
PAINT					
STAIN					
CLEAR COAT					

WALLPAPER REMOVAL

ROOM(S) _____

ROOM SIZE _____ W x _____ L x _____ H

BORDER _____ YES _____ NO

DRAWING

INTERIOR RESIDENTAL PAINTING ESTIMATE FORM

CLIENT CALL DATE: _____ CLIENT CALL BACK DATE: _____

CLIENT SITE VISIT DATE: _____ TIME: _____ CLIENT 2ᴺ CALL BACK DATE: _____

CLIENT NAME: _____ PHONE NUMBER: _____

ADDRESS: _____ EMAIL: _____

CITY: _____ POSTAL CODE _____ OTHER: _____

HOW DID YOU HEAR ABOUT US?   GOOGLE   WEBSITE   MAGAZINE   WORD OF MOUTH   SIGNAGE

CLIENT REFERRAL-NAME: _____ REFERRAL PROGRAM: _____

ESTIMATE DATE: _____ ESTIMATE # _____

REQUESTED START DATE: _____ REQUESTED FINISH DATE: _____

APPROX START DATE: _____ APPROX NUMBER OF DAYS: _____

NOTES:
_____
_____
_____
_____
_____
_____
_____

SPECIAL INSTRUCTIONS:
_____
_____
_____
_____
_____
_____
_____
_____
_____
_____
_____
_____

KITCHEN:	_____H	_____L x ___W	_____L x ___W	_____L x ___W	____TOTAL SFT
AREA(S)	____CEILINGS	_____CROWN	_____WALLS	_____TRIM	_____DOORS ____CLOSET
COLOUR					
BASEBOARD ONLY: _____LF	DOOR TRIM ONLY: _____LF	WINDOW TRIM ONLY: _____LF	DOORS ONLY: _____QTY		

DINING ROOM:	_____H	_____L x ___W	_____L x ___W	_____L x ___W	____TOTAL SFT
AREA(S)	____CEILINGS	_____CROWN	_____WALLS	_____TRIM	_____DOORS ____CLOSET
COLOUR					
BASEBOARD ONLY: _____LF	DOOR TRIM ONLY: _____LF	WINDOW TRIM ONLY: _____LF	DOORS ONLY: _____QTY		

PANTRY:	_____H	_____L x ___W	_____L x ___W	_____L x ___W	____TOTAL SFT
AREA(S)	____CEILINGS	_____CROWN	_____WALLS	_____TRIM	_____DOORS ____CLOSET
COLOUR					
BASEBOARD ONLY: _____LF	DOOR TRIM ONLY: _____LF	WINDOW TRIM ONLY: _____LF	DOORS ONLY: _____QTY		

LIVING ROOM:	_____H	_____L x ___W	_____L x ___W	_____L x ___W	____TOTAL SFT
AREA(S)	____CEILINGS	_____CROWN	_____WALLS	_____TRIM	_____DOORS ____CLOSET
COLOUR					
BASEBOARD ONLY: _____LF	DOOR TRIM ONLY: _____LF	WINDOW TRIM ONLY: _____LF	DOORS ONLY: _____QTY		

LAUNDRY:	_____H	_____L x ___W	_____L x ___W	_____L x ___W	____TOTAL SFT
AREA(S)	____CEILINGS	_____CROWN	_____WALLS	_____TRIM	_____DOORS ____CLOSET
COLOUR					
BASEBOARD ONLY: _____LF	DOOR TRIM ONLY: _____LF	WINDOW TRIM ONLY: _____LF	DOORS ONLY: _____QTY		

MUDROOM:	_____H	_____L x ___W	_____L x ___W	_____L x ___W	____TOTAL SFT
AREA(S)	____CEILINGS	_____CROWN	_____WALLS	_____TRIM	_____DOORS ____CLOSET
COLOUR					
BASEBOARD ONLY: _____LF	DOOR TRIM ONLY: _____LF	WINDOW TRIM ONLY: _____LF	DOORS ONLY: _____QTY		

FOYER:	_____H	_____L x ___W	_____L x ___W	_____L x ___W	____TOTAL SFT
AREA(S)	____CEILINGS	_____CROWN	_____WALLS	_____TRIM	_____DOORS ____CLOSET
COLOUR					
BASEBOARD ONLY: _____LF	DOOR TRIM ONLY: _____LF	WINDOW TRIM ONLY: _____LF	DOORS ONLY: _____QTY		

MASTER BED:	_____H	_____L x ___W	_____L x ___W	_____L x ___W	____TOTAL SFT
AREA(S)	____CEILINGS	_____CROWN	_____WALLS	_____TRIM	_____DOORS ____CLOSET
COLOUR					
BASEBOARD ONLY: _____LF	DOOR TRIM ONLY: _____LF	WINDOW TRIM ONLY: _____LF	DOORS ONLY: _____QTY		

ENSUITE:	_____H	_____L x ___W	_____L x ___W	_____L x ___W	____TOTAL SFT
AREA(S)	____CEILINGS	_____CROWN	_____WALLS	_____TRIM	_____DOORS ____CLOSET
COLOUR					
BASEBOARD ONLY: _____LF	DOOR TRIM ONLY: _____LF	WINDOW TRIM ONLY: _____LF	DOORS ONLY: _____QTY		

BEDROOM 1:	_____H	_____L x ___W	_____L x ___W	_____L x ___W	____TOTAL SFT
AREA(S)	____CEILINGS	_____CROWN	_____WALLS	_____TRIM	_____DOORS ____CLOSET
COLOUR					
BASEBOARD ONLY: _____LF	DOOR TRIM ONLY: _____LF	WINDOW TRIM ONLY: _____LF	DOORS ONLY: _____QTY		

BEDROOM 2:	_____H	_____L x ___W	_____L x ___W	_____L x ___W	____TOTAL SFT
AREA(S)	____CEILINGS	_____CROWN	_____WALLS	_____TRIM	_____DOORS ____CLOSET
COLOUR					
BASEBOARD ONLY: _____LF	DOOR TRIM ONLY: _____LF	WINDOW TRIM ONLY: _____LF	DOORS ONLY: _____QTY		

BEDROOM 3:	_____H	_____L x ___W	_____L x ___W	_____L x ___W	____TOTAL SFT
AREA(S)	____CEILINGS	_____CROWN	_____WALLS	_____TRIM	_____DOORS ____CLOSET
COLOUR					
BASEBOARD ONLY: _____LF	DOOR TRIM ONLY: _____LF	WINDOW TRIM ONLY: _____LF	DOORS ONLY: _____QTY		

BEDROOM 4:	_____H	_____L x ___W	_____L x ___W	_____L x ___W	____TOTAL SFT
AREA(S)	____CEILINGS	_____CROWN	_____WALLS	_____TRIM	_____DOORS ____CLOSET
COLOUR					
BASEBOARD ONLY: _____LF	DOOR TRIM ONLY: _____LF	WINDOW TRIM ONLY: _____LF	DOORS ONLY: _____QTY		

MAIN BATH:	_____H	_____L x ___W	_____L x ___W	_____L x ___W	____TOTAL SFT
AREA(S)	____CEILINGS	_____CROWN	_____WALLS	_____TRIM	_____DOORS ____CLOSET
COLOUR					
BASEBOARD ONLY: _____LF	DOOR TRIM ONLY: _____LF	WINDOW TRIM ONLY: _____LF	DOORS ONLY: _____QTY		

BATH 1:	_____H	_____L x ___W	_____L x ___W	_____L x ___W	____TOTAL SFT
AREA(S)	____CEILINGS	_____CROWN	_____WALLS	_____TRIM	_____DOORS ____CLOSET
COLOUR					
BASEBOARD ONLY: _____LF	DOOR TRIM ONLY: _____LF	WINDOW TRIM ONLY: _____LF	DOORS ONLY: _____QTY		

ATH 2:	____H	____L x ____W	____L x ____W	____L x ____W	____TOTAL SFT
AREA(S)	____CEILINGS	____CROWN	____WALLS	____TRIM	____DOORS ____CLOSET
COLOUR					
BASEBOARD ONLY: ____LF	DOOR TRIM ONLY: ____LF	WINDOW TRIM ONLY: ____LF	DOORS ONLY: ____QTY		

POWDER ROOM:	____H	____L x ____W	____L x ____W	____L x ____W	____TOTAL SFT
AREA(S)	____CEILINGS	____CROWN	____WALLS	____TRIM	____DOORS ____CLOSET
COLOUR					
BASEBOARD ONLY: ____LF	DOOR TRIM ONLY: ____LF	WINDOW TRIM ONLY: ____LF	DOORS ONLY: ____QTY		

REC ROOM	____H	____L x ____W	____L x ____W	____L x ____W	____TOTAL SFT
AREA(S)	____CEILINGS	____CROWN	____WALLS	____TRIM	____DOORS ____CLOSET
COLOUR					
BASEBOARD ONLY: ____LF	DOOR TRIM ONLY: ____LF	WINDOW TRIM ONLY: ____LF	DOORS ONLY: ____QTY		

MAIN FLOOR HALL:	____H	____L x ____W	____L x ____W	____L x ____W	____TOTAL SFT
AREA(S)	____CEILINGS	____CROWN	____WALLS	____TRIM	____DOORS ____CLOSET
COLOUR					
BASEBOARD ONLY: ____LF	DOOR TRIM ONLY: ____LF	WINDOW TRIM ONLY: ____LF	DOORS ONLY: ____QTY		

UPPER HALL:	____H	____L x ____W	____L x ____W	____L x ____W	____TOTAL SFT
AREA(S)	____CEILINGS	____CROWN	____WALLS	____TRIM	____DOORS ____CLOSET
COLOUR					
BASEBOARD ONLY: ____LF	DOOR TRIM ONLY: ____LF	WINDOW TRIM ONLY: ____LF	DOORS ONLY: ____QTY		

UPPER STAIRWELL:	____H	____L x ____W	____L x ____W	____L x ____W	____TOTAL SFT
AREA(S)	____CEILINGS	____CROWN	____WALLS	____TRIM	____DOORS ____CLOSET
COLOUR					
BASEBOARD ONLY: ____LF	DOOR TRIM ONLY: ____LF	WINDOW TRIM ONLY: ____LF	DOORS ONLY: ____QTY		

LOWER HALL:	____H	____L x ____W	____L x ____W	____L x ____W	____TOTAL SFT
AREA(S)	____CEILINGS	____CROWN	____WALLS	____TRIM	____DOORS ____CLOSET
COLOUR					
BASEBOARD ONLY: ____LF	DOOR TRIM ONLY: ____LF	WINDOW TRIM ONLY: ____LF	DOORS ONLY: ____QTY		

LOWER STAIRWELL:	____H	____L x ____W	____L x ____W	____L x ____W	____TOTAL SFT
AREA(S)	____CEILINGS	____CROWN	____WALLS	____TRIM	____DOORS ____CLOSET
COLOUR					
BASEBOARD ONLY: ____LF	DOOR TRIM ONLY: ____LF	WINDOW TRIM ONLY: ____LF	DOORS ONLY: ____QTY		

GARAGE:	____H	____L x ____W	____L x ____W	____L x ____W	____TOTAL SFT
AREA(S)	____CEILINGS	____CROWN	____WALLS	____TRIM	____DOORS ____CLOSET
COLOUR					
BASEBOARD ONLY: ____LF	DOOR TRIM ONLY: ____LF	WINDOW TRIM ONLY: ____LF	DOORS ONLY: ____QTY		

NOTES:

STAIRCASE	TREADS #	RISERS #	STRINGERS #	POSTS #	BALUSTERS #	HANDRAIL #
PRIME						
PAINT						
STAIN						
CLEAR COAT						

KITCHEN	UPPER CABINET DOORS	BASE CABINETS DOORS	DRAWERS	VANITY	OTHER
PRIME					
PAINT					
STAIN					
CLEAR COAT					

WALLPAPER REMOVAL

ROOM(S) _____

ROOM SIZE _____W x _____L x _____H

BORDER _____YES _____NO

DRAWING

INTERIOR RESIDENTAL PAINTING ESTIMATE FORM

CLIENT CALL DATE: _____   CLIENT CALL BACK DATE: _____

CLIENT SITE VISIT DATE: _____ TIME: _____   CLIENT 2ⁿ CALL BACK DATE: _____

CLIENT NAME: _____   PHONE NUMBER: _____

ADDRESS: _____   EMAIL: _____

CITY: _____ POSTAL CODE _____   OTHER: _____

HOW DID YOU HEAR ABOUT US?   GOOGLE   WEBSITE   MAGAZINE   WORD OF MOUTH   SIGNAGE

CLIENT REFERRAL-NAME: _____   REFERRAL PROGRAM: _____

ESTIMATE DATE: _____   ESTIMATE # _____

REQUESTED START DATE: _____   REQUESTED FINISH DATE: _____

APPROX START DATE: _____   APPROX NUMBER OF DAYS: _____

NOTES:
_____
_____
_____
_____
_____
_____
_____

SPECIAL INSTRUCTIONS:
_____
_____
_____
_____
_____
_____
_____
_____
_____
_____
_____
_____

KITCHEN:	____H	____L x ___W	____L x ___W	____L x ___W	____TOTAL SFT
AREA(S)	____CEILINGS	____CROWN	____WALLS	____TRIM	____DOORS ____CLOSET
COLOUR	_____	_____	_____	_____	_____
BASEBOARD ONLY: ____LF	DOOR TRIM ONLY: ____LF	WINDOW TRIM ONLY: ____LF	DOORS ONLY: ____QTY		

DINING ROOM:	____H	____L x ___W	____L x ___W	____L x ___W	____TOTAL SFT
AREA(S)	____CEILINGS	____CROWN	____WALLS	____TRIM	____DOORS ____CLOSET
COLOUR	_____	_____	_____	_____	_____
BASEBOARD ONLY: ____LF	DOOR TRIM ONLY: ____LF	WINDOW TRIM ONLY: ____LF	DOORS ONLY: ____QTY		

PANTRY:	____H	____L x ___W	____L x ___W	____L x ___W	____TOTAL SFT
AREA(S)	____CEILINGS	____CROWN	____WALLS	____TRIM	____DOORS ____CLOSET
COLOUR	_____	_____	_____	_____	_____
BASEBOARD ONLY: ____LF	DOOR TRIM ONLY: ____LF	WINDOW TRIM ONLY: ____LF	DOORS ONLY: ____QTY		

LIVING ROOM:	____H	____L x ___W	____L x ___W	____L x ___W	____TOTAL SFT
AREA(S)	____CEILINGS	____CROWN	____WALLS	____TRIM	____DOORS ____CLOSET
COLOUR	_____	_____	_____	_____	_____
BASEBOARD ONLY: ____LF	DOOR TRIM ONLY: ____LF	WINDOW TRIM ONLY: ____LF	DOORS ONLY: ____QTY		

LAUNDRY:	____H	____L x ___W	____L x ___W	____L x ___W	____TOTAL SFT
AREA(S)	____CEILINGS	____CROWN	____WALLS	____TRIM	____DOORS ____CLOSET
COLOUR	_____	_____	_____	_____	_____
BASEBOARD ONLY: ____LF	DOOR TRIM ONLY: ____LF	WINDOW TRIM ONLY: ____LF	DOORS ONLY: ____QTY		

MUDROOM:	____H	____L x ___W	____L x ___W	____L x ___W	____TOTAL SFT
AREA(S)	____CEILINGS	____CROWN	____WALLS	____TRIM	____DOORS ____CLOSET
COLOUR	_____	_____	_____	_____	_____
BASEBOARD ONLY: ____LF	DOOR TRIM ONLY: ____LF	WINDOW TRIM ONLY: ____LF	DOORS ONLY: ____QTY		

FOYER:	____H	____L x ___W	____L x ___W	____L x ___W	____TOTAL SFT
AREA(S)	____CEILINGS	____CROWN	____WALLS	____TRIM	____DOORS ____CLOSET
COLOUR	_____	_____	_____	_____	_____
BASEBOARD ONLY: ____LF	DOOR TRIM ONLY: ____LF	WINDOW TRIM ONLY: ____LF	DOORS ONLY: ____QTY		

MASTER BED:	____H	____L x ___W	____L x ___W	____L x ___W	____TOTAL SFT
AREA(S)	____CEILINGS	____CROWN	____WALLS	____TRIM	____DOORS ____CLOSET
COLOUR	_____	_____	_____	_____	_____
BASEBOARD ONLY: ____LF	DOOR TRIM ONLY: ____LF	WINDOW TRIM ONLY: ____LF	DOORS ONLY: ____QTY		

ENSUITE:	____H	____L x ___W	____L x ___W	____L x ___W	____TOTAL SFT
AREA(S)	____CEILINGS	____CROWN	____WALLS	____TRIM	____DOORS ____CLOSET
COLOUR	_____	_____	_____	_____	_____
BASEBOARD ONLY: ____LF	DOOR TRIM ONLY: ____LF	WINDOW TRIM ONLY: ____LF	DOORS ONLY: ____QTY		

BEDROOM 1:	____H	____L x ___W	____L x ___W	____L x ___W	____TOTAL SFT
AREA(S)	____CEILINGS	____CROWN	____WALLS	____TRIM	____DOORS ____CLOSET
COLOUR	_____	_____	_____	_____	_____
BASEBOARD ONLY: ____LF	DOOR TRIM ONLY: ____LF	WINDOW TRIM ONLY: ____LF	DOORS ONLY: ____QTY		

BEDROOM 2:	____H	____L x ___W	____L x ___W	____L x ___W	____TOTAL SFT
AREA(S)	____CEILINGS	____CROWN	____WALLS	____TRIM	____DOORS ____CLOSET
COLOUR	_____	_____	_____	_____	_____
BASEBOARD ONLY: ____LF	DOOR TRIM ONLY: ____LF	WINDOW TRIM ONLY: ____LF	DOORS ONLY: ____QTY		

BEDROOM 3:	____H	____L x ___W	____L x ___W	____L x ___W	____TOTAL SFT
AREA(S)	____CEILINGS	____CROWN	____WALLS	____TRIM	____DOORS ____CLOSET
COLOUR	_____	_____	_____	_____	_____
BASEBOARD ONLY: ____LF	DOOR TRIM ONLY: ____LF	WINDOW TRIM ONLY: ____LF	DOORS ONLY: ____QTY		

BEDROOM 4:	____H	____L x ___W	____L x ___W	____L x ___W	____TOTAL SFT
AREA(S)	____CEILINGS	____CROWN	____WALLS	____TRIM	____DOORS ____CLOSET
COLOUR	_____	_____	_____	_____	_____
BASEBOARD ONLY: ____LF	DOOR TRIM ONLY: ____LF	WINDOW TRIM ONLY: ____LF	DOORS ONLY: ____QTY		

MAIN BATH:	____H	____L x ___W	____L x ___W	____L x ___W	____TOTAL SFT
AREA(S)	____CEILINGS	____CROWN	____WALLS	____TRIM	____DOORS ____CLOSET
COLOUR	_____	_____	_____	_____	_____
BASEBOARD ONLY: ____LF	DOOR TRIM ONLY: ____LF	WINDOW TRIM ONLY: ____LF	DOORS ONLY: ____QTY		

BATH 1:	____H	____L x ___W	____L x ___W	____L x ___W	____TOTAL SFT
AREA(S)	____CEILINGS	____CROWN	____WALLS	____TRIM	____DOORS ____CLOSET
COLOUR	_____	_____	_____	_____	_____
BASEBOARD ONLY: ____LF	DOOR TRIM ONLY: ____LF	WINDOW TRIM ONLY: ____LF	DOORS ONLY: ____QTY		

BATH 2: _____H	____L x ___W	____L x ___W	____L x ___W	____TOTAL SFT	
AREA(S) ____CEILINGS	_____CROWN	_____WALLS	_____TRIM	____DOORS	____CLOSET
COLOUR					
BASEBOARD ONLY: ____LF	DOOR TRIM ONLY: ____LF	WINDOW TRIM ONLY: ____LF	DOORS ONLY: ____QTY		

POWDER ROOM: ____H	____L x ___W	____L x ___W	____L x ___W	____TOTAL SFT	
AREA(S) ____CEILINGS	_____CROWN	_____WALLS	_____TRIM	____DOORS	____CLOSET
COLOUR					
BASEBOARD ONLY: ____LF	DOOR TRIM ONLY: ____LF	WINDOW TRIM ONLY: ____LF	DOORS ONLY: ____QTY		

REC ROOM ____H	____L x ___W	____L x ___W	____L x ___W	____TOTAL SFT	
AREA(S) ____CEILINGS	_____CROWN	_____WALLS	_____TRIM	____DOORS	____CLOSET
COLOUR					
BASEBOARD ONLY: ____LF	DOOR TRIM ONLY: ____LF	WINDOW TRIM ONLY: ____LF	DOORS ONLY: ____QTY		

MAIN FLOOR HALL: ____H	____L x ___W	____L x ___W	____L x ___W	____TOTAL SFT	
AREA(S) ____CEILINGS	_____CROWN	_____WALLS	_____TRIM	____DOORS	____CLOSET
COLOUR					
BASEBOARD ONLY: ____LF	DOOR TRIM ONLY: ____LF	WINDOW TRIM ONLY: ____LF	DOORS ONLY: ____QTY		

UPPER HALL: ____H	____L x ___W	____L x ___W	____L x ___W	____TOTAL SFT	
AREA(S) ____CEILINGS	_____CROWN	_____WALLS	_____TRIM	____DOORS	____CLOSET
COLOUR					
BASEBOARD ONLY: ____LF	DOOR TRIM ONLY: ____LF	WINDOW TRIM ONLY: ____LF	DOORS ONLY: ____QTY		

UPPER STAIRWELL: ____H	____L x ___W	____L x ___W	____L x ___W	____TOTAL SFT	
AREA(S) ____CEILINGS	_____CROWN	_____WALLS	_____TRIM	____DOORS	____CLOSET
COLOUR					
BASEBOARD ONLY: ____LF	DOOR TRIM ONLY: ____LF	WINDOW TRIM ONLY: ____LF	DOORS ONLY: ____QTY		

LOWER HALL: ____H	____L x ___W	____L x ___W	____L x ___W	____TOTAL SFT	
AREA(S) ____CEILINGS	_____CROWN	_____WALLS	_____TRIM	____DOORS	____CLOSET
COLOUR					
BASEBOARD ONLY: ____LF	DOOR TRIM ONLY: ____LF	WINDOW TRIM ONLY: ____LF	DOORS ONLY: ____QTY		

LOWER STAIRWELL: ____H	____L x ___W	____L x ___W	____L x ___W	____TOTAL SFT	
AREA(S) ____CEILINGS	_____CROWN	_____WALLS	_____TRIM	____DOORS	____CLOSET
COLOUR					
BASEBOARD ONLY: ____LF	DOOR TRIM ONLY: ____LF	WINDOW TRIM ONLY: ____LF	DOORS ONLY: ____QTY		

GARAGE: ____H	____L x ___W	____L x ___W	____L x ___W	____TOTAL SFT	
AREA(S) ____CEILINGS	_____CROWN	_____WALLS	_____TRIM	____DOORS	____CLOSET
COLOUR					
BASEBOARD ONLY: ____LF	DOOR TRIM ONLY: ____LF	WINDOW TRIM ONLY: ____LF	DOORS ONLY: ____QTY		

NOTES:

STAIRCASE	TREADS #	RISERS #	STRINGERS #	POSTS #	BALUSTERS #	HANDRAIL #
PRIME						
PAINT						
STAIN						
CLEAR COAT						

KITCHEN	UPPER CABINET DOORS	BASE CABINETS DOORS	DRAWERS	VANITY	OTHER
PRIME					
PAINT					
STAIN					
CLEAR COAT					

WALLPAPER REMOVAL

ROOM(S) _____

ROOM SIZE _____ W x _____ L x _____ H

BORDER _____ YES _____ NO

DRAWING

INTERIOR RESIDENTAL PAINTING ESTIMATE FORM

CLIENT CALL DATE: _____   CLIENT CALL BACK DATE: _____

CLIENT SITE VISIT DATE: _____ TIME: _____   CLIENT 2ᴺ CALL BACK DATE: _____

CLIENT NAME: _____   PHONE NUMBER: _____

ADDRESS: _____   EMAIL: _____

CITY: _____ POSTAL CODE _____   OTHER: _____

HOW DID YOU HEAR ABOUT US?   GOOGLE   WEBSITE   MAGAZINE   WORD OF MOUTH   SIGNAGE

CLIENT REFERRAL-NAME: _____   REFERRAL PROGRAM: _____

ESTIMATE DATE: _____   ESTIMATE # _____

REQUESTED START DATE: _____   REQUESTED FINISH DATE: _____

APPROX START DATE: _____   APPROX NUMBER OF DAYS: _____

NOTES:
_____
_____
_____
_____
_____
_____
_____

SPECIAL INSTRUCTIONS:
_____
_____
_____
_____
_____
_____
_____
_____
_____
_____
_____
_____

KITCHEN: _____H	_____ L x ___ W	_____ L x ___ W	_____ L x ___ W	_____ TOTAL SFT	
AREA(S) _____CEILINGS	_____CROWN	_____WALLS	_____TRIM	_____DOORS	_____CLOSET
COLOUR _____	_____	_____	_____	_____	_____
BASEBOARD ONLY: _____LF	DOOR TRIM ONLY: _____LF	WINDOW TRIM ONLY: _____LF	DOORS ONLY: _____QTY		
DINING ROOM: _____H	_____ L x ___ W	_____ L x ___ W	_____ L x ___ W	_____ TOTAL SFT	
AREA(S) _____CEILINGS	_____CROWN	_____WALLS	_____TRIM	_____DOORS	_____CLOSET
COLOUR _____	_____	_____	_____	_____	_____
BASEBOARD ONLY: _____LF	DOOR TRIM ONLY: _____LF	WINDOW TRIM ONLY: _____LF	DOORS ONLY: _____QTY		
PANTRY: _____H	_____ L x ___ W	_____ L x ___ W	_____ L x ___ W	_____ TOTAL SFT	
AREA(S) _____CEILINGS	_____CROWN	_____WALLS	_____TRIM	_____DOORS	_____CLOSET
COLOUR _____	_____	_____	_____	_____	_____
BASEBOARD ONLY: _____LF	DOOR TRIM ONLY: _____LF	WINDOW TRIM ONLY: _____LF	DOORS ONLY: _____QTY		
LIVING ROOM: _____H	_____ L x ___ W	_____ L x ___ W	_____ L x ___ W	_____ TOTAL SFT	
AREA(S) _____CEILINGS	_____CROWN	_____WALLS	_____TRIM	_____DOORS	_____CLOSET
COLOUR _____	_____	_____	_____	_____	_____
BASEBOARD ONLY: _____LF	DOOR TRIM ONLY: _____LF	WINDOW TRIM ONLY: _____LF	DOORS ONLY: _____QTY		
LAUNDRY: _____H	_____ L x ___ W	_____ L x ___ W	_____ L x ___ W	_____ TOTAL SFT	
AREA(S) _____CEILINGS	_____CROWN	_____WALLS	_____TRIM	_____DOORS	_____CLOSET
COLOUR _____	_____	_____	_____	_____	_____
BASEBOARD ONLY: _____LF	DOOR TRIM ONLY: _____LF	WINDOW TRIM ONLY: _____LF	DOORS ONLY: _____QTY		
MUDROOM: _____H	_____ L x ___ W	_____ L x ___ W	_____ L x ___ W	_____ TOTAL SFT	
AREA(S) _____CEILINGS	_____CROWN	_____WALLS	_____TRIM	_____DOORS	_____CLOSET
COLOUR _____	_____	_____	_____	_____	_____
BASEBOARD ONLY: _____LF	DOOR TRIM ONLY: _____LF	WINDOW TRIM ONLY: _____LF	DOORS ONLY: _____QTY		
FOYER: _____H	_____ L x ___ W	_____ L x ___ W	_____ L x ___ W	_____ TOTAL SFT	
AREA(S) _____CEILINGS	_____CROWN	_____WALLS	_____TRIM	_____DOORS	_____CLOSET
COLOUR _____	_____	_____	_____	_____	_____
BASEBOARD ONLY: _____LF	DOOR TRIM ONLY: _____LF	WINDOW TRIM ONLY: _____LF	DOORS ONLY: _____QTY		
MASTER BED: _____H	_____ L x ___ W	_____ L x ___ W	_____ L x ___ W	_____ TOTAL SFT	
AREA(S) _____CEILINGS	_____CROWN	_____WALLS	_____TRIM	_____DOORS	_____CLOSET
COLOUR _____	_____	_____	_____	_____	_____
BASEBOARD ONLY: _____LF	DOOR TRIM ONLY: _____LF	WINDOW TRIM ONLY: _____LF	DOORS ONLY: _____QTY		
ENSUITE: _____H	_____ L x ___ W	_____ L x ___ W	_____ L x ___ W	_____ TOTAL SFT	
AREA(S) _____CEILINGS	_____CROWN	_____WALLS	_____TRIM	_____DOORS	_____CLOSET
COLOUR _____	_____	_____	_____	_____	_____
BASEBOARD ONLY: _____LF	DOOR TRIM ONLY: _____LF	WINDOW TRIM ONLY: _____LF	DOORS ONLY: _____QTY		
BEDROOM 1: _____H	_____ L x ___ W	_____ L x ___ W	_____ L x ___ W	_____ TOTAL SFT	
AREA(S) _____CEILINGS	_____CROWN	_____WALLS	_____TRIM	_____DOORS	_____CLOSET
COLOUR _____	_____	_____	_____	_____	_____
BASEBOARD ONLY: _____LF	DOOR TRIM ONLY: _____LF	WINDOW TRIM ONLY: _____LF	DOORS ONLY: _____QTY		
BEDROOM 2: _____H	_____ L x ___ W	_____ L x ___ W	_____ L x ___ W	_____ TOTAL SFT	
AREA(S) _____CEILINGS	_____CROWN	_____WALLS	_____TRIM	_____DOORS	_____CLOSET
COLOUR _____	_____	_____	_____	_____	_____
BASEBOARD ONLY: _____LF	DOOR TRIM ONLY: _____LF	WINDOW TRIM ONLY: _____LF	DOORS ONLY: _____QTY		
BEDROOM 3: _____H	_____ L x ___ W	_____ L x ___ W	_____ L x ___ W	_____ TOTAL SFT	
AREA(S) _____CEILINGS	_____CROWN	_____WALLS	_____TRIM	_____DOORS	_____CLOSET
COLOUR _____	_____	_____	_____	_____	_____
BASEBOARD ONLY: _____LF	DOOR TRIM ONLY: _____LF	WINDOW TRIM ONLY: _____LF	DOORS ONLY: _____QTY		
BEDROOM 4: _____H	_____ L x ___ W	_____ L x ___ W	_____ L x ___ W	_____ TOTAL SFT	
AREA(S) _____CEILINGS	_____CROWN	_____WALLS	_____TRIM	_____DOORS	_____CLOSET
COLOUR _____	_____	_____	_____	_____	_____
BASEBOARD ONLY: _____LF	DOOR TRIM ONLY: _____LF	WINDOW TRIM ONLY: _____LF	DOORS ONLY: _____QTY		
MAIN BATH: _____H	_____ L x ___ W	_____ L x ___ W	_____ L x ___ W	_____ TOTAL SFT	
AREA(S) _____CEILINGS	_____CROWN	_____WALLS	_____TRIM	_____DOORS	_____CLOSET
COLOUR _____	_____	_____	_____	_____	_____
BASEBOARD ONLY: _____LF	DOOR TRIM ONLY: _____LF	WINDOW TRIM ONLY: _____LF	DOORS ONLY: _____QTY		
BATH 1: _____H	_____ L x ___ W	_____ L x ___ W	_____ L x ___ W	_____ TOTAL SFT	
AREA(S) _____CEILINGS	_____CROWN	_____WALLS	_____TRIM	_____DOORS	_____CLOSET
COLOUR _____	_____	_____	_____	_____	_____
BASEBOARD ONLY: _____LF	DOOR TRIM ONLY: _____LF	WINDOW TRIM ONLY: _____LF	DOORS ONLY: _____QTY		

ATH 2:	_____H	_____ L x ___ W	_____ L x ___ W	_____ L x ___ W	_____ TOTAL SFT
AREA(S)	_____CEILINGS	_____CROWN	_____WALLS	_____TRIM	_____DOORS _____ CLOSET
COLOUR					
BASEBOARD ONLY: _____LF	DOOR TRIM ONLY: _____LF	WINDOW TRIM ONLY: _____LF	DOORS ONLY: _____QTY		

POWDER ROOM:	_____H	_____ L x ___ W	_____ L x ___ W	_____ L x ___ W	_____ TOTAL SFT
AREA(S)	_____CEILINGS	_____CROWN	_____WALLS	_____TRIM	_____DOORS _____ CLOSET
COLOUR					
BASEBOARD ONLY: _____LF	DOOR TRIM ONLY: _____LF	WINDOW TRIM ONLY: _____LF	DOORS ONLY: _____QTY		

REC ROOM	_____H	_____ L x ___ W	_____ L x ___ W	_____ L x ___ W	_____ TOTAL SFT
AREA(S)	_____CEILINGS	_____CROWN	_____WALLS	_____TRIM	_____DOORS _____ CLOSET
COLOUR					
BASEBOARD ONLY: _____LF	DOOR TRIM ONLY: _____LF	WINDOW TRIM ONLY: _____LF	DOORS ONLY: _____QTY		

MAIN FLOOR HALL:	_____H	_____ L x ___ W	_____ L x ___ W	_____ L x ___ W	_____ TOTAL SFT
AREA(S)	_____CEILINGS	_____CROWN	_____WALLS	_____TRIM	_____DOORS _____ CLOSET
COLOUR					
BASEBOARD ONLY: _____LF	DOOR TRIM ONLY: _____LF	WINDOW TRIM ONLY: _____LF	DOORS ONLY: _____QTY		

UPPER HALL:	_____H	_____ L x ___ W	_____ L x ___ W	_____ L x ___ W	_____ TOTAL SFT
AREA(S)	_____CEILINGS	_____CROWN	_____WALLS	_____TRIM	_____DOORS _____ CLOSET
COLOUR					
BASEBOARD ONLY: _____LF	DOOR TRIM ONLY: _____LF	WINDOW TRIM ONLY: _____LF	DOORS ONLY: _____QTY		

UPPER STAIRWELL:	_____H	_____ L x ___ W	_____ L x ___ W	_____ L x ___ W	_____ TOTAL SFT
AREA(S)	_____CEILINGS	_____CROWN	_____WALLS	_____TRIM	_____DOORS _____ CLOSET
COLOUR					
BASEBOARD ONLY: _____LF	DOOR TRIM ONLY: _____LF	WINDOW TRIM ONLY: _____LF	DOORS ONLY: _____QTY		

LOWER HALL:	_____H	_____ L x ___ W	_____ L x ___ W	_____ L x ___ W	_____ TOTAL SFT
AREA(S)	_____CEILINGS	_____CROWN	_____WALLS	_____TRIM	_____DOORS _____ CLOSET
COLOUR					
BASEBOARD ONLY: _____LF	DOOR TRIM ONLY: _____LF	WINDOW TRIM ONLY: _____LF	DOORS ONLY: _____QTY		

LOWER STAIRWELL:	_____H	_____ L x ___ W	_____ L x ___ W	_____ L x ___ W	_____ TOTAL SFT
AREA(S)	_____CEILINGS	_____CROWN	_____WALLS	_____TRIM	_____DOORS _____ CLOSET
COLOUR					
BASEBOARD ONLY: _____LF	DOOR TRIM ONLY: _____LF	WINDOW TRIM ONLY: _____LF	DOORS ONLY: _____QTY		

GARAGE:	_____H	_____ L x ___ W	_____ L x ___ W	_____ L x ___ W	_____ TOTAL SFT
AREA(S)	_____CEILINGS	_____CROWN	_____WALLS	_____TRIM	_____DOORS _____ CLOSET
COLOUR					
BASEBOARD ONLY: _____LF	DOOR TRIM ONLY: _____LF	WINDOW TRIM ONLY: _____LF	DOORS ONLY: _____QTY		

NOTES:

STAIRCASE	TREADS #	RISERS #	STRINGERS #	POSTS #	BALUSTERS #	HANDRAIL #
PRIME						
PAINT						
STAIN						
CLEAR COAT						

KITCHEN	UPPER CABINET DOORS	BASE CABINETS DOORS	DRAWERS	VANITY	OTHER
PRIME					
PAINT					
STAIN					
CLEAR COAT					

WALLPAPER REMOVAL

ROOM(S) _____

ROOM SIZE _____ W x _____ L x _____ H

BORDER _____ YES _____ NO

DRAWING

INTERIOR RESIDENTAL PAINTING ESTIMATE FORM

CLIENT CALL DATE: _____   CLIENT CALL BACK DATE: _____

CLIENT SITE VISIT DATE: _____ TIME: _____   CLIENT 2ᴺ CALL BACK DATE: _____

CLIENT NAME: _____   PHONE NUMBER: _____

ADDRESS: _____   EMAIL: _____

CITY: _____ POSTAL CODE _____   OTHER: _____

HOW DID YOU HEAR ABOUT US?   GOOGLE   WEBSITE   MAGAZINE   WORD OF MOUTH   SIGNAGE

CLIENT REFERRAL-NAME: _____   REFERRAL PROGRAM: _____

ESTIMATE DATE: _____   ESTIMATE # _____

REQUESTED START DATE: _____   REQUESTED FINISH DATE: _____

APPROX START DATE: _____   APPROX NUMBER OF DAYS: _____

NOTES:
_____
_____
_____
_____
_____
_____
_____

SPECIAL INSTRUCTIONS:
_____
_____
_____
_____
_____
_____
_____
_____
_____
_____
_____
_____

KITCHEN:	____ H	____ L x ____ W	____ L x ____ W	____ L x ____ W	____ TOTAL SFT
AREA(S)	____ CEILINGS	____ CROWN	____ WALLS	____ TRIM	____ DOORS ____ CLOSET
COLOUR					
BASEBOARD ONLY: ____ LF	DOOR TRIM ONLY: ____ LF		WINDOW TRIM ONLY: ____ LF	DOORS ONLY: ____ QTY	
DINING ROOM:	____ H	____ L x ____ W	____ L x ____ W	____ L x ____ W	____ TOTAL SFT
AREA(S)	____ CEILINGS	____ CROWN	____ WALLS	____ TRIM	____ DOORS ____ CLOSET
COLOUR					
BASEBOARD ONLY: ____ LF	DOOR TRIM ONLY: ____ LF		WINDOW TRIM ONLY: ____ LF	DOORS ONLY: ____ QTY	
PANTRY:	____ H	____ L x ____ W	____ L x ____ W	____ L x ____ W	____ TOTAL SFT
AREA(S)	____ CEILINGS	____ CROWN	____ WALLS	____ TRIM	____ DOORS ____ CLOSET
COLOUR					
BASEBOARD ONLY: ____ LF	DOOR TRIM ONLY: ____ LF		WINDOW TRIM ONLY: ____ LF	DOORS ONLY: ____ QTY	
LIVING ROOM:	____ H	____ L x ____ W	____ L x ____ W	____ L x ____ W	____ TOTAL SFT
AREA(S)	____ CEILINGS	____ CROWN	____ WALLS	____ TRIM	____ DOORS ____ CLOSET
COLOUR					
BASEBOARD ONLY: ____ LF	DOOR TRIM ONLY: ____ LF		WINDOW TRIM ONLY: ____ LF	DOORS ONLY: ____ QTY	
LAUNDRY:	____ H	____ L x ____ W	____ L x ____ W	____ L x ____ W	____ TOTAL SFT
AREA(S)	____ CEILINGS	____ CROWN	____ WALLS	____ TRIM	____ DOORS ____ CLOSET
COLOUR					
BASEBOARD ONLY: ____ LF	DOOR TRIM ONLY: ____ LF		WINDOW TRIM ONLY: ____ LF	DOORS ONLY: ____ QTY	
MUDROOM:	____ H	____ L x ____ W	____ L x ____ W	____ L x ____ W	____ TOTAL SFT
AREA(S)	____ CEILINGS	____ CROWN	____ WALLS	____ TRIM	____ DOORS ____ CLOSET
COLOUR					
BASEBOARD ONLY: ____ LF	DOOR TRIM ONLY: ____ LF		WINDOW TRIM ONLY: ____ LF	DOORS ONLY: ____ QTY	
FOYER:	____ H	____ L x ____ W	____ L x ____ W	____ L x ____ W	____ TOTAL SFT
AREA(S)	____ CEILINGS	____ CROWN	____ WALLS	____ TRIM	____ DOORS ____ CLOSET
COLOUR					
BASEBOARD ONLY: ____ LF	DOOR TRIM ONLY: ____ LF		WINDOW TRIM ONLY: ____ LF	DOORS ONLY: ____ QTY	
MASTER BED:	____ H	____ L x ____ W	____ L x ____ W	____ L x ____ W	____ TOTAL SFT
AREA(S)	____ CEILINGS	____ CROWN	____ WALLS	____ TRIM	____ DOORS ____ CLOSET
COLOUR					
BASEBOARD ONLY: ____ LF	DOOR TRIM ONLY: ____ LF		WINDOW TRIM ONLY: ____ LF	DOORS ONLY: ____ QTY	
ENSUITE:	____ H	____ L x ____ W	____ L x ____ W	____ L x ____ W	____ TOTAL SFT
AREA(S)	____ CEILINGS	____ CROWN	____ WALLS	____ TRIM	____ DOORS ____ CLOSET
COLOUR					
BASEBOARD ONLY: ____ LF	DOOR TRIM ONLY: ____ LF		WINDOW TRIM ONLY: ____ LF	DOORS ONLY: ____ QTY	
BEDROOM 1:	____ H	____ L x ____ W	____ L x ____ W	____ L x ____ W	____ TOTAL SFT
AREA(S)	____ CEILINGS	____ CROWN	____ WALLS	____ TRIM	____ DOORS ____ CLOSET
COLOUR					
BASEBOARD ONLY: ____ LF	DOOR TRIM ONLY: ____ LF		WINDOW TRIM ONLY: ____ LF	DOORS ONLY: ____ QTY	
BEDROOM 2:	____ H	____ L x ____ W	____ L x ____ W	____ L x ____ W	____ TOTAL SFT
AREA(S)	____ CEILINGS	____ CROWN	____ WALLS	____ TRIM	____ DOORS ____ CLOSET
COLOUR					
BASEBOARD ONLY: ____ LF	DOOR TRIM ONLY: ____ LF		WINDOW TRIM ONLY: ____ LF	DOORS ONLY: ____ QTY	
BEDROOM 3:	____ H	____ L x ____ W	____ L x ____ W	____ L x ____ W	____ TOTAL SFT
AREA(S)	____ CEILINGS	____ CROWN	____ WALLS	____ TRIM	____ DOORS ____ CLOSET
COLOUR					
BASEBOARD ONLY: ____ LF	DOOR TRIM ONLY: ____ LF		WINDOW TRIM ONLY: ____ LF	DOORS ONLY: ____ QTY	
BEDROOM 4:	____ H	____ L x ____ W	____ L x ____ W	____ L x ____ W	____ TOTAL SFT
AREA(S)	____ CEILINGS	____ CROWN	____ WALLS	____ TRIM	____ DOORS ____ CLOSET
COLOUR					
BASEBOARD ONLY: ____ LF	DOOR TRIM ONLY: ____ LF		WINDOW TRIM ONLY: ____ LF	DOORS ONLY: ____ QTY	
MAIN BATH:	____ H	____ L x ____ W	____ L x ____ W	____ L x ____ W	____ TOTAL SFT
AREA(S)	____ CEILINGS	____ CROWN	____ WALLS	____ TRIM	____ DOORS ____ CLOSET
COLOUR					
BASEBOARD ONLY: ____ LF	DOOR TRIM ONLY: ____ LF		WINDOW TRIM ONLY: ____ LF	DOORS ONLY: ____ QTY	
BATH 1:	____ H	____ L x ____ W	____ L x ____ W	____ L x ____ W	____ TOTAL SFT
AREA(S)	____ CEILINGS	____ CROWN	____ WALLS	____ TRIM	____ DOORS ____ CLOSET
COLOUR					
BASEBOARD ONLY: ____ LF	DOOR TRIM ONLY: ____ LF		WINDOW TRIM ONLY: ____ LF	DOORS ONLY: ____ QTY	

ATH 2:	___H	___L x ___W	___L x ___W	___L x ___W	___ TOTAL SFT
AREA(S) ___CEILINGS	___CROWN	___WALLS	___TRIM	___DOORS	___CLOSET
COLOUR					
BASEBOARD ONLY: ___LF	DOOR TRIM ONLY: ___LF	WINDOW TRIM ONLY: ___LF		DOORS ONLY: ___QTY	

POWDER ROOM:	___H	___L x ___W	___L x ___W	___L x ___W	___ TOTAL SFT
AREA(S) ___CEILINGS	___CROWN	___WALLS	___TRIM	___DOORS	___CLOSET
COLOUR					
BASEBOARD ONLY: ___LF	DOOR TRIM ONLY: ___LF	WINDOW TRIM ONLY: ___LF		DOORS ONLY: ___QTY	

REC ROOM	___H	___L x ___W	___L x ___W	___L x ___W	___ TOTAL SFT
AREA(S) ___CEILINGS	___CROWN	___WALLS	___TRIM	___DOORS	___CLOSET
COLOUR					
BASEBOARD ONLY: ___LF	DOOR TRIM ONLY: ___LF	WINDOW TRIM ONLY: ___LF		DOORS ONLY: ___QTY	

MAIN FLOOR HALL:	___H	___L x ___W	___L x ___W	___L x ___W	___ TOTAL SFT
AREA(S) ___CEILINGS	___CROWN	___WALLS	___TRIM	___DOORS	___CLOSET
COLOUR					
BASEBOARD ONLY: ___LF	DOOR TRIM ONLY: ___LF	WINDOW TRIM ONLY: ___LF		DOORS ONLY: ___QTY	

UPPER HALL:	___H	___L x ___W	___L x ___W	___L x ___W	___ TOTAL SFT
AREA(S) ___CEILINGS	___CROWN	___WALLS	___TRIM	___DOORS	___CLOSET
COLOUR					
BASEBOARD ONLY: ___LF	DOOR TRIM ONLY: ___LF	WINDOW TRIM ONLY: ___LF		DOORS ONLY: ___QTY	

UPPER STAIRWELL:	___H	___L x ___W	___L x ___W	___L x ___W	___ TOTAL SFT
AREA(S) ___CEILINGS	___CROWN	___WALLS	___TRIM	___DOORS	___CLOSET
COLOUR					
BASEBOARD ONLY: ___LF	DOOR TRIM ONLY: ___LF	WINDOW TRIM ONLY: ___LF		DOORS ONLY: ___QTY	

LOWER HALL:	___H	___L x ___W	___L x ___W	___L x ___W	___ TOTAL SFT
AREA(S) ___CEILINGS	___CROWN	___WALLS	___TRIM	___DOORS	___CLOSET
COLOUR					
BASEBOARD ONLY: ___LF	DOOR TRIM ONLY: ___LF	WINDOW TRIM ONLY: ___LF		DOORS ONLY: ___QTY	

LOWER STAIRWELL:	___H	___L x ___W	___L x ___W	___L x ___W	___ TOTAL SFT
AREA(S) ___CEILINGS	___CROWN	___WALLS	___TRIM	___DOORS	___CLOSET
COLOUR					
BASEBOARD ONLY: ___LF	DOOR TRIM ONLY: ___LF	WINDOW TRIM ONLY: ___LF		DOORS ONLY: ___QTY	

GARAGE:	___H	___L x ___W	___L x ___W	___L x ___W	___ TOTAL SFT
AREA(S) ___CEILINGS	___CROWN	___WALLS	___TRIM	___DOORS	___CLOSET
COLOUR					
BASEBOARD ONLY: ___LF	DOOR TRIM ONLY: ___LF	WINDOW TRIM ONLY: ___LF		DOORS ONLY: ___QTY	

NOTES:

STAIRCASE	TREADS #	RISERS #	STRINGERS #	POSTS #	BALUSTERS #	HANDRAIL #
PRIME						
PAINT						
STAIN						
CLEAR COAT						

KITCHEN					
	UPPER CABINET DOORS	BASE CABINETS DOORS	DRAWERS	VANITY	OTHER
PRIME					
PAINT					
STAIN					
CLEAR COAT					

WALLPAPER REMOVAL

ROOM(S) _____

ROOM SIZE _____ W x _____ L x _____ H

BORDER _____ YES _____ NO

DRAWING

INTERIOR RESIDENTAL PAINTING ESTIMATE FORM

CLIENT CALL DATE: _____   CLIENT CALL BACK DATE: _____

CLIENT SITE VISIT DATE: _____ TIME: _____   CLIENT 2ⁿ CALL BACK DATE: _____

CLIENT NAME: _____   PHONE NUMBER: _____

ADDRESS: _____   EMAIL: _____

CITY: _____ POSTAL CODE _____   OTHER: _____

HOW DID YOU HEAR ABOUT US?   GOOGLE   WEBSITE   MAGAZINE   WORD OF MOUTH   SIGNAGE

CLIENT REFERRAL-NAME: _____   REFERRAL PROGRAM: _____

ESTIMATE DATE: _____   ESTIMATE # _____

REQUESTED START DATE: _____   REQUESTED FINISH DATE: _____

APPROX START DATE: _____   APPROX NUMBER OF DAYS: _____

NOTES:

SPECIAL INSTRUCTIONS:

KITCHEN:	____H	____L x ____W	____L x ____W	____L x ____W	____TOTAL SFT
AREA(S)	____CEILINGS	____CROWN	____WALLS	____TRIM	____DOORS ____CLOSET
COLOUR					
BASEBOARD ONLY: ____LF	DOOR TRIM ONLY: ____LF	WINDOW TRIM ONLY: ____LF		DOORS ONLY: ____QTY	

DINING ROOM:	____H	____L x ____W	____L x ____W	____L x ____W	____TOTAL SFT
AREA(S)	____CEILINGS	____CROWN	____WALLS	____TRIM	____DOORS ____CLOSET
COLOUR					
BASEBOARD ONLY: ____LF	DOOR TRIM ONLY: ____LF	WINDOW TRIM ONLY: ____LF		DOORS ONLY: ____QTY	

PANTRY:	____H	____L x ____W	____L x ____W	____L x ____W	____TOTAL SFT
AREA(S)	____CEILINGS	____CROWN	____WALLS	____TRIM	____DOORS ____CLOSET
COLOUR					
BASEBOARD ONLY: ____LF	DOOR TRIM ONLY: ____LF	WINDOW TRIM ONLY: ____LF		DOORS ONLY: ____QTY	

LIVING ROOM:	____H	____L x ____W	____L x ____W	____L x ____W	____TOTAL SFT
AREA(S)	____CEILINGS	____CROWN	____WALLS	____TRIM	____DOORS ____CLOSET
COLOUR					
BASEBOARD ONLY: ____LF	DOOR TRIM ONLY: ____LF	WINDOW TRIM ONLY: ____LF		DOORS ONLY: ____QTY	

LAUNDRY:	____H	____L x ____W	____L x ____W	____L x ____W	____TOTAL SFT
AREA(S)	____CEILINGS	____CROWN	____WALLS	____TRIM	____DOORS ____CLOSET
COLOUR					
BASEBOARD ONLY: ____LF	DOOR TRIM ONLY: ____LF	WINDOW TRIM ONLY: ____LF		DOORS ONLY: ____QTY	

MUDROOM:	____H	____L x ____W	____L x ____W	____L x ____W	____TOTAL SFT
AREA(S)	____CEILINGS	____CROWN	____WALLS	____TRIM	____DOORS ____CLOSET
COLOUR					
BASEBOARD ONLY: ____LF	DOOR TRIM ONLY: ____LF	WINDOW TRIM ONLY: ____LF		DOORS ONLY: ____QTY	

FOYER:	____H	____L x ____W	____L x ____W	____L x ____W	____TOTAL SFT
AREA(S)	____CEILINGS	____CROWN	____WALLS	____TRIM	____DOORS ____CLOSET
COLOUR					
BASEBOARD ONLY: ____LF	DOOR TRIM ONLY: ____LF	WINDOW TRIM ONLY: ____LF		DOORS ONLY: ____QTY	

MASTER BED:	____H	____L x ____W	____L x ____W	____L x ____W	____TOTAL SFT
AREA(S)	____CEILINGS	____CROWN	____WALLS	____TRIM	____DOORS ____CLOSET
COLOUR					
BASEBOARD ONLY: ____LF	DOOR TRIM ONLY: ____LF	WINDOW TRIM ONLY: ____LF		DOORS ONLY: ____QTY	

ENSUITE:	____H	____L x ____W	____L x ____W	____L x ____W	____TOTAL SFT
AREA(S)	____CEILINGS	____CROWN	____WALLS	____TRIM	____DOORS ____CLOSET
COLOUR					
BASEBOARD ONLY: ____LF	DOOR TRIM ONLY: ____LF	WINDOW TRIM ONLY: ____LF		DOORS ONLY: ____QTY	

BEDROOM 1:	____H	____L x ____W	____L x ____W	____L x ____W	____TOTAL SFT
AREA(S)	____CEILINGS	____CROWN	____WALLS	____TRIM	____DOORS ____CLOSET
COLOUR					
BASEBOARD ONLY: ____LF	DOOR TRIM ONLY: ____LF	WINDOW TRIM ONLY: ____LF		DOORS ONLY: ____QTY	

BEDROOM 2:	____H	____L x ____W	____L x ____W	____L x ____W	____TOTAL SFT
AREA(S)	____CEILINGS	____CROWN	____WALLS	____TRIM	____DOORS ____CLOSET
COLOUR					
BASEBOARD ONLY: ____LF	DOOR TRIM ONLY: ____LF	WINDOW TRIM ONLY: ____LF		DOORS ONLY: ____QTY	

BEDROOM 3:	____H	____L x ____W	____L x ____W	____L x ____W	____TOTAL SFT
AREA(S)	____CEILINGS	____CROWN	____WALLS	____TRIM	____DOORS ____CLOSET
COLOUR					
BASEBOARD ONLY: ____LF	DOOR TRIM ONLY: ____LF	WINDOW TRIM ONLY: ____LF		DOORS ONLY: ____QTY	

BEDROOM 4:	____H	____L x ____W	____L x ____W	____L x ____W	____TOTAL SFT
AREA(S)	____CEILINGS	____CROWN	____WALLS	____TRIM	____DOORS ____CLOSET
COLOUR					
BASEBOARD ONLY: ____LF	DOOR TRIM ONLY: ____LF	WINDOW TRIM ONLY: ____LF		DOORS ONLY: ____QTY	

MAIN BATH:	____H	____L x ____W	____L x ____W	____L x ____W	____TOTAL SFT
AREA(S)	____CEILINGS	____CROWN	____WALLS	____TRIM	____DOORS ____CLOSET
COLOUR					
BASEBOARD ONLY: ____LF	DOOR TRIM ONLY: ____LF	WINDOW TRIM ONLY: ____LF		DOORS ONLY: ____QTY	

BATH 1:	____H	____L x ____W	____L x ____W	____L x ____W	____TOTAL SFT
AREA(S)	____CEILINGS	____CROWN	____WALLS	____TRIM	____DOORS ____CLOSET
COLOUR					
BASEBOARD ONLY: ____LF	DOOR TRIM ONLY: ____LF	WINDOW TRIM ONLY: ____LF		DOORS ONLY: ____QTY	

ATH 2:	____H	____L x ___W	____L x ___W	____L x ___W	____TOTAL SFT
AREA(S)	____CEILINGS	____CROWN	____WALLS	____TRIM	____DOORS ____CLOSET
COLOUR					
BASEBOARD ONLY: ____LF	DOOR TRIM ONLY: ____LF	WINDOW TRIM ONLY: ____LF	DOORS ONLY: ____QTY		
POWDER ROOM:	____H	____L x ___W	____L x ___W	____L x ___W	____TOTAL SFT
AREA(S)	____CEILINGS	____CROWN	____WALLS	____TRIM	____DOORS ____CLOSET
COLOUR					
BASEBOARD ONLY: ____LF	DOOR TRIM ONLY: ____LF	WINDOW TRIM ONLY: ____LF	DOORS ONLY: ____QTY		
REC ROOM	____H	____L x ___W	____L x ___W	____L x ___W	____TOTAL SFT
AREA(S)	____CEILINGS	____CROWN	____WALLS	____TRIM	____DOORS ____CLOSET
COLOUR					
BASEBOARD ONLY: ____LF	DOOR TRIM ONLY: ____LF	WINDOW TRIM ONLY: ____LF	DOORS ONLY: ____QTY		
MAIN FLOOR HALL:	____H	____L x ___W	____L x ___W	____L x ___W	____TOTAL SFT
AREA(S)	____CEILINGS	____CROWN	____WALLS	____TRIM	____DOORS ____CLOSET
COLOUR					
BASEBOARD ONLY: ____LF	DOOR TRIM ONLY: ____LF	WINDOW TRIM ONLY: ____LF	DOORS ONLY: ____QTY		
UPPER HALL:	____H	____L x ___W	____L x ___W	____L x ___W	____TOTAL SFT
AREA(S)	____CEILINGS	____CROWN	____WALLS	____TRIM	____DOORS ____CLOSET
COLOUR					
BASEBOARD ONLY: ____LF	DOOR TRIM ONLY: ____LF	WINDOW TRIM ONLY: ____LF	DOORS ONLY: ____QTY		
UPPER STAIRWELL:	____H	____L x ___W	____L x ___W	____L x ___W	____TOTAL SFT
AREA(S)	____CEILINGS	____CROWN	____WALLS	____TRIM	____DOORS ____CLOSET
COLOUR					
BASEBOARD ONLY: ____LF	DOOR TRIM ONLY: ____LF	WINDOW TRIM ONLY: ____LF	DOORS ONLY: ____QTY		
LOWER HALL:	____H	____L x ___W	____L x ___W	____L x ___W	____TOTAL SFT
AREA(S)	____CEILINGS	____CROWN	____WALLS	____TRIM	____DOORS ____CLOSET
COLOUR					
BASEBOARD ONLY: ____LF	DOOR TRIM ONLY: ____LF	WINDOW TRIM ONLY: ____LF	DOORS ONLY: ____QTY		
LOWER STAIRWELL:	____H	____L x ___W	____L x ___W	____L x ___W	____TOTAL SFT
AREA(S)	____CEILINGS	____CROWN	____WALLS	____TRIM	____DOORS ____CLOSET
COLOUR					
BASEBOARD ONLY: ____LF	DOOR TRIM ONLY: ____LF	WINDOW TRIM ONLY: ____LF	DOORS ONLY: ____QTY		
GARAGE:	____H	____L x ___W	____L x ___W	____L x ___W	____TOTAL SFT
AREA(S)	____CEILINGS	____CROWN	____WALLS	____TRIM	____DOORS ____CLOSET
COLOUR					
BASEBOARD ONLY: ____LF	DOOR TRIM ONLY: ____LF	WINDOW TRIM ONLY: ____LF	DOORS ONLY: ____QTY		

NOTES:

STAIRCASE	TREADS #	RISERS #	STRINGERS #	POSTS #	BALUSTERS #	HANDRAIL #
PRIME						
PAINT						
STAIN						
CLEAR COAT						

KITCHEN	UPPER CABINET DOORS	BASE CABINETS DOORS	DRAWERS	VANITY	OTHER
PRIME					
PAINT					
STAIN					
CLEAR COAT					

WALLPAPER REMOVAL

ROOM(S) _____

ROOM SIZE _____ W x _____ L x _____ H

BORDER _____ YES _____ NO

DRAWING

INTERIOR RESIDENTAL PAINTING ESTIMATE FORM

CLIENT CALL DATE: _____   CLIENT CALL BACK DATE: _____

CLIENT SITE VISIT DATE: _____ TIME: _____   CLIENT 2^N CALL BACK DATE: _____

CLIENT NAME: _____   PHONE NUMBER: _____

ADDRESS: _____   EMAIL: _____

CITY: _____ POSTAL CODE _____   OTHER: _____

HOW DID YOU HEAR ABOUT US?   GOOGLE   WEBSITE   MAGAZINE   WORD OF MOUTH   SIGNAGE

CLIENT REFERRAL-NAME: _____   REFERRAL PROGRAM: _____

ESTIMATE DATE: _____   ESTIMATE # _____

REQUESTED START DATE: _____   REQUESTED FINISH DATE: _____

APPROX START DATE: _____   APPROX NUMBER OF DAYS: _____

NOTES:
_____
_____
_____
_____
_____
_____
_____

SPECIAL INSTRUCTIONS:
_____
_____
_____
_____
_____
_____
_____
_____
_____
_____
_____
_____
_____
_____

KITCHEN:	____H	____L x ____W	____L x ____W	____L x ____W	____TOTAL SFT
AREA(S)	____CEILINGS	____CROWN	____WALLS	____TRIM	____DOORS ____CLOSET
COLOUR					
BASEBOARD ONLY: ____LF	DOOR TRIM ONLY: ____LF	WINDOW TRIM ONLY: ____LF		DOORS ONLY: ____QTY	
DINING ROOM:	____H	____L x ____W	____L x ____W	____L x ____W	____TOTAL SFT
AREA(S)	____CEILINGS	____CROWN	____WALLS	____TRIM	____DOORS ____CLOSET
COLOUR					
BASEBOARD ONLY: ____LF	DOOR TRIM ONLY: ____LF	WINDOW TRIM ONLY: ____LF		DOORS ONLY: ____QTY	
PANTRY:	____H	____L x ____W	____L x ____W	____L x ____W	____TOTAL SFT
AREA(S)	____CEILINGS	____CROWN	____WALLS	____TRIM	____DOORS ____CLOSET
COLOUR					
BASEBOARD ONLY: ____LF	DOOR TRIM ONLY: ____LF	WINDOW TRIM ONLY: ____LF		DOORS ONLY: ____QTY	
LIVING ROOM:	____H	____L x ____W	____L x ____W	____L x ____W	____TOTAL SFT
AREA(S)	____CEILINGS	____CROWN	____WALLS	____TRIM	____DOORS ____CLOSET
COLOUR					
BASEBOARD ONLY: ____LF	DOOR TRIM ONLY: ____LF	WINDOW TRIM ONLY: ____LF		DOORS ONLY: ____QTY	
LAUNDRY:	____H	____L x ____W	____L x ____W	____L x ____W	____TOTAL SFT
AREA(S)	____CEILINGS	____CROWN	____WALLS	____TRIM	____DOORS ____CLOSET
COLOUR					
BASEBOARD ONLY: ____LF	DOOR TRIM ONLY: ____LF	WINDOW TRIM ONLY: ____LF		DOORS ONLY: ____QTY	
MUDROOM:	____H	____L x ____W	____L x ____W	____L x ____W	____TOTAL SFT
AREA(S)	____CEILINGS	____CROWN	____WALLS	____TRIM	____DOORS ____CLOSET
COLOUR					
BASEBOARD ONLY: ____LF	DOOR TRIM ONLY: ____LF	WINDOW TRIM ONLY: ____LF		DOORS ONLY: ____QTY	
FOYER:	____H	____L x ____W	____L x ____W	____L x ____W	____TOTAL SFT
AREA(S)	____CEILINGS	____CROWN	____WALLS	____TRIM	____DOORS ____CLOSET
COLOUR					
BASEBOARD ONLY: ____LF	DOOR TRIM ONLY: ____LF	WINDOW TRIM ONLY: ____LF		DOORS ONLY: ____QTY	
MASTER BED:	____H	____L x ____W	____L x ____W	____L x ____W	____TOTAL SFT
AREA(S)	____CEILINGS	____CROWN	____WALLS	____TRIM	____DOORS ____CLOSET
COLOUR					
BASEBOARD ONLY: ____LF	DOOR TRIM ONLY: ____LF	WINDOW TRIM ONLY: ____LF		DOORS ONLY: ____QTY	
ENSUITE:	____H	____L x ____W	____L x ____W	____L x ____W	____TOTAL SFT
AREA(S)	____CEILINGS	____CROWN	____WALLS	____TRIM	____DOORS ____CLOSET
COLOUR					
BASEBOARD ONLY: ____LF	DOOR TRIM ONLY: ____LF	WINDOW TRIM ONLY: ____LF		DOORS ONLY: ____QTY	
BEDROOM 1:	____H	____L x ____W	____L x ____W	____L x ____W	____TOTAL SFT
AREA(S)	____CEILINGS	____CROWN	____WALLS	____TRIM	____DOORS ____CLOSET
COLOUR					
BASEBOARD ONLY: ____LF	DOOR TRIM ONLY: ____LF	WINDOW TRIM ONLY: ____LF		DOORS ONLY: ____QTY	
BEDROOM 2:	____H	____L x ____W	____L x ____W	____L x ____W	____TOTAL SFT
AREA(S)	____CEILINGS	____CROWN	____WALLS	____TRIM	____DOORS ____CLOSET
COLOUR					
BASEBOARD ONLY: ____LF	DOOR TRIM ONLY: ____LF	WINDOW TRIM ONLY: ____LF		DOORS ONLY: ____QTY	
BEDROOM 3:	____H	____L x ____W	____L x ____W	____L x ____W	____TOTAL SFT
AREA(S)	____CEILINGS	____CROWN	____WALLS	____TRIM	____DOORS ____CLOSET
COLOUR					
BASEBOARD ONLY: ____LF	DOOR TRIM ONLY: ____LF	WINDOW TRIM ONLY: ____LF		DOORS ONLY: ____QTY	
BEDROOM 4:	____H	____L x ____W	____L x ____W	____L x ____W	____TOTAL SFT
AREA(S)	____CEILINGS	____CROWN	____WALLS	____TRIM	____DOORS ____CLOSET
COLOUR					
BASEBOARD ONLY: ____LF	DOOR TRIM ONLY: ____LF	WINDOW TRIM ONLY: ____LF		DOORS ONLY: ____QTY	
MAIN BATH:	____H	____L x ____W	____L x ____W	____L x ____W	____TOTAL SFT
AREA(S)	____CEILINGS	____CROWN	____WALLS	____TRIM	____DOORS ____CLOSET
COLOUR					
BASEBOARD ONLY: ____LF	DOOR TRIM ONLY: ____LF	WINDOW TRIM ONLY: ____LF		DOORS ONLY: ____QTY	
BATH 1:	____H	____L x ____W	____L x ____W	____L x ____W	____TOTAL SFT
AREA(S)	____CEILINGS	____CROWN	____WALLS	____TRIM	____DOORS ____CLOSET
COLOUR					
BASEBOARD ONLY: ____LF	DOOR TRIM ONLY: ____LF	WINDOW TRIM ONLY: ____LF		DOORS ONLY: ____QTY	

ATH 2: ____H	____L x ____W	____L x ____W	____L x ____W	____TOTAL SFT	
AREA(S) ____CEILINGS	____CROWN	____WALLS	____TRIM	____DOORS	____CLOSET
COLOUR					
BASEBOARD ONLY: ____LF	DOOR TRIM ONLY: ____LF	WINDOW TRIM ONLY: ____LF	DOORS ONLY: ____QTY		
POWDER ROOM: ____H	____L x ____W	____L x ____W	____L x ____W	____TOTAL SFT	
AREA(S) ____CEILINGS	____CROWN	____WALLS	____TRIM	____DOORS	____CLOSET
COLOUR					
BASEBOARD ONLY: ____LF	DOOR TRIM ONLY: ____LF	WINDOW TRIM ONLY: ____LF	DOORS ONLY: ____QTY		
REC ROOM ____H	____L x ____W	____L x ____W	____L x ____W	____TOTAL SFT	
AREA(S) ____CEILINGS	____CROWN	____WALLS	____TRIM	____DOORS	____CLOSET
COLOUR					
BASEBOARD ONLY: ____LF	DOOR TRIM ONLY: ____LF	WINDOW TRIM ONLY: ____LF	DOORS ONLY: ____QTY		
MAIN FLOOR HALL: ____H	____L x ____W	____L x ____W	____L x ____W	____TOTAL SFT	
AREA(S) ____CEILINGS	____CROWN	____WALLS	____TRIM	____DOORS	____CLOSET
COLOUR					
BASEBOARD ONLY: ____LF	DOOR TRIM ONLY: ____LF	WINDOW TRIM ONLY: ____LF	DOORS ONLY: ____QTY		
UPPER HALL: ____H	____L x ____W	____L x ____W	____L x ____W	____TOTAL SFT	
AREA(S) ____CEILINGS	____CROWN	____WALLS	____TRIM	____DOORS	____CLOSET
COLOUR					
BASEBOARD ONLY: ____LF	DOOR TRIM ONLY: ____LF	WINDOW TRIM ONLY: ____LF	DOORS ONLY: ____QTY		
UPPER STAIRWELL: ____H	____L x ____W	____L x ____W	____L x ____W	____TOTAL SFT	
AREA(S) ____CEILINGS	____CROWN	____WALLS	____TRIM	____DOORS	____CLOSET
COLOUR					
BASEBOARD ONLY: ____LF	DOOR TRIM ONLY: ____LF	WINDOW TRIM ONLY: ____LF	DOORS ONLY: ____QTY		
LOWER HALL: ____H	____L x ____W	____L x ____W	____L x ____W	____TOTAL SFT	
AREA(S) ____CEILINGS	____CROWN	____WALLS	____TRIM	____DOORS	____CLOSET
COLOUR					
BASEBOARD ONLY: ____LF	DOOR TRIM ONLY: ____LF	WINDOW TRIM ONLY: ____LF	DOORS ONLY: ____QTY		
LOWER STAIRWELL: ____H	____L x ____W	____L x ____W	____L x ____W	____TOTAL SFT	
AREA(S) ____CEILINGS	____CROWN	____WALLS	____TRIM	____DOORS	____CLOSET
COLOUR					
BASEBOARD ONLY: ____LF	DOOR TRIM ONLY: ____LF	WINDOW TRIM ONLY: ____LF	DOORS ONLY: ____QTY		
GARAGE: ____H	____L x ____W	____L x ____W	____L x ____W	____TOTAL SFT	
AREA(S) ____CEILINGS	____CROWN	____WALLS	____TRIM	____DOORS	____CLOSET
COLOUR					
BASEBOARD ONLY: ____LF	DOOR TRIM ONLY: ____LF	WINDOW TRIM ONLY: ____LF	DOORS ONLY: ____QTY		

NOTES:

STAIRCASE	TREADS #	RISERS #	STRINGERS #	POSTS #	BALUSTERS #	HANDRAIL #
PRIME						
PAINT						
STAIN						
CLEAR COAT						

KITCHEN	UPPER CABINET DOORS	BASE CABINETS DOORS	DRAWERS	VANITY	OTHER
PRIME					
PAINT					
STAIN					
CLEAR COAT					

WALLPAPER REMOVAL	
ROOM(S)	_____
ROOM SIZE	_____W x _____L x _____H
BORDER	_____YES _____NO

DRAWING

INTERIOR RESIDENTAL PAINTING ESTIMATE FORM

CLIENT CALL DATE: _____   CLIENT CALL BACK DATE: _____

CLIENT SITE VISIT DATE: _____ TIME: _____   CLIENT 2ᴺ CALL BACK DATE: _____

CLIENT NAME: _____   PHONE NUMBER: _____

ADDRESS: _____   EMAIL: _____

CITY: _____ POSTAL CODE _____   OTHER: _____

HOW DID YOU HEAR ABOUT US?   GOOGLE   WEBSITE   MAGAZINE   WORD OF MOUTH   SIGNAGE

CLIENT REFERRAL-NAME: _____   REFERRAL PROGRAM: _____

ESTIMATE DATE: _____   ESTIMATE # _____

REQUESTED START DATE: _____   REQUESTED FINISH DATE: _____

APPROX START DATE: _____   APPROX NUMBER OF DAYS: _____

NOTES:
_____
_____
_____
_____
_____
_____
_____
_____

SPECIAL INSTRUCTIONS:
_____
_____
_____
_____
_____
_____
_____
_____
_____
_____
_____
_____
_____

KITCHEN: ___H ___L x ___W ___L x ___W ___L x ___W ___TOTAL SFT	
AREA(S) ___CEILINGS ___CROWN ___WALLS ___TRIM ___DOORS ___CLOSET	
COLOUR ___ ___ ___ ___ ___ ___	
BASEBOARD ONLY: ___LF DOOR TRIM ONLY: ___LF WINDOW TRIM ONLY: ___LF DOORS ONLY: ___QTY	
DINING ROOM: ___H ___L x ___W ___L x ___W ___L x ___W ___TOTAL SFT	
AREA(S) ___CEILINGS ___CROWN ___WALLS ___TRIM ___DOORS ___CLOSET	
COLOUR ___ ___ ___ ___ ___ ___	
BASEBOARD ONLY: ___LF DOOR TRIM ONLY: ___LF WINDOW TRIM ONLY: ___LF DOORS ONLY: ___QTY	
PANTRY: ___H ___L x ___W ___L x ___W ___L x ___W ___TOTAL SFT	
AREA(S) ___CEILINGS ___CROWN ___WALLS ___TRIM ___DOORS ___CLOSET	
COLOUR ___ ___ ___ ___ ___ ___	
BASEBOARD ONLY: ___LF DOOR TRIM ONLY: ___LF WINDOW TRIM ONLY: ___LF DOORS ONLY: ___QTY	
LIVING ROOM: ___H ___L x ___W ___L x ___W ___L x ___W ___TOTAL SFT	
AREA(S) ___CEILINGS ___CROWN ___WALLS ___TRIM ___DOORS ___CLOSET	
COLOUR ___ ___ ___ ___ ___ ___	
BASEBOARD ONLY: ___LF DOOR TRIM ONLY: ___LF WINDOW TRIM ONLY: ___LF DOORS ONLY: ___QTY	
LAUNDRY: ___H ___L x ___W ___L x ___W ___L x ___W ___TOTAL SFT	
AREA(S) ___CEILINGS ___CROWN ___WALLS ___TRIM ___DOORS ___CLOSET	
COLOUR ___ ___ ___ ___ ___ ___	
BASEBOARD ONLY: ___LF DOOR TRIM ONLY: ___LF WINDOW TRIM ONLY: ___LF DOORS ONLY: ___QTY	
MUDROOM: ___H ___L x ___W ___L x ___W ___L x ___W ___TOTAL SFT	
AREA(S) ___CEILINGS ___CROWN ___WALLS ___TRIM ___DOORS ___CLOSET	
COLOUR ___ ___ ___ ___ ___ ___	
BASEBOARD ONLY: ___LF DOOR TRIM ONLY: ___LF WINDOW TRIM ONLY: ___LF DOORS ONLY: ___QTY	
FOYER: ___H ___L x ___W ___L x ___W ___L x ___W ___TOTAL SFT	
AREA(S) ___CEILINGS ___CROWN ___WALLS ___TRIM ___DOORS ___CLOSET	
COLOUR ___ ___ ___ ___ ___ ___	
BASEBOARD ONLY: ___LF DOOR TRIM ONLY: ___LF WINDOW TRIM ONLY: ___LF DOORS ONLY: ___QTY	
MASTER BED: ___H ___L x ___W ___L x ___W ___L x ___W ___TOTAL SFT	
AREA(S) ___CEILINGS ___CROWN ___WALLS ___TRIM ___DOORS ___CLOSET	
COLOUR ___ ___ ___ ___ ___ ___	
BASEBOARD ONLY: ___LF DOOR TRIM ONLY: ___LF WINDOW TRIM ONLY: ___LF DOORS ONLY: ___QTY	
ENSUITE: ___H ___L x ___W ___L x ___W ___L x ___W ___TOTAL SFT	
AREA(S) ___CEILINGS ___CROWN ___WALLS ___TRIM ___DOORS ___CLOSET	
COLOUR ___ ___ ___ ___ ___ ___	
BASEBOARD ONLY: ___LF DOOR TRIM ONLY: ___LF WINDOW TRIM ONLY: ___LF DOORS ONLY: ___QTY	
BEDROOM 1: ___H ___L x ___W ___L x ___W ___L x ___W ___TOTAL SFT	
AREA(S) ___CEILINGS ___CROWN ___WALLS ___TRIM ___DOORS ___CLOSET	
COLOUR ___ ___ ___ ___ ___ ___	
BASEBOARD ONLY: ___LF DOOR TRIM ONLY: ___LF WINDOW TRIM ONLY: ___LF DOORS ONLY: ___QTY	
BEDROOM 2: ___H ___L x ___W ___L x ___W ___L x ___W ___TOTAL SFT	
AREA(S) ___CEILINGS ___CROWN ___WALLS ___TRIM ___DOORS ___CLOSET	
COLOUR ___ ___ ___ ___ ___ ___	
BASEBOARD ONLY: ___LF DOOR TRIM ONLY: ___LF WINDOW TRIM ONLY: ___LF DOORS ONLY: ___QTY	
BEDROOM 3: ___H ___L x ___W ___L x ___W ___L x ___W ___TOTAL SFT	
AREA(S) ___CEILINGS ___CROWN ___WALLS ___TRIM ___DOORS ___CLOSET	
COLOUR ___ ___ ___ ___ ___ ___	
BASEBOARD ONLY: ___LF DOOR TRIM ONLY: ___LF WINDOW TRIM ONLY: ___LF DOORS ONLY: ___QTY	
BEDROOM 4: ___H ___L x ___W ___L x ___W ___L x ___W ___TOTAL SFT	
AREA(S) ___CEILINGS ___CROWN ___WALLS ___TRIM ___DOORS ___CLOSET	
COLOUR ___ ___ ___ ___ ___ ___	
BASEBOARD ONLY: ___LF DOOR TRIM ONLY: ___LF WINDOW TRIM ONLY: ___LF DOORS ONLY: ___QTY	
MAIN BATH: ___H ___L x ___W ___L x ___W ___L x ___W ___TOTAL SFT	
AREA(S) ___CEILINGS ___CROWN ___WALLS ___TRIM ___DOORS ___CLOSET	
COLOUR ___ ___ ___ ___ ___ ___	
BASEBOARD ONLY: ___LF DOOR TRIM ONLY: ___LF WINDOW TRIM ONLY: ___LF DOORS ONLY: ___QTY	
BATH 1: ___H ___L x ___W ___L x ___W ___L x ___W ___TOTAL SFT	
AREA(S) ___CEILINGS ___CROWN ___WALLS ___TRIM ___DOORS ___CLOSET	
COLOUR ___ ___ ___ ___ ___ ___	
BASEBOARD ONLY: ___LF DOOR TRIM ONLY: ___LF WINDOW TRIM ONLY: ___LF DOORS ONLY: ___QTY	

ATH 2:	____ H	____ L x ____ W	____ L x ____ W	____ L x ____ W	____ TOTAL SFT
AREA(S) ____CEILINGS	_____CROWN	_____WALLS	_____TRIM	_____DOORS	____CLOSET
COLOUR					
BASEBOARD ONLY: _____LF	DOOR TRIM ONLY: _____LF	WINDOW TRIM ONLY: _____LF		DOORS ONLY: _____QTY	

POWDER ROOM:	____ H	____ L x ____ W	____ L x ____ W	____ L x ____ W	____ TOTAL SFT
AREA(S) ____CEILINGS	_____CROWN	_____WALLS	_____TRIM	_____DOORS	____CLOSET
COLOUR					
BASEBOARD ONLY: _____LF	DOOR TRIM ONLY: _____LF	WINDOW TRIM ONLY: _____LF		DOORS ONLY: _____QTY	

REC ROOM	____ H	____ L x ____ W	____ L x ____ W	____ L x ____ W	____ TOTAL SFT
AREA(S) ____CEILINGS	_____CROWN	_____WALLS	_____TRIM	_____DOORS	____CLOSET
COLOUR					
BASEBOARD ONLY: _____LF	DOOR TRIM ONLY: _____LF	WINDOW TRIM ONLY: _____LF		DOORS ONLY: _____QTY	

MAIN FLOOR HALL:	____ H	____ L x ____ W	____ L x ____ W	____ L x ____ W	____ TOTAL SFT
AREA(S) ____CEILINGS	_____CROWN	_____WALLS	_____TRIM	_____DOORS	____CLOSET
COLOUR					
BASEBOARD ONLY: _____LF	DOOR TRIM ONLY: _____LF	WINDOW TRIM ONLY: _____LF		DOORS ONLY: _____QTY	

UPPER HALL:	____ H	____ L x ____ W	____ L x ____ W	____ L x ____ W	____ TOTAL SFT
AREA(S) ____CEILINGS	_____CROWN	_____WALLS	_____TRIM	_____DOORS	____CLOSET
COLOUR					
BASEBOARD ONLY: _____LF	DOOR TRIM ONLY: _____LF	WINDOW TRIM ONLY: _____LF		DOORS ONLY: _____QTY	

UPPER STAIRWELL:	____ H	____ L x ____ W	____ L x ____ W	____ L x ____ W	____ TOTAL SFT
AREA(S) ____CEILINGS	_____CROWN	_____WALLS	_____TRIM	_____DOORS	____CLOSET
COLOUR					
BASEBOARD ONLY: _____LF	DOOR TRIM ONLY: _____LF	WINDOW TRIM ONLY: _____LF		DOORS ONLY: _____QTY	

LOWER HALL:	____ H	____ L x ____ W	____ L x ____ W	____ L x ____ W	____ TOTAL SFT
AREA(S) ____CEILINGS	_____CROWN	_____WALLS	_____TRIM	_____DOORS	____CLOSET
COLOUR					
BASEBOARD ONLY: _____LF	DOOR TRIM ONLY: _____LF	WINDOW TRIM ONLY: _____LF		DOORS ONLY: _____QTY	

LOWER STAIRWELL:	____ H	____ L x ____ W	____ L x ____ W	____ L x ____ W	____ TOTAL SFT
AREA(S) ____CEILINGS	_____CROWN	_____WALLS	_____TRIM	_____DOORS	____CLOSET
COLOUR					
BASEBOARD ONLY: _____LF	DOOR TRIM ONLY: _____LF	WINDOW TRIM ONLY: _____LF		DOORS ONLY: _____QTY	

GARAGE:	____ H	____ L x ____ W	____ L x ____ W	____ L x ____ W	____ TOTAL SFT
AREA(S) ____CEILINGS	_____CROWN	_____WALLS	_____TRIM	_____DOORS	____CLOSET
COLOUR					
BASEBOARD ONLY: _____LF	DOOR TRIM ONLY: _____LF	WINDOW TRIM ONLY: _____LF		DOORS ONLY: _____QTY	

NOTES:

STAIRCASE	TREADS #	RISERS #	STRINGERS #	POSTS #	BALUSTERS #	HANDRAIL #
PRIME						
PAINT						
STAIN						
CLEAR COAT						

KITCHEN	UPPER CABINET DOORS	BASE CABINETS DOORS	DRAWERS	VANITY	OTHER
PRIME					
PAINT					
STAIN					
CLEAR COAT					

WALLPAPER REMOVAL

ROOM(S) _____

ROOM SIZE _____ W x _____ L x _____ H

BORDER _____ YES _____ NO

DRAWING

INTERIOR RESIDENTAL PAINTING ESTIMATE FORM

CLIENT CALL DATE: _____   CLIENT CALL BACK DATE: _____

CLIENT SITE VISIT DATE: _____ TIME: _____   CLIENT 2ᴺ CALL BACK DATE: _____

CLIENT NAME: _____   PHONE NUMBER: _____

ADDRESS: _____   EMAIL: _____

CITY: _____ POSTAL CODE _____   OTHER: _____

HOW DID YOU HEAR ABOUT US?   GOOGLE   WEBSITE   MAGAZINE   WORD OF MOUTH   SIGNAGE

CLIENT REFERRAL-NAME: _____   REFERRAL PROGRAM: _____

ESTIMATE DATE: _____   ESTIMATE # _____

REQUESTED START DATE: _____   REQUESTED FINISH DATE: _____

APPROX START DATE: _____   APPROX NUMBER OF DAYS: _____

NOTES:
_____
_____
_____
_____
_____
_____
_____

SPECIAL INSTRUCTIONS:
_____
_____
_____
_____
_____
_____
_____
_____
_____
_____
_____
_____
_____

KITCHEN:	____H ____L x ____W ____L x ____W ____L x ____W ____TOTAL SFT			
AREA(S)	____CEILINGS ____CROWN ____WALLS ____TRIM ____DOORS ____CLOSET			
COLOUR	_____			
BASEBOARD ONLY: ____LF	DOOR TRIM ONLY: ____LF	WINDOW TRIM ONLY: ____LF	DOORS ONLY: ____QTY	
DINING ROOM:	____H ____L x ____W ____L x ____W ____L x ____W ____TOTAL SFT			
AREA(S)	____CEILINGS ____CROWN ____WALLS ____TRIM ____DOORS ____CLOSET			
COLOUR	_____			
BASEBOARD ONLY: ____LF	DOOR TRIM ONLY: ____LF	WINDOW TRIM ONLY: ____LF	DOORS ONLY: ____QTY	
PANTRY:	____H ____L x ____W ____L x ____W ____L x ____W ____TOTAL SFT			
AREA(S)	____CEILINGS ____CROWN ____WALLS ____TRIM ____DOORS ____CLOSET			
COLOUR	_____			
BASEBOARD ONLY: ____LF	DOOR TRIM ONLY: ____LF	WINDOW TRIM ONLY: ____LF	DOORS ONLY: ____QTY	
LIVING ROOM:	____H ____L x ____W ____L x ____W ____L x ____W ____TOTAL SFT			
AREA(S)	____CEILINGS ____CROWN ____WALLS ____TRIM ____DOORS ____CLOSET			
COLOUR	_____			
BASEBOARD ONLY: ____LF	DOOR TRIM ONLY: ____LF	WINDOW TRIM ONLY: ____LF	DOORS ONLY: ____QTY	
LAUNDRY:	____H ____L x ____W ____L x ____W ____L x ____W ____TOTAL SFT			
AREA(S)	____CEILINGS ____CROWN ____WALLS ____TRIM ____DOORS ____CLOSET			
COLOUR	_____			
BASEBOARD ONLY: ____LF	DOOR TRIM ONLY: ____LF	WINDOW TRIM ONLY: ____LF	DOORS ONLY: ____QTY	
MUDROOM:	____H ____L x ____W ____L x ____W ____L x ____W ____TOTAL SFT			
AREA(S)	____CEILINGS ____CROWN ____WALLS ____TRIM ____DOORS ____CLOSET			
COLOUR	_____			
BASEBOARD ONLY: ____LF	DOOR TRIM ONLY: ____LF	WINDOW TRIM ONLY: ____LF	DOORS ONLY: ____QTY	
FOYER:	____H ____L x ____W ____L x ____W ____L x ____W ____TOTAL SFT			
AREA(S)	____CEILINGS ____CROWN ____WALLS ____TRIM ____DOORS ____CLOSET			
COLOUR	_____			
BASEBOARD ONLY: ____LF	DOOR TRIM ONLY: ____LF	WINDOW TRIM ONLY: ____LF	DOORS ONLY: ____QTY	
MASTER BED:	____H ____L x ____W ____L x ____W ____L x ____W ____TOTAL SFT			
AREA(S)	____CEILINGS ____CROWN ____WALLS ____TRIM ____DOORS ____CLOSET			
COLOUR	_____			
BASEBOARD ONLY: ____LF	DOOR TRIM ONLY: ____LF	WINDOW TRIM ONLY: ____LF	DOORS ONLY: ____QTY	
ENSUITE:	____H ____L x ____W ____L x ____W ____L x ____W ____TOTAL SFT			
AREA(S)	____CEILINGS ____CROWN ____WALLS ____TRIM ____DOORS ____CLOSET			
COLOUR	_____			
BASEBOARD ONLY: ____LF	DOOR TRIM ONLY: ____LF	WINDOW TRIM ONLY: ____LF	DOORS ONLY: ____QTY	
BEDROOM 1:	____H ____L x ____W ____L x ____W ____L x ____W ____TOTAL SFT			
AREA(S)	____CEILINGS ____CROWN ____WALLS ____TRIM ____DOORS ____CLOSET			
COLOUR	_____			
BASEBOARD ONLY: ____LF	DOOR TRIM ONLY: ____LF	WINDOW TRIM ONLY: ____LF	DOORS ONLY: ____QTY	
BEDROOM 2:	____H ____L x ____W ____L x ____W ____L x ____W ____TOTAL SFT			
AREA(S)	____CEILINGS ____CROWN ____WALLS ____TRIM ____DOORS ____CLOSET			
COLOUR	_____			
BASEBOARD ONLY: ____LF	DOOR TRIM ONLY: ____LF	WINDOW TRIM ONLY: ____LF	DOORS ONLY: ____QTY	
BEDROOM 3:	____H ____L x ____W ____L x ____W ____L x ____W ____TOTAL SFT			
AREA(S)	____CEILINGS ____CROWN ____WALLS ____TRIM ____DOORS ____CLOSET			
COLOUR	_____			
BASEBOARD ONLY: ____LF	DOOR TRIM ONLY: ____LF	WINDOW TRIM ONLY: ____LF	DOORS ONLY: ____QTY	
BEDROOM 4:	____H ____L x ____W ____L x ____W ____L x ____W ____TOTAL SFT			
AREA(S)	____CEILINGS ____CROWN ____WALLS ____TRIM ____DOORS ____CLOSET			
COLOUR	_____			
BASEBOARD ONLY: ____LF	DOOR TRIM ONLY: ____LF	WINDOW TRIM ONLY: ____LF	DOORS ONLY: ____QTY	
MAIN BATH:	____H ____L x ____W ____L x ____W ____L x ____W ____TOTAL SFT			
AREA(S)	____CEILINGS ____CROWN ____WALLS ____TRIM ____DOORS ____CLOSET			
COLOUR	_____			
BASEBOARD ONLY: ____LF	DOOR TRIM ONLY: ____LF	WINDOW TRIM ONLY: ____LF	DOORS ONLY: ____QTY	
BATH 1:	____H ____L x ____W ____L x ____W ____L x ____W ____TOTAL SFT			
AREA(S)	____CEILINGS ____CROWN ____WALLS ____TRIM ____DOORS ____CLOSET			
COLOUR	_____			
BASEBOARD ONLY: ____LF	DOOR TRIM ONLY: ____LF	WINDOW TRIM ONLY: ____LF	DOORS ONLY: ____QTY	

ATH 2:	____H	____L x ____W	____L x ____W	____L x ____W	____TOTAL SFT
AREA(S) ____CEILINGS	____CROWN	____WALLS	____TRIM	____DOORS	____CLOSET
COLOUR					
BASEBOARD ONLY: ____LF	DOOR TRIM ONLY: ____LF	WINDOW TRIM ONLY: ____LF		DOORS ONLY: ____QTY	

POWDER ROOM:	____H	____L x ____W	____L x ____W	____L x ____W	____TOTAL SFT
AREA(S) ____CEILINGS	____CROWN	____WALLS	____TRIM	____DOORS	____CLOSET
COLOUR					
BASEBOARD ONLY: ____LF	DOOR TRIM ONLY: ____LF	WINDOW TRIM ONLY: ____LF		DOORS ONLY: ____QTY	

REC ROOM	____H	____L x ____W	____L x ____W	____L x ____W	____TOTAL SFT
AREA(S) ____CEILINGS	____CROWN	____WALLS	____TRIM	____DOORS	____CLOSET
COLOUR					
BASEBOARD ONLY: ____LF	DOOR TRIM ONLY: ____LF	WINDOW TRIM ONLY: ____LF		DOORS ONLY: ____QTY	

MAIN FLOOR HALL:	____H	____L x ____W	____L x ____W	____L x ____W	____TOTAL SFT
AREA(S) ____CEILINGS	____CROWN	____WALLS	____TRIM	____DOORS	____CLOSET
COLOUR					
BASEBOARD ONLY: ____LF	DOOR TRIM ONLY: ____LF	WINDOW TRIM ONLY: ____LF		DOORS ONLY: ____QTY	

UPPER HALL:	____H	____L x ____W	____L x ____W	____L x ____W	____TOTAL SFT
AREA(S) ____CEILINGS	____CROWN	____WALLS	____TRIM	____DOORS	____CLOSET
COLOUR					
BASEBOARD ONLY: ____LF	DOOR TRIM ONLY: ____LF	WINDOW TRIM ONLY: ____LF		DOORS ONLY: ____QTY	

UPPER STAIRWELL:	____H	____L x ____W	____L x ____W	____L x ____W	____TOTAL SFT
AREA(S) ____CEILINGS	____CROWN	____WALLS	____TRIM	____DOORS	____CLOSET
COLOUR					
BASEBOARD ONLY: ____LF	DOOR TRIM ONLY: ____LF	WINDOW TRIM ONLY: ____LF		DOORS ONLY: ____QTY	

LOWER HALL:	____H	____L x ____W	____L x ____W	____L x ____W	____TOTAL SFT
AREA(S) ____CEILINGS	____CROWN	____WALLS	____TRIM	____DOORS	____CLOSET
COLOUR					
BASEBOARD ONLY: ____LF	DOOR TRIM ONLY: ____LF	WINDOW TRIM ONLY: ____LF		DOORS ONLY: ____QTY	

LOWER STAIRWELL:	____H	____L x ____W	____L x ____W	____L x ____W	____TOTAL SFT
AREA(S) ____CEILINGS	____CROWN	____WALLS	____TRIM	____DOORS	____CLOSET
COLOUR					
BASEBOARD ONLY: ____LF	DOOR TRIM ONLY: ____LF	WINDOW TRIM ONLY: ____LF		DOORS ONLY: ____QTY	

GARAGE:	____H	____L x ____W	____L x ____W	____L x ____W	____TOTAL SFT
AREA(S) ____CEILINGS	____CROWN	____WALLS	____TRIM	____DOORS	____CLOSET
COLOUR					
BASEBOARD ONLY: ____LF	DOOR TRIM ONLY: ____LF	WINDOW TRIM ONLY: ____LF		DOORS ONLY: ____QTY	

NOTES:

STAIRCASE	TREADS #	RISERS #	STRINGERS #	POSTS #	BALUSTERS #	HANDRAIL #
PRIME						
PAINT						
STAIN						
CLEAR COAT						

KITCHEN	UPPER CABINET DOORS	BASE CABINETS DOORS	DRAWERS	VANITY	OTHER
PRIME					
PAINT					
STAIN					
CLEAR COAT					

WALLPAPER REMOVAL

ROOM(S) _____

ROOM SIZE _____W x _____L x _____H

BORDER _____YES _____NO

DRAWING

INTERIOR RESIDENTAL PAINTING ESTIMATE FORM

CLIENT CALL DATE: _____   CLIENT CALL BACK DATE: _____

CLIENT SITE VISIT DATE: _____ TIME: _____   CLIENT 2^N CALL BACK DATE: _____

CLIENT NAME: _____   PHONE NUMBER: _____

ADDRESS: _____   EMAIL: _____

CITY: _____ POSTAL CODE _____   OTHER: _____

HOW DID YOU HEAR ABOUT US?   GOOGLE   WEBSITE   MAGAZINE   WORD OF MOUTH   SIGNAGE

CLIENT REFERRAL-NAME: _____   REFERRAL PROGRAM: _____

ESTIMATE DATE: _____   ESTIMATE # _____

REQUESTED START DATE: _____   REQUESTED FINISH DATE: _____

APPROX START DATE: _____   APPROX NUMBER OF DAYS: _____

NOTES:
_____
_____
_____
_____
_____
_____
_____

SPECIAL INSTRUCTIONS:
_____
_____
_____
_____
_____
_____
_____
_____
_____
_____
_____
_____

KITCHEN:	____H ____L x ____W ____L x ____W ____L x ____W ____TOTAL SFT
AREA(S)	____CEILINGS ____CROWN ____WALLS ____TRIM ____DOORS ____CLOSET
COLOUR	_____ _____ _____ _____ _____ _____
BASEBOARD ONLY: ____LF	DOOR TRIM ONLY: ____LF WINDOW TRIM ONLY: ____LF DOORS ONLY: ____QTY
DINING ROOM:	____H ____L x ____W ____L x ____W ____L x ____W ____TOTAL SFT
AREA(S)	____CEILINGS ____CROWN ____WALLS ____TRIM ____DOORS ____CLOSET
COLOUR	_____ _____ _____ _____ _____ _____
BASEBOARD ONLY: ____LF	DOOR TRIM ONLY: ____LF WINDOW TRIM ONLY: ____LF DOORS ONLY: ____QTY
PANTRY:	____H ____L x ____W ____L x ____W ____L x ____W ____TOTAL SFT
AREA(S)	____CEILINGS ____CROWN ____WALLS ____TRIM ____DOORS ____CLOSET
COLOUR	_____ _____ _____ _____ _____ _____
BASEBOARD ONLY: ____LF	DOOR TRIM ONLY: ____LF WINDOW TRIM ONLY: ____LF DOORS ONLY: ____QTY
LIVING ROOM:	____H ____L x ____W ____L x ____W ____L x ____W ____TOTAL SFT
AREA(S)	____CEILINGS ____CROWN ____WALLS ____TRIM ____DOORS ____CLOSET
COLOUR	_____ _____ _____ _____ _____ _____
BASEBOARD ONLY: ____LF	DOOR TRIM ONLY: ____LF WINDOW TRIM ONLY: ____LF DOORS ONLY: ____QTY
LAUNDRY:	____H ____L x ____W ____L x ____W ____L x ____W ____TOTAL SFT
AREA(S)	____CEILINGS ____CROWN ____WALLS ____TRIM ____DOORS ____CLOSET
COLOUR	_____ _____ _____ _____ _____ _____
BASEBOARD ONLY: ____LF	DOOR TRIM ONLY: ____LF WINDOW TRIM ONLY: ____LF DOORS ONLY: ____QTY
MUDROOM:	____H ____L x ____W ____L x ____W ____L x ____W ____TOTAL SFT
AREA(S)	____CEILINGS ____CROWN ____WALLS ____TRIM ____DOORS ____CLOSET
COLOUR	_____ _____ _____ _____ _____ _____
BASEBOARD ONLY: ____LF	DOOR TRIM ONLY: ____LF WINDOW TRIM ONLY: ____LF DOORS ONLY: ____QTY
FOYER:	____H ____L x ____W ____L x ____W ____L x ____W ____TOTAL SFT
AREA(S)	____CEILINGS ____CROWN ____WALLS ____TRIM ____DOORS ____CLOSET
COLOUR	_____ _____ _____ _____ _____ _____
BASEBOARD ONLY: ____LF	DOOR TRIM ONLY: ____LF WINDOW TRIM ONLY: ____LF DOORS ONLY: ____QTY
MASTER BED:	____H ____L x ____W ____L x ____W ____L x ____W ____TOTAL SFT
AREA(S)	____CEILINGS ____CROWN ____WALLS ____TRIM ____DOORS ____CLOSET
COLOUR	_____ _____ _____ _____ _____ _____
BASEBOARD ONLY: ____LF	DOOR TRIM ONLY: ____LF WINDOW TRIM ONLY: ____LF DOORS ONLY: ____QTY
ENSUITE:	____H ____L x ____W ____L x ____W ____L x ____W ____TOTAL SFT
AREA(S)	____CEILINGS ____CROWN ____WALLS ____TRIM ____DOORS ____CLOSET
COLOUR	_____ _____ _____ _____ _____ _____
BASEBOARD ONLY: ____LF	DOOR TRIM ONLY: ____LF WINDOW TRIM ONLY: ____LF DOORS ONLY: ____QTY
BEDROOM 1:	____H ____L x ____W ____L x ____W ____L x ____W ____TOTAL SFT
AREA(S)	____CEILINGS ____CROWN ____WALLS ____TRIM ____DOORS ____CLOSET
COLOUR	_____ _____ _____ _____ _____ _____
BASEBOARD ONLY: ____LF	DOOR TRIM ONLY: ____LF WINDOW TRIM ONLY: ____LF DOORS ONLY: ____QTY
BEDROOM 2:	____H ____L x ____W ____L x ____W ____L x ____W ____TOTAL SFT
AREA(S)	____CEILINGS ____CROWN ____WALLS ____TRIM ____DOORS ____CLOSET
COLOUR	_____ _____ _____ _____ _____ _____
BASEBOARD ONLY: ____LF	DOOR TRIM ONLY: ____LF WINDOW TRIM ONLY: ____LF DOORS ONLY: ____QTY
BEDROOM 3:	____H ____L x ____W ____L x ____W ____L x ____W ____TOTAL SFT
AREA(S)	____CEILINGS ____CROWN ____WALLS ____TRIM ____DOORS ____CLOSET
COLOUR	_____ _____ _____ _____ _____ _____
BASEBOARD ONLY: ____LF	DOOR TRIM ONLY: ____LF WINDOW TRIM ONLY: ____LF DOORS ONLY: ____QTY
BEDROOM 4:	____H ____L x ____W ____L x ____W ____L x ____W ____TOTAL SFT
AREA(S)	____CEILINGS ____CROWN ____WALLS ____TRIM ____DOORS ____CLOSET
COLOUR	_____ _____ _____ _____ _____ _____
BASEBOARD ONLY: ____LF	DOOR TRIM ONLY: ____LF WINDOW TRIM ONLY: ____LF DOORS ONLY: ____QTY
MAIN BATH:	____H ____L x ____W ____L x ____W ____L x ____W ____TOTAL SFT
AREA(S)	____CEILINGS ____CROWN ____WALLS ____TRIM ____DOORS ____CLOSET
COLOUR	_____ _____ _____ _____ _____ _____
BASEBOARD ONLY: ____LF	DOOR TRIM ONLY: ____LF WINDOW TRIM ONLY: ____LF DOORS ONLY: ____QTY
BATH 1:	____H ____L x ____W ____L x ____W ____L x ____W ____TOTAL SFT
AREA(S)	____CEILINGS ____CROWN ____WALLS ____TRIM ____DOORS ____CLOSET
COLOUR	_____ _____ _____ _____ _____ _____
BASEBOARD ONLY: ____LF	DOOR TRIM ONLY: ____LF WINDOW TRIM ONLY: ____LF DOORS ONLY: ____QTY

ATH 2: _____H	_____ L x ___ W	_____ L x ___ W	_____ L x ___ W	____ TOTAL SFT	
AREA(S) _____CEILINGS	_____CROWN	_____WALLS	_____TRIM	_____DOORS	____CLOSET
COLOUR					
BASEBOARD ONLY: _____LF	DOOR TRIM ONLY: _____LF	WINDOW TRIM ONLY: _____LF	DOORS ONLY: _____QTY		

POWDER ROOM: _____H	_____ L x ___ W	_____ L x ___ W	_____ L x ___ W	____ TOTAL SFT	
AREA(S) _____CEILINGS	_____CROWN	_____WALLS	_____TRIM	_____DOORS	____CLOSET
COLOUR					
BASEBOARD ONLY: _____LF	DOOR TRIM ONLY: _____LF	WINDOW TRIM ONLY: _____LF	DOORS ONLY: _____QTY		

REC ROOM _____H	_____ L x ___ W	_____ L x ___ W	_____ L x ___ W	____ TOTAL SFT	
AREA(S) _____CEILINGS	_____CROWN	_____WALLS	_____TRIM	_____DOORS	____CLOSET
COLOUR					
BASEBOARD ONLY: _____LF	DOOR TRIM ONLY: _____LF	WINDOW TRIM ONLY: _____LF	DOORS ONLY: _____QTY		

MAIN FLOOR HALL: _____H	_____ L x ___ W	_____ L x ___ W	_____ L x ___ W	____ TOTAL SFT	
AREA(S) _____CEILINGS	_____CROWN	_____WALLS	_____TRIM	_____DOORS	____CLOSET
COLOUR					
BASEBOARD ONLY: _____LF	DOOR TRIM ONLY: _____LF	WINDOW TRIM ONLY: _____LF	DOORS ONLY: _____QTY		

UPPER HALL: _____H	_____ L x ___ W	_____ L x ___ W	_____ L x ___ W	____ TOTAL SFT	
AREA(S) _____CEILINGS	_____CROWN	_____WALLS	_____TRIM	_____DOORS	____CLOSET
COLOUR					
BASEBOARD ONLY: _____LF	DOOR TRIM ONLY: _____LF	WINDOW TRIM ONLY: _____LF	DOORS ONLY: _____QTY		

UPPER STAIRWELL: _____H	_____ L x ___ W	_____ L x ___ W	_____ L x ___ W	____ TOTAL SFT	
AREA(S) _____CEILINGS	_____CROWN	_____WALLS	_____TRIM	_____DOORS	____CLOSET
COLOUR					
BASEBOARD ONLY: _____LF	DOOR TRIM ONLY: _____LF	WINDOW TRIM ONLY: _____LF	DOORS ONLY: _____QTY		

LOWER HALL: _____H	_____ L x ___ W	_____ L x ___ W	_____ L x ___ W	____ TOTAL SFT	
AREA(S) _____CEILINGS	_____CROWN	_____WALLS	_____TRIM	_____DOORS	____CLOSET
COLOUR					
BASEBOARD ONLY: _____LF	DOOR TRIM ONLY: _____LF	WINDOW TRIM ONLY: _____LF	DOORS ONLY: _____QTY		

LOWER STAIRWELL: _____H	_____ L x ___ W	_____ L x ___ W	_____ L x ___ W	____ TOTAL SFT	
AREA(S) _____CEILINGS	_____CROWN	_____WALLS	_____TRIM	_____DOORS	____CLOSET
COLOUR					
BASEBOARD ONLY: _____LF	DOOR TRIM ONLY: _____LF	WINDOW TRIM ONLY: _____LF	DOORS ONLY: _____QTY		

GARAGE: _____H	_____ L x ___ W	_____ L x ___ W	_____ L x ___ W	____ TOTAL SFT	
AREA(S) _____CEILINGS	_____CROWN	_____WALLS	_____TRIM	_____DOORS	____CLOSET
COLOUR					
BASEBOARD ONLY: _____LF	DOOR TRIM ONLY: _____LF	WINDOW TRIM ONLY: _____LF	DOORS ONLY: _____QTY		

NOTES:

STAIRCASE	TREADS #	RISERS #	STRINGERS #	POSTS #	BALUSTERS #	HANDRAIL #
PRIME						
PAINT						
STAIN						
CLEAR COAT						

KITCHEN	UPPER CABINET DOORS	BASE CABINETS DOORS	DRAWERS	VANITY	OTHER
PRIME					
PAINT					
STAIN					
CLEAR COAT					

WALLPAPER REMOVAL

ROOM(S) _____

ROOM SIZE _____ W x _____ L x _____ H

BORDER _____ YES _____ NO

DRAWING

INTERIOR RESIDENTAL PAINTING ESTIMATE FORM

CLIENT CALL DATE: _____   CLIENT CALL BACK DATE: _____

CLIENT SITE VISIT DATE: _____ TIME: _____
CLIENT 2^N CALL BACK DATE: _____

CLIENT NAME: _____   PHONE NUMBER: _____

ADDRESS: _____   EMAIL: _____

CITY: _____ POSTAL CODE _____   OTHER: _____

HOW DID YOU HEAR ABOUT US?   GOOGLE   WEBSITE   MAGAZINE   WORD OF MOUTH   SIGNAGE

CLIENT REFERRAL-NAME: _____   REFERRAL PROGRAM: _____

ESTIMATE DATE: _____   ESTIMATE # _____

REQUESTED START DATE: _____   REQUESTED FINISH DATE: _____

APPROX START DATE: _____   APPROX NUMBER OF DAYS: _____

NOTES:
_____
_____
_____
_____
_____
_____
_____

SPECIAL INSTRUCTIONS:
_____
_____
_____
_____
_____
_____
_____
_____
_____
_____
_____
_____

KITCHEN:	_____H	_____L x ___W	_____L x ___W	_____L x ___W	____TOTAL SFT
AREA(S)	____CEILINGS	_____CROWN	_____WALLS	_____TRIM	_____DOORS ____CLOSET
COLOUR					
BASEBOARD ONLY: _____LF	DOOR TRIM ONLY: _____LF	WINDOW TRIM ONLY: _____LF	DOORS ONLY: _____QTY		

DINING ROOM:	_____H	_____L x ___W	_____L x ___W	_____L x ___W	____TOTAL SFT
AREA(S)	____CEILINGS	_____CROWN	_____WALLS	_____TRIM	_____DOORS ____CLOSET
COLOUR					
BASEBOARD ONLY: _____LF	DOOR TRIM ONLY: _____LF	WINDOW TRIM ONLY: _____LF	DOORS ONLY: _____QTY		

PANTRY:	_____H	_____L x ___W	_____L x ___W	_____L x ___W	____TOTAL SFT
AREA(S)	____CEILINGS	_____CROWN	_____WALLS	_____TRIM	_____DOORS ____CLOSET
COLOUR					
BASEBOARD ONLY: _____LF	DOOR TRIM ONLY: _____LF	WINDOW TRIM ONLY: _____LF	DOORS ONLY: _____QTY		

LIVING ROOM:	_____H	_____L x ___W	_____L x ___W	_____L x ___W	____TOTAL SFT
AREA(S)	____CEILINGS	_____CROWN	_____WALLS	_____TRIM	_____DOORS ____CLOSET
COLOUR					
BASEBOARD ONLY: _____LF	DOOR TRIM ONLY: _____LF	WINDOW TRIM ONLY: _____LF	DOORS ONLY: _____QTY		

LAUNDRY:	_____H	_____L x ___W	_____L x ___W	_____L x ___W	____TOTAL SFT
AREA(S)	____CEILINGS	_____CROWN	_____WALLS	_____TRIM	_____DOORS ____CLOSET
COLOUR					
BASEBOARD ONLY: _____LF	DOOR TRIM ONLY: _____LF	WINDOW TRIM ONLY: _____LF	DOORS ONLY: _____QTY		

MUDROOM:	_____H	_____L x ___W	_____L x ___W	_____L x ___W	____TOTAL SFT
AREA(S)	____CEILINGS	_____CROWN	_____WALLS	_____TRIM	_____DOORS ____CLOSET
COLOUR					
BASEBOARD ONLY: _____LF	DOOR TRIM ONLY: _____LF	WINDOW TRIM ONLY: _____LF	DOORS ONLY: _____QTY		

FOYER:	_____H	_____L x ___W	_____L x ___W	_____L x ___W	____TOTAL SFT
AREA(S)	____CEILINGS	_____CROWN	_____WALLS	_____TRIM	_____DOORS ____CLOSET
COLOUR					
BASEBOARD ONLY: _____LF	DOOR TRIM ONLY: _____LF	WINDOW TRIM ONLY: _____LF	DOORS ONLY: _____QTY		

MASTER BED:	_____H	_____L x ___W	_____L x ___W	_____L x ___W	____TOTAL SFT
AREA(S)	____CEILINGS	_____CROWN	_____WALLS	_____TRIM	_____DOORS ____CLOSET
COLOUR					
BASEBOARD ONLY: _____LF	DOOR TRIM ONLY: _____LF	WINDOW TRIM ONLY: _____LF	DOORS ONLY: _____QTY		

ENSUITE:	_____H	_____L x ___W	_____L x ___W	_____L x ___W	____TOTAL SFT
AREA(S)	____CEILINGS	_____CROWN	_____WALLS	_____TRIM	_____DOORS ____CLOSET
COLOUR					
BASEBOARD ONLY: _____LF	DOOR TRIM ONLY: _____LF	WINDOW TRIM ONLY: _____LF	DOORS ONLY: _____QTY		

BEDROOM 1:	_____H	_____L x ___W	_____L x ___W	_____L x ___W	____TOTAL SFT
AREA(S)	____CEILINGS	_____CROWN	_____WALLS	_____TRIM	_____DOORS ____CLOSET
COLOUR					
BASEBOARD ONLY: _____LF	DOOR TRIM ONLY: _____LF	WINDOW TRIM ONLY: _____LF	DOORS ONLY: _____QTY		

BEDROOM 2:	_____H	_____L x ___W	_____L x ___W	_____L x ___W	____TOTAL SFT
AREA(S)	____CEILINGS	_____CROWN	_____WALLS	_____TRIM	_____DOORS ____CLOSET
COLOUR					
BASEBOARD ONLY: _____LF	DOOR TRIM ONLY: _____LF	WINDOW TRIM ONLY: _____LF	DOORS ONLY: _____QTY		

BEDROOM 3:	_____H	_____L x ___W	_____L x ___W	_____L x ___W	____TOTAL SFT
AREA(S)	____CEILINGS	_____CROWN	_____WALLS	_____TRIM	_____DOORS ____CLOSET
COLOUR					
BASEBOARD ONLY: _____LF	DOOR TRIM ONLY: _____LF	WINDOW TRIM ONLY: _____LF	DOORS ONLY: _____QTY		

BEDROOM 4:	_____H	_____L x ___W	_____L x ___W	_____L x ___W	____TOTAL SFT
AREA(S)	____CEILINGS	_____CROWN	_____WALLS	_____TRIM	_____DOORS ____CLOSET
COLOUR					
BASEBOARD ONLY: _____LF	DOOR TRIM ONLY: _____LF	WINDOW TRIM ONLY: _____LF	DOORS ONLY: _____QTY		

MAIN BATH:	_____H	_____L x ___W	_____L x ___W	_____L x ___W	____TOTAL SFT
AREA(S)	____CEILINGS	_____CROWN	_____WALLS	_____TRIM	_____DOORS ____CLOSET
COLOUR					
BASEBOARD ONLY: _____LF	DOOR TRIM ONLY: _____LF	WINDOW TRIM ONLY: _____LF	DOORS ONLY: _____QTY		

BATH 1:	_____H	_____L x ___W	_____L x ___W	_____L x ___W	____TOTAL SFT
AREA(S)	____CEILINGS	_____CROWN	_____WALLS	_____TRIM	_____DOORS ____CLOSET
COLOUR					
BASEBOARD ONLY: _____LF	DOOR TRIM ONLY: _____LF	WINDOW TRIM ONLY: _____LF	DOORS ONLY: _____QTY		

ATH 2:	____H	____L x ___W	____L x ___W	____L x ___W	____TOTAL SFT
AREA(S)	____CEILINGS	____CROWN	____WALLS	____TRIM	____DOORS ____CLOSET
COLOUR					
BASEBOARD ONLY: ____LF	DOOR TRIM ONLY: ____LF	WINDOW TRIM ONLY: ____LF	DOORS ONLY: ____QTY		
POWDER ROOM:	____H	____L x ___W	____L x ___W	____L x ___W	____TOTAL SFT
AREA(S)	____CEILINGS	____CROWN	____WALLS	____TRIM	____DOORS ____CLOSET
COLOUR					
BASEBOARD ONLY: ____LF	DOOR TRIM ONLY: ____LF	WINDOW TRIM ONLY: ____LF	DOORS ONLY: ____QTY		
REC ROOM	____H	____L x ___W	____L x ___W	____L x ___W	____TOTAL SFT
AREA(S)	____CEILINGS	____CROWN	____WALLS	____TRIM	____DOORS ____CLOSET
COLOUR					
BASEBOARD ONLY: ____LF	DOOR TRIM ONLY: ____LF	WINDOW TRIM ONLY: ____LF	DOORS ONLY: ____QTY		
MAIN FLOOR HALL:	____H	____L x ___W	____L x ___W	____L x ___W	____TOTAL SFT
AREA(S)	____CEILINGS	____CROWN	____WALLS	____TRIM	____DOORS ____CLOSET
COLOUR					
BASEBOARD ONLY: ____LF	DOOR TRIM ONLY: ____LF	WINDOW TRIM ONLY: ____LF	DOORS ONLY: ____QTY		
UPPER HALL:	____H	____L x ___W	____L x ___W	____L x ___W	____TOTAL SFT
AREA(S)	____CEILINGS	____CROWN	____WALLS	____TRIM	____DOORS ____CLOSET
COLOUR					
BASEBOARD ONLY: ____LF	DOOR TRIM ONLY: ____LF	WINDOW TRIM ONLY: ____LF	DOORS ONLY: ____QTY		
UPPER STAIRWELL:	____H	____L x ___W	____L x ___W	____L x ___W	____TOTAL SFT
AREA(S)	____CEILINGS	____CROWN	____WALLS	____TRIM	____DOORS ____CLOSET
COLOUR					
BASEBOARD ONLY: ____LF	DOOR TRIM ONLY: ____LF	WINDOW TRIM ONLY: ____LF	DOORS ONLY: ____QTY		
LOWER HALL:	____H	____L x ___W	____L x ___W	____L x ___W	____TOTAL SFT
AREA(S)	____CEILINGS	____CROWN	____WALLS	____TRIM	____DOORS ____CLOSET
COLOUR					
BASEBOARD ONLY: ____LF	DOOR TRIM ONLY: ____LF	WINDOW TRIM ONLY: ____LF	DOORS ONLY: ____QTY		
LOWER STAIRWELL:	____H	____L x ___W	____L x ___W	____L x ___W	____TOTAL SFT
AREA(S)	____CEILINGS	____CROWN	____WALLS	____TRIM	____DOORS ____CLOSET
COLOUR					
BASEBOARD ONLY: ____LF	DOOR TRIM ONLY: ____LF	WINDOW TRIM ONLY: ____LF	DOORS ONLY: ____QTY		
GARAGE:	____H	____L x ___W	____L x ___W	____L x ___W	____TOTAL SFT
AREA(S)	____CEILINGS	____CROWN	____WALLS	____TRIM	____DOORS ____CLOSET
COLOUR					
BASEBOARD ONLY: ____LF	DOOR TRIM ONLY: ____LF	WINDOW TRIM ONLY: ____LF	DOORS ONLY: ____QTY		

NOTES:

STAIRCASE	TREADS #	RISERS #	STRINGERS #	POSTS #	BALUSTERS #	HANDRAIL #
PRIME						
PAINT						
STAIN						
CLEAR COAT						

KITCHEN					
	UPPER CABINET DOORS	BASE CABINETS DOORS	DRAWERS	VANITY	OTHER
PRIME					
PAINT					
STAIN					
CLEAR COAT					

WALLPAPER REMOVAL

ROOM(S) _____

ROOM SIZE _____ W x _____ L x _____ H

BORDER _____ YES _____ NO

DRAWING

INTERIOR RESIDENTAL PAINTING ESTIMATE FORM

CLIENT CALL DATE: _____ CLIENT CALL BACK DATE: _____

CLIENT SITE VISIT DATE: _____ TIME: _____ CLIENT 2^N CALL BACK DATE: _____

CLIENT NAME: _____ PHONE NUMBER: _____

ADDRESS: _____ EMAIL: _____

CITY: _____ POSTAL CODE _____ OTHER: _____

HOW DID YOU HEAR ABOUT US?   GOOGLE   WEBSITE   MAGAZINE   WORD OF MOUTH   SIGNAGE

CLIENT REFERRAL-NAME: _____ REFERRAL PROGRAM: _____

ESTIMATE DATE: _____ ESTIMATE # _____

REQUESTED START DATE: _____ REQUESTED FINISH DATE: _____

APPROX START DATE: _____ APPROX NUMBER OF DAYS: _____

NOTES:
_____
_____
_____
_____
_____
_____
_____

SPECIAL INSTRUCTIONS:
_____
_____
_____
_____
_____
_____
_____
_____
_____
_____
_____
_____

KITCHEN:	_____H	_____ L x ___ W	_____ L x ___ W	_____ L x ___ W	___ TOTAL SFT
AREA(S)	____CEILINGS	_____CROWN	_____WALLS	_____TRIM	_____DOORS ____CLOSET
COLOUR	_____	_____	_____	_____	_____
BASEBOARD ONLY: ____LF	DOOR TRIM ONLY: _____LF		WINDOW TRIM ONLY: ____LF	DOORS ONLY: _____QTY	

DINING ROOM:	_____H	_____ L x ___ W	_____ L x ___ W	_____ L x ___ W	____ TOTAL SFT
AREA(S)	____CEILINGS	_____CROWN	_____WALLS	_____TRIM	_____DOORS ____ CLOSET
COLOUR	_____	_____	_____	_____	_____
BASEBOARD ONLY: _____LF	DOOR TRIM ONLY: _____LF		WINDOW TRIM ONLY: ____LF	DOORS ONLY: _____QTY	

PANTRY:	_____H	_____ L x ___ W	_____ L x ___ W	_____ L x ___ W	____ TOTAL SFT
AREA(S)	____CEILINGS	_____CROWN	_____WALLS	_____TRIM	_____DOORS ____CLOSET
COLOUR	_____	_____	_____	_____	_____
BASEBOARD ONLY: _____LF	DOOR TRIM ONLY: _____LF		WINDOW TRIM ONLY: ____LF	DOORS ONLY: _____QTY	

LIVING ROOM:	_____H	_____ L x ___ W	_____ L x ___ W	_____ L x ___ W	____ TOTAL SFT
AREA(S)	____CEILINGS	_____CROWN	_____WALLS	_____TRIM	_____DOORS ____CLOSET
COLOUR	_____	_____	_____	_____	_____
BASEBOARD ONLY: _____LF	DOOR TRIM ONLY: _____LF		WINDOW TRIM ONLY: ____LF	DOORS ONLY: _____QTY	

LAUNDRY:	_____H	_____ L x ___ W	_____ L x ___ W	_____ L x ___ W	____ TOTAL SFT
AREA(S)	____CEILINGS	_____CROWN	_____WALLS	_____TRIM	_____DOORS ____ CLOSET
COLOUR	_____	_____	_____	_____	_____
BASEBOARD ONLY: _____LF	DOOR TRIM ONLY: _____LF		WINDOW TRIM ONLY: ____LF	DOORS ONLY: _____QTY	

MUDROOM:	_____H	_____ L x ___ W	_____ L x ___ W	_____ L x ___ W	____ TOTAL SFT
AREA(S)	____CEILINGS	_____CROWN	_____WALLS	_____TRIM	_____DOORS ___ CLOSET
COLOUR	_____	_____	_____	_____	_____
BASEBOARD ONLY: _____LF	DOOR TRIM ONLY: _____LF		WINDOW TRIM ONLY: ____LF	DOORS ONLY: _____QTY	

FOYER:	_____H	_____ L x ___ W	_____ L x ___ W	_____ L x ___ W	____TOTAL SFT
AREA(S)	____CEILINGS	_____CROWN	_____WALLS	_____TRIM	_____DOORS ____ CLOSET
COLOUR	_____	_____	_____	_____	_____
BASEBOARD ONLY: _____LF	DOOR TRIM ONLY: _____LF		WINDOW TRIM ONLY: ____LF	DOORS ONLY: _____QTY	

MASTER BED:	_____H	_____ L x ___ W	_____ L x ___ W	_____ L x ___ W	____ TOTAL SFT
AREA(S)	____CEILINGS	_____CROWN	_____WALLS	_____TRIM	_____DOORS ____ CLOSET
COLOUR	_____	_____	_____	_____	_____
BASEBOARD ONLY: _____LF	DOOR TRIM ONLY: _____LF		WINDOW TRIM ONLY: ____LF	DOORS ONLY: _____QTY	

ENSUITE:	_____H	_____ L x ___ W	_____ L x ___ W	_____ L x ___ W	____ TOTAL SFT
AREA(S)	____CEILINGS	_____CROWN	_____WALLS	_____TRIM	_____DOORS ____ CLOSET
COLOUR	_____	_____	_____	_____	_____
BASEBOARD ONLY: _____LF	DOOR TRIM ONLY: _____LF		WINDOW TRIM ONLY: ____LF	DOORS ONLY: _____QTY	

BEDROOM 1:	_____H	_____ L x ___ W	_____ L x ___ W	_____ L x ___ W	____ TOTAL SFT
AREA(S)	____CEILINGS	_____CROWN	_____WALLS	_____TRIM	_____DOORS ____ CLOSET
COLOUR	_____	_____	_____	_____	_____
BASEBOARD ONLY: _____LF	DOOR TRIM ONLY: _____LF		WINDOW TRIM ONLY: ____LF	DOORS ONLY: _____QTY	

BEDROOM 2:	_____H	_____ L x ___ W	_____ L x ___ W	_____ L x ___ W	____ TOTAL SFT
AREA(S)	____CEILINGS	_____CROWN	_____WALLS	_____TRIM	_____DOORS ____ CLOSET
COLOUR	_____	_____	_____	_____	_____
BASEBOARD ONLY: _____LF	DOOR TRIM ONLY: _____LF		WINDOW TRIM ONLY: ____LF	DOORS ONLY: _____QTY	

BEDROOM 3:	_____H	_____ L x ___ W	_____ L x ___ W	_____ L x ___ W	____ TOTAL SFT
AREA(S)	____CEILINGS	_____CROWN	_____WALLS	_____TRIM	_____DOORS ____ CLOSET
COLOUR	_____	_____	_____	_____	_____
BASEBOARD ONLY: _____LF	DOOR TRIM ONLY: _____LF		WINDOW TRIM ONLY: ____LF	DOORS ONLY: _____QTY	

BEDROOM 4:	_____H	_____ L x ___ W	_____ L x ___ W	_____ L x ___ W	____ TOTAL SFT
AREA(S)	____CEILINGS	_____CROWN	_____WALLS	_____TRIM	_____DOORS ____ CLOSET
COLOUR	_____	_____	_____	_____	_____
BASEBOARD ONLY: _____LF	DOOR TRIM ONLY: _____LF		WINDOW TRIM ONLY: ____LF	DOORS ONLY: _____QTY	

MAIN BATH:	_____H	_____ L x ___ W	_____ L x ___ W	_____ L x ___ W	____ TOTAL SFT
AREA(S)	____CEILINGS	_____CROWN	_____WALLS	_____TRIM	_____DOORS ____ CLOSET
COLOUR	_____	_____	_____	_____	_____
BASEBOARD ONLY: _____LF	DOOR TRIM ONLY: _____LF		WINDOW TRIM ONLY: ____LF	DOORS ONLY: _____QTY	

BATH 1:	_____H	_____ L x ___ W	_____ L x ___ W	_____ L x ___ W	____ TOTAL SFT
AREA(S)	____CEILINGS	_____CROWN	_____WALLS	_____TRIM	_____DOORS _____CLOSET
COLOUR	_____	_____	_____	_____	_____
BASEBOARD ONLY: _____LF	DOOR TRIM ONLY: _____LF		WINDOW TRIM ONLY: ____LF	DOORS ONLY: _____QTY	

ATH 2: _____H	_____L x ___W	_____L x ___W	_____L x ___W	____TOTAL SFT	
AREA(S) _____CEILINGS	_____CROWN	_____WALLS	_____TRIM	_____DOORS	____CLOSET
COLOUR _____	_____	_____	_____	_____	_____
BASEBOARD ONLY: _____LF	DOOR TRIM ONLY: _____LF	WINDOW TRIM ONLY: _____LF	DOORS ONLY: _____QTY		

POWDER ROOM: _____H ____L x ___W ____L x ___W ____L x ___W ____TOTAL SFT
AREA(S) ____CEILINGS _____CROWN _____WALLS _____TRIM ____DOORS ____CLOSET
COLOUR _____
BASEBOARD ONLY: ____LF DOOR TRIM ONLY: _____LF WINDOW TRIM ONLY: _____LF DOORS ONLY: _____QTY

REC ROOM _____H ____L x ___W ____L x ___W ____L x ___W ____TOTAL SFT
AREA(S) ____CEILINGS _____CROWN _____WALLS _____TRIM ____DOORS ____CLOSET
COLOUR _____
BASEBOARD ONLY: ____LF DOOR TRIM ONLY: _____LF WINDOW TRIM ONLY: _____LF DOORS ONLY: _____QTY

MAIN FLOOR HALL: _____H ____L x ___W ____L x ___W ____L x ___W ____TOTAL SFT
AREA(S) ____CEILINGS _____CROWN _____WALLS _____TRIM ____DOORS ____CLOSET
COLOUR _____
BASEBOARD ONLY: ____LF DOOR TRIM ONLY: _____LF WINDOW TRIM ONLY: _____LF DOORS ONLY: _____QTY

UPPER HALL: _____H ____L x ___W ____L x ___W ____L x ___W ____TOTAL SFT
AREA(S) ____CEILINGS _____CROWN _____WALLS _____TRIM ____DOORS ____CLOSET
COLOUR _____
BASEBOARD ONLY: ____LF DOOR TRIM ONLY: _____LF WINDOW TRIM ONLY: _____LF DOORS ONLY: _____QTY

UPPER STAIRWELL: _____H ____L x ___W ____L x ___W ____L x ___W ____TOTAL SFT
AREA(S) ____CEILINGS _____CROWN _____WALLS _____TRIM ____DOORS ____CLOSET
COLOUR _____
BASEBOARD ONLY: ____LF DOOR TRIM ONLY: _____LF WINDOW TRIM ONLY: _____LF DOORS ONLY: _____QTY

LOWER HALL: _____H ____L x ___W ____L x ___W ____L x ___W ____TOTAL SFT
AREA(S) ____CEILINGS _____CROWN _____WALLS _____TRIM ____DOORS ____CLOSET
COLOUR _____
BASEBOARD ONLY: ____LF DOOR TRIM ONLY: _____LF WINDOW TRIM ONLY: _____LF DOORS ONLY: _____QTY

LOWER STAIRWELL: _____H ____L x ___W ____L x ___W ____L x ___W ____TOTAL SFT
AREA(S) ____CEILINGS _____CROWN _____WALLS _____TRIM ____DOORS ____CLOSET
COLOUR _____
BASEBOARD ONLY: ____LF DOOR TRIM ONLY: _____LF WINDOW TRIM ONLY: _____LF DOORS ONLY: _____QTY

GARAGE: _____H ____L x ___W ____L x ___W ____L x ___W ____TOTAL SFT
AREA(S) ____CEILINGS _____CROWN _____WALLS _____TRIM ____DOORS ____CLOSET
COLOUR _____
BASEBOARD ONLY: ____LF DOOR TRIM ONLY: _____LF WINDOW TRIM ONLY: _____LF DOORS ONLY: _____QTY

NOTES:

STAIRCASE	TREADS #	RISERS #	STRINGERS #	POSTS #	BALUSTERS #	HANDRAIL #
PRIME						
PAINT						
STAIN						
CLEAR COAT						

KITCHEN					
	UPPER CABINET DOORS	BASE CABINETS DOORS	DRAWERS	VANITY	OTHER
PRIME					
PAINT					
STAIN					
CLEAR COAT					

WALLPAPER REMOVAL
ROOM(S) _____
ROOM SIZE _____W x _____L x _____H
BORDER _____YES _____NO

DRAWING

INTERIOR RESIDENTAL PAINTING ESTIMATE FORM

CLIENT CALL DATE: _____ CLIENT CALL BACK DATE: _____

CLIENT SITE VISIT DATE: _____ TIME: _____ CLIENT 2^N CALL BACK DATE: _____

CLIENT NAME: _____ PHONE NUMBER: _____

ADDRESS: _____ EMAIL: _____

CITY: _____ POSTAL CODE _____ OTHER: _____

HOW DID YOU HEAR ABOUT US?   GOOGLE   WEBSITE   MAGAZINE   WORD OF MOUTH   SIGNAGE

CLIENT REFERRAL-NAME: _____ REFERRAL PROGRAM: _____

ESTIMATE DATE: _____ ESTIMATE # _____

REQUESTED START DATE: _____ REQUESTED FINISH DATE: _____

APPROX START DATE: _____ APPROX NUMBER OF DAYS: _____

NOTES:
_____
_____
_____
_____
_____
_____
_____

SPECIAL INSTRUCTIONS:
_____
_____
_____
_____
_____
_____
_____
_____
_____
_____
_____
_____

KITCHEN:	_____H	_____ L x ___ W	_____ L x ___ W	_____ L x ___ W	___ TOTAL SFT
AREA(S)	____CEILINGS	_____CROWN	_____WALLS	_____TRIM	_____DOORS ____CLOSET
COLOUR					
BASEBOARD ONLY: _____LF	DOOR TRIM ONLY: _____LF	WINDOW TRIM ONLY: _____LF	DOORS ONLY: _____QTY		

DINING ROOM:	_____H	_____ L x ___ W	_____ L x ___ W	_____ L x ___ W	____TOTAL SFT
AREA(S)	____CEILINGS	_____CROWN	_____WALLS	_____TRIM	_____DOORS ____ CLOSET
COLOUR					
BASEBOARD ONLY: _____LF	DOOR TRIM ONLY: _____LF	WINDOW TRIM ONLY: ____LF	DOORS ONLY: _____QTY		

PANTRY:	_____H	_____ L x ___ W	_____ L x ___ W	_____ L x ___ W	___ TOTAL SFT
AREA(S)	____CEILINGS	_____CROWN	_____WALLS	_____TRIM	_____DOORS ____CLOSET
COLOUR					
BASEBOARD ONLY: _____LF	DOOR TRIM ONLY: _____LF	WINDOW TRIM ONLY: _____LF	DOORS ONLY: _____QTY		

LIVING ROOM:	_____H	_____ L x ___ W	_____ L x ___ W	_____ L x ___ W	___ TOTAL SFT
AREA(S)	____CEILINGS	_____CROWN	_____WALLS	_____TRIM	_____DOORS ____CLOSET
COLOUR					
BASEBOARD ONLY: _____LF	DOOR TRIM ONLY: _____LF	WINDOW TRIM ONLY: _____LF	DOORS ONLY: _____QTY		

LAUNDRY:	_____H	_____ L x ___ W	_____ L x ___ W	_____ L x ___ W	___ TOTAL SFT
AREA(S)	____CEILINGS	_____CROWN	_____WALLS	_____TRIM	_____DOORS ____ CLOSET
COLOUR					
BASEBOARD ONLY: _____LF	DOOR TRIM ONLY: _____LF	WINDOW TRIM ONLY: _____LF	DOORS ONLY: _____QTY		

MUDROOM:	_____H	_____ L x ___ W	_____ L x ___ W	_____ L x ___ W	___ TOTAL SFT
AREA(S)	____CEILINGS	_____CROWN	_____WALLS	_____TRIM	_____DOORS ___ CLOSET
COLOUR					
BASEBOARD ONLY: _____LF	DOOR TRIM ONLY: _____LF	WINDOW TRIM ONLY: _____LF	DOORS ONLY: _____QTY		

FOYER:	_____H	_____ L x ___ W	_____ L x ___ W	_____ L x ___ W	____TOTAL SFT
AREA(S)	____CEILINGS	_____CROWN	_____WALLS	_____TRIM	_____DOORS ____ CLOSET
COLOUR					
BASEBOARD ONLY: _____LF	DOOR TRIM ONLY: _____LF	WINDOW TRIM ONLY: _____LF	DOORS ONLY: _____QTY		

MASTER BED:	_____H	_____ L x ___ W	_____ L x ___ W	_____ L x ___ W	___ TOTAL SFT
AREA(S)	____CEILINGS	_____CROWN	_____WALLS	_____TRIM	_____DOORS ____CLOSET
COLOUR					
BASEBOARD ONLY: _____LF	DOOR TRIM ONLY: _____LF	WINDOW TRIM ONLY: _____LF	DOORS ONLY: _____QTY		

ENSUITE:	_____H	_____ L x ___ W	_____ L x ___ W	_____ L x ___ W	___ TOTAL SFT
AREA(S)	____CEILINGS	_____CROWN	_____WALLS	_____TRIM	_____DOORS ____ CLOSET
COLOUR					
BASEBOARD ONLY: _____LF	DOOR TRIM ONLY: _____LF	WINDOW TRIM ONLY: _____LF	DOORS ONLY: _____QTY		

BEDROOM 1:	_____H	_____ L x ___ W	_____ L x ___ W	_____ L x ___ W	___ TOTAL SFT
AREA(S)	____CEILINGS	_____CROWN	_____WALLS	_____TRIM	_____DOORS ____ CLOSET
COLOUR					
BASEBOARD ONLY: _____LF	DOOR TRIM ONLY: _____LF	WINDOW TRIM ONLY: _____LF	DOORS ONLY: _____QTY		

BEDROOM 2:	_____H	_____ L x ___ W	_____ L x ___ W	_____ L x ___ W	___ TOTAL SFT
AREA(S)	____CEILINGS	_____CROWN	_____WALLS	_____TRIM	_____DOORS ____ CLOSET
COLOUR					
BASEBOARD ONLY: _____LF	DOOR TRIM ONLY: _____LF	WINDOW TRIM ONLY: _____LF	DOORS ONLY: _____QTY		

BEDROOM 3:	_____H	_____ L x ___ W	_____ L x ___ W	_____ L x ___ W	___ TOTAL SFT
AREA(S)	____CEILINGS	_____CROWN	_____WALLS	_____TRIM	_____DOORS ____CLOSET
COLOUR					
BASEBOARD ONLY: _____LF	DOOR TRIM ONLY: _____LF	WINDOW TRIM ONLY: _____LF	DOORS ONLY: _____QTY		

BEDROOM 4:	_____H	_____ L x ___ W	_____ L x ___ W	_____ L x ___ W	___ TOTAL SFT
AREA(S)	____CEILINGS	_____CROWN	_____WALLS	_____TRIM	_____DOORS ____ CLOSET
COLOUR					
BASEBOARD ONLY: _____LF	DOOR TRIM ONLY: _____LF	WINDOW TRIM ONLY: _____LF	DOORS ONLY: _____QTY		

MAIN BATH:	_____H	_____ L x ___ W	_____ L x ___ W	_____ L x ___ W	___ TOTAL SFT
AREA(S)	____CEILINGS	_____CROWN	_____WALLS	_____TRIM	_____DOORS ____ CLOSET
COLOUR					
BASEBOARD ONLY: _____LF	DOOR TRIM ONLY: _____LF	WINDOW TRIM ONLY: _____LF	DOORS ONLY: _____QTY		

BATH 1:	_____H	_____ L x ___ W	_____ L x ___ W	_____ L x ___ W	___ TOTAL SFT
AREA(S)	____CEILINGS	_____CROWN	_____WALLS	_____TRIM	_____DOORS _____CLOSET
COLOUR					
BASEBOARD ONLY: _____LF	DOOR TRIM ONLY: _____LF	WINDOW TRIM ONLY: _____LF	DOORS ONLY: _____QTY		

ATH 2:	____H	____L x ___W	____L x ___W	____L x ___W	____TOTAL SFT
AREA(S)	____CEILINGS	____CROWN	____WALLS	____TRIM	____DOORS ____CLOSET
COLOUR					
BASEBOARD ONLY: ____LF	DOOR TRIM ONLY: ____LF	WINDOW TRIM ONLY: ____LF	DOORS ONLY: ____QTY		

POWDER ROOM:	____H	____L x ___W	____L x ___W	____L x ___W	____TOTAL SFT
AREA(S)	____CEILINGS	____CROWN	____WALLS	____TRIM	____DOORS ____CLOSET
COLOUR					
BASEBOARD ONLY: ____LF	DOOR TRIM ONLY: ____LF	WINDOW TRIM ONLY: ____LF	DOORS ONLY: ____QTY		

REC ROOM	____H	____L x ___W	____L x ___W	____L x ___W	____TOTAL SFT
AREA(S)	____CEILINGS	____CROWN	____WALLS	____TRIM	____DOORS ____CLOSET
COLOUR					
BASEBOARD ONLY: ____LF	DOOR TRIM ONLY: ____LF	WINDOW TRIM ONLY: ____LF	DOORS ONLY: ____QTY		

MAIN FLOOR HALL:	____H	____L x ___W	____L x ___W	____L x ___W	____TOTAL SFT
AREA(S)	____CEILINGS	____CROWN	____WALLS	____TRIM	____DOORS ____CLOSET
COLOUR					
BASEBOARD ONLY: ____LF	DOOR TRIM ONLY: ____LF	WINDOW TRIM ONLY: ____LF	DOORS ONLY: ____QTY		

UPPER HALL:	____H	____L x ___W	____L x ___W	____L x ___W	____TOTAL SFT
AREA(S)	____CEILINGS	____CROWN	____WALLS	____TRIM	____DOORS ____CLOSET
COLOUR					
BASEBOARD ONLY: ____LF	DOOR TRIM ONLY: ____LF	WINDOW TRIM ONLY: ____LF	DOORS ONLY: ____QTY		

UPPER STAIRWELL:	____H	____L x ___W	____L x ___W	____L x ___W	____TOTAL SFT
AREA(S)	____CEILINGS	____CROWN	____WALLS	____TRIM	____DOORS ____CLOSET
COLOUR					
BASEBOARD ONLY: ____LF	DOOR TRIM ONLY: ____LF	WINDOW TRIM ONLY: ____LF	DOORS ONLY: ____QTY		

LOWER HALL:	____H	____L x ___W	____L x ___W	____L x ___W	____TOTAL SFT
AREA(S)	____CEILINGS	____CROWN	____WALLS	____TRIM	____DOORS ____CLOSET
COLOUR					
BASEBOARD ONLY: ____LF	DOOR TRIM ONLY: ____LF	WINDOW TRIM ONLY: ____LF	DOORS ONLY: ____QTY		

LOWER STAIRWELL:	____H	____L x ___W	____L x ___W	____L x ___W	____TOTAL SFT
AREA(S)	____CEILINGS	____CROWN	____WALLS	____TRIM	____DOORS ____CLOSET
COLOUR					
BASEBOARD ONLY: ____LF	DOOR TRIM ONLY: ____LF	WINDOW TRIM ONLY: ____LF	DOORS ONLY: ____QTY		

GARAGE:	____H	____L x ___W	____L x ___W	____L x ___W	____TOTAL SFT
AREA(S)	____CEILINGS	____CROWN	____WALLS	____TRIM	____DOORS ____CLOSET
COLOUR					
BASEBOARD ONLY: ____LF	DOOR TRIM ONLY: ____LF	WINDOW TRIM ONLY: ____LF	DOORS ONLY: ____QTY		

NOTES:

STAIRCASE	TREADS #	RISERS #	STRINGERS #	POSTS #	BALUSTERS #	HANDRAIL #
PRIME						
PAINT						
STAIN						
CLEAR COAT						

KITCHEN	UPPER CABINET DOORS	BASE CABINETS DOORS	DRAWERS	VANITY	OTHER
PRIME					
PAINT					
STAIN					
CLEAR COAT					

WALLPAPER REMOVAL

ROOM(S) _____

ROOM SIZE _____W x _____L x _____H

BORDER _____YES _____NO

DRAWING

INTERIOR RESIDENTAL PAINTING ESTIMATE FORM

CLIENT CALL DATE: _____   CLIENT CALL BACK DATE: _____

CLIENT SITE VISIT DATE: _____ TIME: _____   CLIENT 2ⁿ CALL BACK DATE: _____

CLIENT NAME: _____   PHONE NUMBER: _____

ADDRESS: _____   EMAIL: _____

CITY: _____ POSTAL CODE _____   OTHER: _____

HOW DID YOU HEAR ABOUT US?   GOOGLE   WEBSITE   MAGAZINE   WORD OF MOUTH   SIGNAGE

CLIENT REFERRAL-NAME: _____   REFERRAL PROGRAM: _____

ESTIMATE DATE: _____   ESTIMATE # _____

REQUESTED START DATE: _____   REQUESTED FINISH DATE: _____

APPROX START DATE: _____   APPROX NUMBER OF DAYS: _____

NOTES:
_____
_____
_____
_____
_____
_____
_____

SPECIAL INSTRUCTIONS:
_____
_____
_____
_____
_____
_____
_____
_____
_____
_____
_____
_____

KITCHEN:	____H	____L x ____W	____L x ____W	____L x ____W	____TOTAL SFT
AREA(S)	____CEILINGS	____CROWN	____WALLS	____TRIM	____DOORS ____CLOSET
COLOUR					
BASEBOARD ONLY: ____LF	DOOR TRIM ONLY: ____LF	WINDOW TRIM ONLY: ____LF	DOORS ONLY: ____QTY		

DINING ROOM:	____H	____L x ____W	____L x ____W	____L x ____W	____TOTAL SFT
AREA(S)	____CEILINGS	____CROWN	____WALLS	____TRIM	____DOORS ____CLOSET
COLOUR					
BASEBOARD ONLY: ____LF	DOOR TRIM ONLY: ____LF	WINDOW TRIM ONLY: ____LF	DOORS ONLY: ____QTY		

PANTRY:	____H	____L x ____W	____L x ____W	____L x ____W	____TOTAL SFT
AREA(S)	____CEILINGS	____CROWN	____WALLS	____TRIM	____DOORS ____CLOSET
COLOUR					
BASEBOARD ONLY: ____LF	DOOR TRIM ONLY: ____LF	WINDOW TRIM ONLY: ____LF	DOORS ONLY: ____QTY		

LIVING ROOM:	____H	____L x ____W	____L x ____W	____L x ____W	____TOTAL SFT
AREA(S)	____CEILINGS	____CROWN	____WALLS	____TRIM	____DOORS ____CLOSET
COLOUR					
BASEBOARD ONLY: ____LF	DOOR TRIM ONLY: ____LF	WINDOW TRIM ONLY: ____LF	DOORS ONLY: ____QTY		

LAUNDRY:	____H	____L x ____W	____L x ____W	____L x ____W	____TOTAL SFT
AREA(S)	____CEILINGS	____CROWN	____WALLS	____TRIM	____DOORS ____CLOSET
COLOUR					
BASEBOARD ONLY: ____LF	DOOR TRIM ONLY: ____LF	WINDOW TRIM ONLY: ____LF	DOORS ONLY: ____QTY		

MUDROOM:	____H	____L x ____W	____L x ____W	____L x ____W	____TOTAL SFT
AREA(S)	____CEILINGS	____CROWN	____WALLS	____TRIM	____DOORS ____CLOSET
COLOUR					
BASEBOARD ONLY: ____LF	DOOR TRIM ONLY: ____LF	WINDOW TRIM ONLY: ____LF	DOORS ONLY: ____QTY		

FOYER:	____H	____L x ____W	____L x ____W	____L x ____W	____TOTAL SFT
AREA(S)	____CEILINGS	____CROWN	____WALLS	____TRIM	____DOORS ____CLOSET
COLOUR					
BASEBOARD ONLY: ____LF	DOOR TRIM ONLY: ____LF	WINDOW TRIM ONLY: ____LF	DOORS ONLY: ____QTY		

MASTER BED:	____H	____L x ____W	____L x ____W	____L x ____W	____TOTAL SFT
AREA(S)	____CEILINGS	____CROWN	____WALLS	____TRIM	____DOORS ____CLOSET
COLOUR					
BASEBOARD ONLY: ____LF	DOOR TRIM ONLY: ____LF	WINDOW TRIM ONLY: ____LF	DOORS ONLY: ____QTY		

ENSUITE:	____H	____L x ____W	____L x ____W	____L x ____W	____TOTAL SFT
AREA(S)	____CEILINGS	____CROWN	____WALLS	____TRIM	____DOORS ____CLOSET
COLOUR					
BASEBOARD ONLY: ____LF	DOOR TRIM ONLY: ____LF	WINDOW TRIM ONLY: ____LF	DOORS ONLY: ____QTY		

BEDROOM 1:	____H	____L x ____W	____L x ____W	____L x ____W	____TOTAL SFT
AREA(S)	____CEILINGS	____CROWN	____WALLS	____TRIM	____DOORS ____CLOSET
COLOUR					
BASEBOARD ONLY: ____LF	DOOR TRIM ONLY: ____LF	WINDOW TRIM ONLY: ____LF	DOORS ONLY: ____QTY		

BEDROOM 2:	____H	____L x ____W	____L x ____W	____L x ____W	____TOTAL SFT
AREA(S)	____CEILINGS	____CROWN	____WALLS	____TRIM	____DOORS ____CLOSET
COLOUR					
BASEBOARD ONLY: ____LF	DOOR TRIM ONLY: ____LF	WINDOW TRIM ONLY: ____LF	DOORS ONLY: ____QTY		

BEDROOM 3:	____H	____L x ____W	____L x ____W	____L x ____W	____TOTAL SFT
AREA(S)	____CEILINGS	____CROWN	____WALLS	____TRIM	____DOORS ____CLOSET
COLOUR					
BASEBOARD ONLY: ____LF	DOOR TRIM ONLY: ____LF	WINDOW TRIM ONLY: ____LF	DOORS ONLY: ____QTY		

BEDROOM 4:	____H	____L x ____W	____L x ____W	____L x ____W	____TOTAL SFT
AREA(S)	____CEILINGS	____CROWN	____WALLS	____TRIM	____DOORS ____CLOSET
COLOUR					
BASEBOARD ONLY: ____LF	DOOR TRIM ONLY: ____LF	WINDOW TRIM ONLY: ____LF	DOORS ONLY: ____QTY		

MAIN BATH:	____H	____L x ____W	____L x ____W	____L x ____W	____TOTAL SFT
AREA(S)	____CEILINGS	____CROWN	____WALLS	____TRIM	____DOORS ____CLOSET
COLOUR					
BASEBOARD ONLY: ____LF	DOOR TRIM ONLY: ____LF	WINDOW TRIM ONLY: ____LF	DOORS ONLY: ____QTY		

BATH 1:	____H	____L x ____W	____L x ____W	____L x ____W	____TOTAL SFT
AREA(S)	____CEILINGS	____CROWN	____WALLS	____TRIM	____DOORS ____CLOSET
COLOUR					
BASEBOARD ONLY: ____LF	DOOR TRIM ONLY: ____LF	WINDOW TRIM ONLY: ____LF	DOORS ONLY: ____QTY		

ATH 2: ____H	____L x ____W	____L x ____W	____L x ____W	____TOTAL SFT	
AREA(S) ____CEILINGS	____CROWN	____WALLS	____TRIM	____DOORS	____CLOSET
COLOUR _____	_____	_____	_____	_____	_____
BASEBOARD ONLY: ____LF	DOOR TRIM ONLY: ____LF	WINDOW TRIM ONLY: ____LF	DOORS ONLY: ____QTY		
POWDER ROOM: ____H	____L x ____W	____L x ____W	____L x ____W	____TOTAL SFT	
AREA(S) ____CEILINGS	____CROWN	____WALLS	____TRIM	____DOORS	____CLOSET
COLOUR _____	_____	_____	_____	_____	_____
BASEBOARD ONLY: ____LF	DOOR TRIM ONLY: ____LF	WINDOW TRIM ONLY: ____LF	DOORS ONLY: ____QTY		
REC ROOM ____H	____L x ____W	____L x ____W	____L x ____W	____TOTAL SFT	
AREA(S) ____CEILINGS	____CROWN	____WALLS	____TRIM	____DOORS	____CLOSET
COLOUR _____	_____	_____	_____	_____	_____
BASEBOARD ONLY: ____LF	DOOR TRIM ONLY: ____LF	WINDOW TRIM ONLY: ____LF	DOORS ONLY: ____QTY		
MAIN FLOOR HALL: ____H	____L x ____W	____L x ____W	____L x ____W	____TOTAL SFT	
AREA(S) ____CEILINGS	____CROWN	____WALLS	____TRIM	____DOORS	____CLOSET
COLOUR _____	_____	_____	_____	_____	_____
BASEBOARD ONLY: ____LF	DOOR TRIM ONLY: ____LF	WINDOW TRIM ONLY: ____LF	DOORS ONLY: ____QTY		
UPPER HALL: ____H	____L x ____W	____L x ____W	____L x ____W	____TOTAL SFT	
AREA(S) ____CEILINGS	____CROWN	____WALLS	____TRIM	____DOORS	____CLOSET
COLOUR _____	_____	_____	_____	_____	_____
BASEBOARD ONLY: ____LF	DOOR TRIM ONLY: ____LF	WINDOW TRIM ONLY: ____LF	DOORS ONLY: ____QTY		
UPPER STAIRWELL: ____H	____L x ____W	____L x ____W	____L x ____W	____TOTAL SFT	
AREA(S) ____CEILINGS	____CROWN	____WALLS	____TRIM	____DOORS	____CLOSET
COLOUR _____	_____	_____	_____	_____	_____
BASEBOARD ONLY: ____LF	DOOR TRIM ONLY: ____LF	WINDOW TRIM ONLY: ____LF	DOORS ONLY: ____QTY		
LOWER HALL: ____H	____L x ____W	____L x ____W	____L x ____W	____TOTAL SFT	
AREA(S) ____CEILINGS	____CROWN	____WALLS	____TRIM	____DOORS	____CLOSET
COLOUR _____	_____	_____	_____	_____	_____
BASEBOARD ONLY: ____LF	DOOR TRIM ONLY: ____LF	WINDOW TRIM ONLY: ____LF	DOORS ONLY: ____QTY		
LOWER STAIRWELL: ____H	____L x ____W	____L x ____W	____L x ____W	____TOTAL SFT	
AREA(S) ____CEILINGS	____CROWN	____WALLS	____TRIM	____DOORS	____CLOSET
COLOUR _____	_____	_____	_____	_____	_____
BASEBOARD ONLY: ____LF	DOOR TRIM ONLY: ____LF	WINDOW TRIM ONLY: ____LF	DOORS ONLY: ____QTY		
GARAGE: ____H	____L x ____W	____L x ____W	____L x ____W	____TOTAL SFT	
AREA(S) ____CEILINGS	____CROWN	____WALLS	____TRIM	____DOORS	____CLOSET
COLOUR _____	_____	_____	_____	_____	_____
BASEBOARD ONLY: ____LF	DOOR TRIM ONLY: ____LF	WINDOW TRIM ONLY: ____LF	DOORS ONLY: ____QTY		

NOTES:

STAIRCASE	TREADS #	RISERS #	STRINGERS #	POSTS #	BALUSTERS #	HANDRAIL #
PRIME						
PAINT						
STAIN						
CLEAR COAT						

KITCHEN					
	UPPER CABINET DOORS	BASE CABINETS DOORS	DRAWERS	VANITY	OTHER
PRIME					
PAINT					
STAIN					
CLEAR COAT					

WALLPAPER REMOVAL

ROOM(S) _____

ROOM SIZE _____W x _____L x _____H

BORDER _____YES _____NO

DRAWING

INTERIOR RESIDENTAL PAINTING ESTIMATE FORM

CLIENT CALL DATE: _____ CLIENT CALL BACK DATE: _____

CLIENT SITE VISIT DATE: _____ TIME: _____ CLIENT 2ᴺ CALL BACK DATE: _____

CLIENT NAME: _____ PHONE NUMBER: _____

ADDRESS: _____ EMAIL: _____

CITY: _____ POSTAL CODE _____ OTHER: _____

HOW DID YOU HEAR ABOUT US?   GOOGLE   WEBSITE   MAGAZINE   WORD OF MOUTH   SIGNAGE

CLIENT REFERRAL-NAME: _____ REFERRAL PROGRAM: _____

ESTIMATE DATE: _____ ESTIMATE # _____

REQUESTED START DATE: _____ REQUESTED FINISH DATE: _____

APPROX START DATE: _____ APPROX NUMBER OF DAYS: _____

NOTES:
_____
_____
_____
_____
_____
_____
_____

SPECIAL INSTRUCTIONS:
_____
_____
_____
_____
_____
_____
_____
_____
_____
_____
_____

KITCHEN: ____H	____ L x ____ W	____ L x ____ W	____ L x ____ W	____ TOTAL SFT	
AREA(S) ____CEILINGS	____CROWN	____WALLS	____TRIM	____DOORS	____CLOSET
COLOUR _____	_____	_____	_____	_____	_____
BASEBOARD ONLY: ____LF	DOOR TRIM ONLY: ____LF	WINDOW TRIM ONLY: ____LF	DOORS ONLY: ____QTY		

DINING ROOM: ____H	____ L x ____ W	____ L x ____ W	____ L x ____ W	____ TOTAL SFT	
AREA(S) ____CEILINGS	____CROWN	____WALLS	____TRIM	____DOORS	____CLOSET
COLOUR _____	_____	_____	_____	_____	_____
BASEBOARD ONLY: ____LF	DOOR TRIM ONLY: ____LF	WINDOW TRIM ONLY: ____LF	DOORS ONLY: ____QTY		

PANTRY: ____H	____ L x ____ W	____ L x ____ W	____ L x ____ W	____ TOTAL SFT	
AREA(S) ____CEILINGS	____CROWN	____WALLS	____TRIM	____DOORS	____CLOSET
COLOUR _____	_____	_____	_____	_____	_____
BASEBOARD ONLY: ____LF	DOOR TRIM ONLY: ____LF	WINDOW TRIM ONLY: ____LF	DOORS ONLY: ____QTY		

LIVING ROOM: ____H	____ L x ____ W	____ L x ____ W	____ L x ____ W	____ TOTAL SFT	
AREA(S) ____CEILINGS	____CROWN	____WALLS	____TRIM	____DOORS	____CLOSET
COLOUR _____	_____	_____	_____	_____	_____
BASEBOARD ONLY: ____LF	DOOR TRIM ONLY: ____LF	WINDOW TRIM ONLY: ____LF	DOORS ONLY: ____QTY		

LAUNDRY: ____H	____ L x ____ W	____ L x ____ W	____ L x ____ W	____ TOTAL SFT	
AREA(S) ____CEILINGS	____CROWN	____WALLS	____TRIM	____DOORS	____CLOSET
COLOUR _____	_____	_____	_____	_____	_____
BASEBOARD ONLY: ____LF	DOOR TRIM ONLY: ____LF	WINDOW TRIM ONLY: ____LF	DOORS ONLY: ____QTY		

MUDROOM: ____H	____ L x ____ W	____ L x ____ W	____ L x ____ W	____ TOTAL SFT	
AREA(S) ____CEILINGS	____CROWN	____WALLS	____TRIM	____DOORS	____CLOSET
COLOUR _____	_____	_____	_____	_____	_____
BASEBOARD ONLY: ____LF	DOOR TRIM ONLY: ____LF	WINDOW TRIM ONLY: ____LF	DOORS ONLY: ____QTY		

FOYER: ____H	____ L x ____ W	____ L x ____ W	____ L x ____ W	____ TOTAL SFT	
AREA(S) ____CEILINGS	____CROWN	____WALLS	____TRIM	____DOORS	____CLOSET
COLOUR _____	_____	_____	_____	_____	_____
BASEBOARD ONLY: ____LF	DOOR TRIM ONLY: ____LF	WINDOW TRIM ONLY: ____LF	DOORS ONLY: ____QTY		

MASTER BED: ____H	____ L x ____ W	____ L x ____ W	____ L x ____ W	____ TOTAL SFT	
AREA(S) ____CEILINGS	____CROWN	____WALLS	____TRIM	____DOORS	____CLOSET
COLOUR _____	_____	_____	_____	_____	_____
BASEBOARD ONLY: ____LF	DOOR TRIM ONLY: ____LF	WINDOW TRIM ONLY: ____LF	DOORS ONLY: ____QTY		

ENSUITE: ____H	____ L x ____ W	____ L x ____ W	____ L x ____ W	____ TOTAL SFT	
AREA(S) ____CEILINGS	____CROWN	____WALLS	____TRIM	____DOORS	____CLOSET
COLOUR _____	_____	_____	_____	_____	_____
BASEBOARD ONLY: ____LF	DOOR TRIM ONLY: ____LF	WINDOW TRIM ONLY: ____LF	DOORS ONLY: ____QTY		

BEDROOM 1: ____H	____ L x ____ W	____ L x ____ W	____ L x ____ W	____ TOTAL SFT	
AREA(S) ____CEILINGS	____CROWN	____WALLS	____TRIM	____DOORS	____CLOSET
COLOUR _____	_____	_____	_____	_____	_____
BASEBOARD ONLY: ____LF	DOOR TRIM ONLY: ____LF	WINDOW TRIM ONLY: ____LF	DOORS ONLY: ____QTY		

BEDROOM 2: ____H	____ L x ____ W	____ L x ____ W	____ L x ____ W	____ TOTAL SFT	
AREA(S) ____CEILINGS	____CROWN	____WALLS	____TRIM	____DOORS	____CLOSET
COLOUR _____	_____	_____	_____	_____	_____
BASEBOARD ONLY: ____LF	DOOR TRIM ONLY: ____LF	WINDOW TRIM ONLY: ____LF	DOORS ONLY: ____QTY		

BEDROOM 3: ____H	____ L x ____ W	____ L x ____ W	____ L x ____ W	____ TOTAL SFT	
AREA(S) ____CEILINGS	____CROWN	____WALLS	____TRIM	____DOORS	____CLOSET
COLOUR _____	_____	_____	_____	_____	_____
BASEBOARD ONLY: ____LF	DOOR TRIM ONLY: ____LF	WINDOW TRIM ONLY: ____LF	DOORS ONLY: ____QTY		

BEDROOM 4: ____H	____ L x ____ W	____ L x ____ W	____ L x ____ W	____ TOTAL SFT	
AREA(S) ____CEILINGS	____CROWN	____WALLS	____TRIM	____DOORS	____CLOSET
COLOUR _____	_____	_____	_____	_____	_____
BASEBOARD ONLY: ____LF	DOOR TRIM ONLY: ____LF	WINDOW TRIM ONLY: ____LF	DOORS ONLY: ____QTY		

MAIN BATH: ____H	____ L x ____ W	____ L x ____ W	____ L x ____ W	____ TOTAL SFT	
AREA(S) ____CEILINGS	____CROWN	____WALLS	____TRIM	____DOORS	____CLOSET
COLOUR _____	_____	_____	_____	_____	_____
BASEBOARD ONLY: ____LF	DOOR TRIM ONLY: ____LF	WINDOW TRIM ONLY: ____LF	DOORS ONLY: ____QTY		

BATH 1: ____H	____ L x ____ W	____ L x ____ W	____ L x ____ W	____ TOTAL SFT	
AREA(S) ____CEILINGS	____CROWN	____WALLS	____TRIM	____DOORS	____CLOSET
COLOUR _____	_____	_____	_____	_____	_____
BASEBOARD ONLY: ____LF	DOOR TRIM ONLY: ____LF	WINDOW TRIM ONLY: ____LF	DOORS ONLY: ____QTY		

ATH 2: _____H	_____L x ___W	_____L x ___W	_____L x ___W	_____TOTAL SFT	
AREA(S) _____CEILINGS	_____CROWN	_____WALLS	_____TRIM	_____DOORS	_____CLOSET
COLOUR _____	_____	_____	_____	_____	_____
BASEBOARD ONLY: _____LF	DOOR TRIM ONLY: _____LF	WINDOW TRIM ONLY: _____LF	DOORS ONLY: _____QTY		
POWDER ROOM: _____H	_____L x ___W	_____L x ___W	_____L x ___W	_____TOTAL SFT	
AREA(S) _____CEILINGS	_____CROWN	_____WALLS	_____TRIM	_____DOORS	_____CLOSET
COLOUR _____	_____	_____	_____	_____	_____
BASEBOARD ONLY: _____LF	DOOR TRIM ONLY: _____LF	WINDOW TRIM ONLY: _____LF	DOORS ONLY: _____QTY		
REC ROOM _____H	_____L x ___W	_____L x ___W	_____L x ___W	_____TOTAL SFT	
AREA(S) _____CEILINGS	_____CROWN	_____WALLS	_____TRIM	_____DOORS	_____CLOSET
COLOUR _____	_____	_____	_____	_____	_____
BASEBOARD ONLY: _____LF	DOOR TRIM ONLY: _____LF	WINDOW TRIM ONLY: _____LF	DOORS ONLY: _____QTY		
MAIN FLOOR HALL: _____H	_____L x ___W	_____L x ___W	_____L x ___W	_____TOTAL SFT	
AREA(S) _____CEILINGS	_____CROWN	_____WALLS	_____TRIM	_____DOORS	_____CLOSET
COLOUR _____	_____	_____	_____	_____	_____
BASEBOARD ONLY: _____LF	DOOR TRIM ONLY: _____LF	WINDOW TRIM ONLY: _____LF	DOORS ONLY: _____QTY		
UPPER HALL: _____H	_____L x ___W	_____L x ___W	_____L x ___W	_____TOTAL SFT	
AREA(S) _____CEILINGS	_____CROWN	_____WALLS	_____TRIM	_____DOORS	_____CLOSET
COLOUR _____	_____	_____	_____	_____	_____
BASEBOARD ONLY: _____LF	DOOR TRIM ONLY: _____LF	WINDOW TRIM ONLY: _____LF	DOORS ONLY: _____QTY		
UPPER STAIRWELL: _____H	_____L x ___W	_____L x ___W	_____L x ___W	_____TOTAL SFT	
AREA(S) _____CEILINGS	_____CROWN	_____WALLS	_____TRIM	_____DOORS	_____CLOSET
COLOUR _____	_____	_____	_____	_____	_____
BASEBOARD ONLY: _____LF	DOOR TRIM ONLY: _____LF	WINDOW TRIM ONLY: _____LF	DOORS ONLY: _____QTY		
LOWER HALL: _____H	_____L x ___W	_____L x ___W	_____L x ___W	_____TOTAL SFT	
AREA(S) _____CEILINGS	_____CROWN	_____WALLS	_____TRIM	_____DOORS	_____CLOSET
COLOUR _____	_____	_____	_____	_____	_____
BASEBOARD ONLY: _____LF	DOOR TRIM ONLY: _____LF	WINDOW TRIM ONLY: _____LF	DOORS ONLY: _____QTY		
LOWER STAIRWELL: _____H	_____L x ___W	_____L x ___W	_____L x ___W	_____TOTAL SFT	
AREA(S) _____CEILINGS	_____CROWN	_____WALLS	_____TRIM	_____DOORS	_____CLOSET
COLOUR _____	_____	_____	_____	_____	_____
BASEBOARD ONLY: _____LF	DOOR TRIM ONLY: _____LF	WINDOW TRIM ONLY: _____LF	DOORS ONLY: _____QTY		
GARAGE: _____H	_____L x ___W	_____L x ___W	_____L x ___W	_____TOTAL SFT	
AREA(S) _____CEILINGS	_____CROWN	_____WALLS	_____TRIM	_____DOORS	_____CLOSET
COLOUR _____	_____	_____	_____	_____	_____
BASEBOARD ONLY: _____LF	DOOR TRIM ONLY: _____LF	WINDOW TRIM ONLY: _____LF	DOORS ONLY: _____QTY		

NOTES:

STAIRCASE	TREADS #	RISERS #	STRINGERS #	POSTS #	BALUSTERS #	HANDRAIL #
PRIME						
PAINT						
STAIN						
CLEAR COAT						

KITCHEN	UPPER CABINET DOORS	BASE CABINETS DOORS	DRAWERS	VANITY	OTHER
PRIME					
PAINT					
STAIN					
CLEAR COAT					

WALLPAPER REMOVAL

ROOM(S) _____

ROOM SIZE _____W x _____L x _____H

BORDER _____YES _____NO

DRAWING

INTERIOR RESIDENTAL PAINTING ESTIMATE FORM

CLIENT CALL DATE: _____ CLIENT CALL BACK DATE: _____

CLIENT SITE VISIT DATE: _____ TIME: _____ CLIENT 2ᴺ CALL BACK DATE: _____

CLIENT NAME: _____ PHONE NUMBER: _____

ADDRESS: _____ EMAIL: _____

CITY: _____POSTAL CODE_____ OTHER: _____

HOW DID YOU HEAR ABOUT US?   GOOGLE   WEBSITE   MAGAZINE   WORD OF MOUTH   SIGNAGE

CLIENT REFERRAL-NAME: _____ REFERRAL PROGRAM: _____

ESTIMATE DATE: _____ ESTIMATE # _____

REQUESTED START DATE: _____ REQUESTED FINISH DATE: _____

APPROX START DATE: _____ APPROX NUMBER OF DAYS: _____

NOTES:
_____
_____
_____
_____
_____
_____
_____

SPECIAL INSTRUCTIONS:
_____
_____
_____
_____
_____
_____
_____
_____
_____
_____
_____
_____

KITCHEN:	_____H	_____L x ____W	_____L x ____W	_____L x ____W	____TOTAL SFT
AREA(S)	____CEILINGS	_____CROWN	_____WALLS	_____TRIM	_____DOORS ____CLOSET
COLOUR	_____				
BASEBOARD ONLY: _____LF	DOOR TRIM ONLY: _____LF	WINDOW TRIM ONLY: _____LF		DOORS ONLY: _____QTY	

DINING ROOM:	_____H	_____L x ____W	_____L x ____W	_____L x ____W	____TOTAL SFT
AREA(S)	____CEILINGS	_____CROWN	_____WALLS	_____TRIM	_____DOORS ____CLOSET
COLOUR					
BASEBOARD ONLY: _____LF	DOOR TRIM ONLY: _____LF	WINDOW TRIM ONLY: _____LF		DOORS ONLY: _____QTY	

PANTRY:	_____H	_____L x ____W	_____L x ____W	_____L x ____W	____TOTAL SFT
AREA(S)	____CEILINGS	_____CROWN	_____WALLS	_____TRIM	_____DOORS ____CLOSET
COLOUR					
BASEBOARD ONLY: _____LF	DOOR TRIM ONLY: _____LF	WINDOW TRIM ONLY: _____LF		DOORS ONLY: _____QTY	

LIVING ROOM:	_____H	_____L x ____W	_____L x ____W	_____L x ____W	____TOTAL SFT
AREA(S)	____CEILINGS	_____CROWN	_____WALLS	_____TRIM	_____DOORS ____CLOSET
COLOUR					
BASEBOARD ONLY: _____LF	DOOR TRIM ONLY: _____LF	WINDOW TRIM ONLY: _____LF		DOORS ONLY: _____QTY	

LAUNDRY:	_____H	_____L x ____W	_____L x ____W	_____L x ____W	____TOTAL SFT
AREA(S)	____CEILINGS	_____CROWN	_____WALLS	_____TRIM	_____DOORS ____CLOSET
COLOUR					
BASEBOARD ONLY: _____LF	DOOR TRIM ONLY: _____LF	WINDOW TRIM ONLY: _____LF		DOORS ONLY: _____QTY	

MUDROOM:	_____H	_____L x ____W	_____L x ____W	_____L x ____W	____TOTAL SFT
AREA(S)	____CEILINGS	_____CROWN	_____WALLS	_____TRIM	_____DOORS ____CLOSET
COLOUR					
BASEBOARD ONLY: _____LF	DOOR TRIM ONLY: _____LF	WINDOW TRIM ONLY: _____LF		DOORS ONLY: _____QTY	

FOYER:	_____H	_____L x ____W	_____L x ____W	_____L x ____W	____TOTAL SFT
AREA(S)	____CEILINGS	_____CROWN	_____WALLS	_____TRIM	_____DOORS ____CLOSET
COLOUR					
BASEBOARD ONLY: _____LF	DOOR TRIM ONLY: _____LF	WINDOW TRIM ONLY: _____LF		DOORS ONLY: _____QTY	

MASTER BED:	_____H	_____L x ____W	_____L x ____W	_____L x ____W	____TOTAL SFT
AREA(S)	____CEILINGS	_____CROWN	_____WALLS	_____TRIM	_____DOORS ____CLOSET
COLOUR					
BASEBOARD ONLY: _____LF	DOOR TRIM ONLY: _____LF	WINDOW TRIM ONLY: _____LF		DOORS ONLY: _____QTY	

ENSUITE:	_____H	_____L x ____W	_____L x ____W	_____L x ____W	____TOTAL SFT
AREA(S)	____CEILINGS	_____CROWN	_____WALLS	_____TRIM	_____DOORS ____CLOSET
COLOUR					
BASEBOARD ONLY: _____LF	DOOR TRIM ONLY: _____LF	WINDOW TRIM ONLY: _____LF		DOORS ONLY: _____QTY	

BEDROOM 1:	_____H	_____L x ____W	_____L x ____W	_____L x ____W	____TOTAL SFT
AREA(S)	____CEILINGS	_____CROWN	_____WALLS	_____TRIM	_____DOORS ____CLOSET
COLOUR					
BASEBOARD ONLY: _____LF	DOOR TRIM ONLY: _____LF	WINDOW TRIM ONLY: _____LF		DOORS ONLY: _____QTY	

BEDROOM 2:	_____H	_____L x ____W	_____L x ____W	_____L x ____W	____TOTAL SFT
AREA(S)	____CEILINGS	_____CROWN	_____WALLS	_____TRIM	_____DOORS ____CLOSET
COLOUR					
BASEBOARD ONLY: _____LF	DOOR TRIM ONLY: _____LF	WINDOW TRIM ONLY: _____LF		DOORS ONLY: _____QTY	

BEDROOM 3:	_____H	_____L x ____W	_____L x ____W	_____L x ____W	____TOTAL SFT
AREA(S)	____CEILINGS	_____CROWN	_____WALLS	_____TRIM	_____DOORS ____CLOSET
COLOUR					
BASEBOARD ONLY: _____LF	DOOR TRIM ONLY: _____LF	WINDOW TRIM ONLY: _____LF		DOORS ONLY: _____QTY	

BEDROOM 4:	_____H	_____L x ____W	_____L x ____W	_____L x ____W	____TOTAL SFT
AREA(S)	____CEILINGS	_____CROWN	_____WALLS	_____TRIM	_____DOORS ____CLOSET
COLOUR					
BASEBOARD ONLY: _____LF	DOOR TRIM ONLY: _____LF	WINDOW TRIM ONLY: _____LF		DOORS ONLY: _____QTY	

MAIN BATH:	_____H	_____L x ____W	_____L x ____W	_____L x ____W	____TOTAL SFT
AREA(S)	____CEILINGS	_____CROWN	_____WALLS	_____TRIM	_____DOORS ____CLOSET
COLOUR					
BASEBOARD ONLY: _____LF	DOOR TRIM ONLY: _____LF	WINDOW TRIM ONLY: _____LF		DOORS ONLY: _____QTY	

BATH 1:	_____H	_____L x ____W	_____L x ____W	_____L x ____W	____TOTAL SFT
AREA(S)	____CEILINGS	_____CROWN	_____WALLS	_____TRIM	_____DOORS ____CLOSET
COLOUR					
BASEBOARD ONLY: _____LF	DOOR TRIM ONLY: _____LF	WINDOW TRIM ONLY: _____LF		DOORS ONLY: _____QTY	

ATH 2:	___H	___L x ___W	___L x ___W	___L x ___W	___TOTAL SFT
AREA(S) ___CEILINGS	___CROWN	___WALLS	___TRIM	___DOORS	___CLOSET
COLOUR					
BASEBOARD ONLY: ___LF	DOOR TRIM ONLY: ___LF	WINDOW TRIM ONLY: ___LF		DOORS ONLY: ___QTY	

POWDER ROOM:	___H	___L x ___W	___L x ___W	___L x ___W	___TOTAL SFT
AREA(S) ___CEILINGS	___CROWN	___WALLS	___TRIM	___DOORS	___CLOSET
COLOUR					
BASEBOARD ONLY: ___LF	DOOR TRIM ONLY: ___LF	WINDOW TRIM ONLY: ___LF		DOORS ONLY: ___QTY	

REC ROOM	___H	___L x ___W	___L x ___W	___L x ___W	___TOTAL SFT
AREA(S) ___CEILINGS	___CROWN	___WALLS	___TRIM	___DOORS	___CLOSET
COLOUR					
BASEBOARD ONLY: ___LF	DOOR TRIM ONLY: ___LF	WINDOW TRIM ONLY: ___LF		DOORS ONLY: ___QTY	

MAIN FLOOR HALL:	___H	___L x ___W	___L x ___W	___L x ___W	___TOTAL SFT
AREA(S) ___CEILINGS	___CROWN	___WALLS	___TRIM	___DOORS	___CLOSET
COLOUR					
BASEBOARD ONLY: ___LF	DOOR TRIM ONLY: ___LF	WINDOW TRIM ONLY: ___LF		DOORS ONLY: ___QTY	

UPPER HALL:	___H	___L x ___W	___L x ___W	___L x ___W	___TOTAL SFT
AREA(S) ___CEILINGS	___CROWN	___WALLS	___TRIM	___DOORS	___CLOSET
COLOUR					
BASEBOARD ONLY: ___LF	DOOR TRIM ONLY: ___LF	WINDOW TRIM ONLY: ___LF		DOORS ONLY: ___QTY	

UPPER STAIRWELL:	___H	___L x ___W	___L x ___W	___L x ___W	___TOTAL SFT
AREA(S) ___CEILINGS	___CROWN	___WALLS	___TRIM	___DOORS	___CLOSET
COLOUR					
BASEBOARD ONLY: ___LF	DOOR TRIM ONLY: ___LF	WINDOW TRIM ONLY: ___LF		DOORS ONLY: ___QTY	

LOWER HALL:	___H	___L x ___W	___L x ___W	___L x ___W	___TOTAL SFT
AREA(S) ___CEILINGS	___CROWN	___WALLS	___TRIM	___DOORS	___CLOSET
COLOUR					
BASEBOARD ONLY: ___LF	DOOR TRIM ONLY: ___LF	WINDOW TRIM ONLY: ___LF		DOORS ONLY: ___QTY	

LOWER STAIRWELL:	___H	___L x ___W	___L x ___W	___L x ___W	___TOTAL SFT
AREA(S) ___CEILINGS	___CROWN	___WALLS	___TRIM	___DOORS	___CLOSET
COLOUR					
BASEBOARD ONLY: ___LF	DOOR TRIM ONLY: ___LF	WINDOW TRIM ONLY: ___LF		DOORS ONLY: ___QTY	

GARAGE:	___H	___L x ___W	___L x ___W	___L x ___W	___TOTAL SFT
AREA(S) ___CEILINGS	___CROWN	___WALLS	___TRIM	___DOORS	___CLOSET
COLOUR					
BASEBOARD ONLY: ___LF	DOOR TRIM ONLY: ___LF	WINDOW TRIM ONLY: ___LF		DOORS ONLY: ___QTY	

NOTES:

STAIRCASE	TREADS #	RISERS #	STRINGERS #	POSTS #	BALUSTERS #	HANDRAIL #
PRIME						
PAINT						
STAIN						
CLEAR COAT						

KITCHEN	UPPER CABINET DOORS	BASE CABINETS DOORS	DRAWERS	VANITY	OTHER
PRIME					
PAINT					
STAIN					
CLEAR COAT					

WALLPAPER REMOVAL

ROOM(S) _____

ROOM SIZE _____ W x _____ L x _____ H

BORDER _____ YES _____ NO

DRAWING

INTERIOR RESIDENTAL PAINTING ESTIMATE FORM

CLIENT CALL DATE: _____   CLIENT CALL BACK DATE: _____

CLIENT SITE VISIT DATE: _____ TIME: _____   CLIENT 2ⁿ CALL BACK DATE: _____

CLIENT NAME: _____   PHONE NUMBER: _____

ADDRESS: _____   EMAIL: _____

CITY: _____ POSTAL CODE _____   OTHER: _____

HOW DID YOU HEAR ABOUT US?   GOOGLE   WEBSITE   MAGAZINE   WORD OF MOUTH   SIGNAGE

CLIENT REFERRAL-NAME: _____   REFERRAL PROGRAM: _____

ESTIMATE DATE: _____   ESTIMATE # _____

REQUESTED START DATE: _____   REQUESTED FINISH DATE: _____

APPROX START DATE: _____   APPROX NUMBER OF DAYS: _____

NOTES:
_____
_____
_____
_____
_____
_____
_____
_____

SPECIAL INSTRUCTIONS:
_____
_____
_____
_____
_____
_____
_____
_____
_____
_____
_____
_____
_____

KITCHEN:	____H	____L x ___W	____L x ___W	____L x ___W	____TOTAL SFT
AREA(S)	____CEILINGS	____CROWN	____WALLS	____TRIM	____DOORS ____CLOSET
COLOUR					
BASEBOARD ONLY: ____LF	DOOR TRIM ONLY: ____LF		WINDOW TRIM ONLY: ____LF	DOORS ONLY: ____QTY	
DINING ROOM:	____H	____L x ___W	____L x ___W	____L x ___W	____TOTAL SFT
AREA(S)	____CEILINGS	____CROWN	____WALLS	____TRIM	____DOORS ____CLOSET
COLOUR					
BASEBOARD ONLY: ____LF	DOOR TRIM ONLY: ____LF		WINDOW TRIM ONLY: ____LF	DOORS ONLY: ____QTY	
PANTRY:	____H	____L x ___W	____L x ___W	____L x ___W	____TOTAL SFT
AREA(S)	____CEILINGS	____CROWN	____WALLS	____TRIM	____DOORS ____CLOSET
COLOUR					
BASEBOARD ONLY: ____LF	DOOR TRIM ONLY: ____LF		WINDOW TRIM ONLY: ____LF	DOORS ONLY: ____QTY	
LIVING ROOM:	____H	____L x ___W	____L x ___W	____L x ___W	____TOTAL SFT
AREA(S)	____CEILINGS	____CROWN	____WALLS	____TRIM	____DOORS ____CLOSET
COLOUR					
BASEBOARD ONLY: ____LF	DOOR TRIM ONLY: ____LF		WINDOW TRIM ONLY: ____LF	DOORS ONLY: ____QTY	
LAUNDRY:	____H	____L x ___W	____L x ___W	____L x ___W	____TOTAL SFT
AREA(S)	____CEILINGS	____CROWN	____WALLS	____TRIM	____DOORS ____CLOSET
COLOUR					
BASEBOARD ONLY: ____LF	DOOR TRIM ONLY: ____LF		WINDOW TRIM ONLY: ____LF	DOORS ONLY: ____QTY	
MUDROOM:	____H	____L x ___W	____L x ___W	____L x ___W	____TOTAL SFT
AREA(S)	____CEILINGS	____CROWN	____WALLS	____TRIM	____DOORS ____CLOSET
COLOUR					
BASEBOARD ONLY: ____LF	DOOR TRIM ONLY: ____LF		WINDOW TRIM ONLY: ____LF	DOORS ONLY: ____QTY	
FOYER:	____H	____L x ___W	____L x ___W	____L x ___W	____TOTAL SFT
AREA(S)	____CEILINGS	____CROWN	____WALLS	____TRIM	____DOORS ____CLOSET
COLOUR					
BASEBOARD ONLY: ____LF	DOOR TRIM ONLY: ____LF		WINDOW TRIM ONLY: ____LF	DOORS ONLY: ____QTY	
MASTER BED:	____H	____L x ___W	____L x ___W	____L x ___W	____TOTAL SFT
AREA(S)	____CEILINGS	____CROWN	____WALLS	____TRIM	____DOORS ____CLOSET
COLOUR					
BASEBOARD ONLY: ____LF	DOOR TRIM ONLY: ____LF		WINDOW TRIM ONLY: ____LF	DOORS ONLY: ____QTY	
ENSUITE:	____H	____L x ___W	____L x ___W	____L x ___W	____TOTAL SFT
AREA(S)	____CEILINGS	____CROWN	____WALLS	____TRIM	____DOORS ____CLOSET
COLOUR					
BASEBOARD ONLY: ____LF	DOOR TRIM ONLY: ____LF		WINDOW TRIM ONLY: ____LF	DOORS ONLY: ____QTY	
BEDROOM 1:	____H	____L x ___W	____L x ___W	____L x ___W	____TOTAL SFT
AREA(S)	____CEILINGS	____CROWN	____WALLS	____TRIM	____DOORS ____CLOSET
COLOUR					
BASEBOARD ONLY: ____LF	DOOR TRIM ONLY: ____LF		WINDOW TRIM ONLY: ____LF	DOORS ONLY: ____QTY	
BEDROOM 2:	____H	____L x ___W	____L x ___W	____L x ___W	____TOTAL SFT
AREA(S)	____CEILINGS	____CROWN	____WALLS	____TRIM	____DOORS ____CLOSET
COLOUR					
BASEBOARD ONLY: ____LF	DOOR TRIM ONLY: ____LF		WINDOW TRIM ONLY: ____LF	DOORS ONLY: ____QTY	
BEDROOM 3:	____H	____L x ___W	____L x ___W	____L x ___W	____TOTAL SFT
AREA(S)	____CEILINGS	____CROWN	____WALLS	____TRIM	____DOORS ____CLOSET
COLOUR					
BASEBOARD ONLY: ____LF	DOOR TRIM ONLY: ____LF		WINDOW TRIM ONLY: ____LF	DOORS ONLY: ____QTY	
BEDROOM 4:	____H	____L x ___W	____L x ___W	____L x ___W	____TOTAL SFT
AREA(S)	____CEILINGS	____CROWN	____WALLS	____TRIM	____DOORS ____CLOSET
COLOUR					
BASEBOARD ONLY: ____LF	DOOR TRIM ONLY: ____LF		WINDOW TRIM ONLY: ____LF	DOORS ONLY: ____QTY	
MAIN BATH:	____H	____L x ___W	____L x ___W	____L x ___W	____TOTAL SFT
AREA(S)	____CEILINGS	____CROWN	____WALLS	____TRIM	____DOORS ____CLOSET
COLOUR					
BASEBOARD ONLY: ____LF	DOOR TRIM ONLY: ____LF		WINDOW TRIM ONLY: ____LF	DOORS ONLY: ____QTY	
BATH 1:	____H	____L x ___W	____L x ___W	____L x ___W	____TOTAL SFT
AREA(S)	____CEILINGS	____CROWN	____WALLS	____TRIM	____DOORS ____CLOSET
COLOUR					
BASEBOARD ONLY: ____LF	DOOR TRIM ONLY: ____LF		WINDOW TRIM ONLY: ____LF	DOORS ONLY: ____QTY	

ATH 2: ____H	____L x ____W	____L x ____W	____L x ____W	____TOTAL SFT	
AREA(S) ____CEILINGS	____CROWN	____WALLS	____TRIM	____DOORS	____CLOSET
COLOUR					
BASEBOARD ONLY: ____LF	DOOR TRIM ONLY: ____LF	WINDOW TRIM ONLY: ____LF	DOORS ONLY: ____QTY		

POWDER ROOM: ____H	____L x ____W	____L x ____W	____L x ____W	____TOTAL SFT	
AREA(S) ____CEILINGS	____CROWN	____WALLS	____TRIM	____DOORS	____CLOSET
COLOUR					
BASEBOARD ONLY: ____LF	DOOR TRIM ONLY: ____LF	WINDOW TRIM ONLY: ____LF	DOORS ONLY: ____QTY		

REC ROOM ____H	____L x ____W	____L x ____W	____L x ____W	____TOTAL SFT	
AREA(S) ____CEILINGS	____CROWN	____WALLS	____TRIM	____DOORS	____CLOSET
COLOUR					
BASEBOARD ONLY: ____LF	DOOR TRIM ONLY: ____LF	WINDOW TRIM ONLY: ____LF	DOORS ONLY: ____QTY		

MAIN FLOOR HALL: ____H	____L x ____W	____L x ____W	____L x ____W	____TOTAL SFT	
AREA(S) ____CEILINGS	____CROWN	____WALLS	____TRIM	____DOORS	____CLOSET
COLOUR					
BASEBOARD ONLY: ____LF	DOOR TRIM ONLY: ____LF	WINDOW TRIM ONLY: ____LF	DOORS ONLY: ____QTY		

UPPER HALL: ____H	____L x ____W	____L x ____W	____L x ____W	____TOTAL SFT	
AREA(S) ____CEILINGS	____CROWN	____WALLS	____TRIM	____DOORS	____CLOSET
COLOUR					
BASEBOARD ONLY: ____LF	DOOR TRIM ONLY: ____LF	WINDOW TRIM ONLY: ____LF	DOORS ONLY: ____QTY		

UPPER STAIRWELL: ____H	____L x ____W	____L x ____W	____L x ____W	____TOTAL SFT	
AREA(S) ____CEILINGS	____CROWN	____WALLS	____TRIM	____DOORS	____CLOSET
COLOUR					
BASEBOARD ONLY: ____LF	DOOR TRIM ONLY: ____LF	WINDOW TRIM ONLY: ____LF	DOORS ONLY: ____QTY		

LOWER HALL: ____H	____L x ____W	____L x ____W	____L x ____W	____TOTAL SFT	
AREA(S) ____CEILINGS	____CROWN	____WALLS	____TRIM	____DOORS	____CLOSET
COLOUR					
BASEBOARD ONLY: ____LF	DOOR TRIM ONLY: ____LF	WINDOW TRIM ONLY: ____LF	DOORS ONLY: ____QTY		

LOWER STAIRWELL: ____H	____L x ____W	____L x ____W	____L x ____W	____TOTAL SFT	
AREA(S) ____CEILINGS	____CROWN	____WALLS	____TRIM	____DOORS	____CLOSET
COLOUR					
BASEBOARD ONLY: ____LF	DOOR TRIM ONLY: ____LF	WINDOW TRIM ONLY: ____LF	DOORS ONLY: ____QTY		

GARAGE: ____H	____L x ____W	____L x ____W	____L x ____W	____TOTAL SFT	
AREA(S) ____CEILINGS	____CROWN	____WALLS	____TRIM	____DOORS	____CLOSET
COLOUR					
BASEBOARD ONLY: ____LF	DOOR TRIM ONLY: ____LF	WINDOW TRIM ONLY: ____LF	DOORS ONLY: ____QTY		

NOTES:

STAIRCASE	TREADS #	RISERS #	STRINGERS #	POSTS #	BALUSTERS #	HANDRAIL #
PRIME						
PAINT						
STAIN						
CLEAR COAT						

KITCHEN	UPPER CABINET DOORS	BASE CABINETS DOORS	DRAWERS	VANITY	OTHER
PRIME					
PAINT					
STAIN					
CLEAR COAT					

WALLPAPER REMOVAL

ROOM(S) _____

ROOM SIZE _____ W x _____ L x _____ H

BORDER _____ YES _____ NO

DRAWING

INTERIOR RESIDENTAL PAINTING ESTIMATE FORM

CLIENT CALL DATE: _____   CLIENT CALL BACK DATE: _____

CLIENT SITE VISIT DATE: _____ TIME: _____   CLIENT 2ⁿ CALL BACK DATE: _____

CLIENT NAME: _____   PHONE NUMBER: _____

ADDRESS: _____   EMAIL: _____

CITY: _____ POSTAL CODE _____   OTHER: _____

HOW DID YOU HEAR ABOUT US?   GOOGLE   WEBSITE   MAGAZINE   WORD OF MOUTH   SIGNAGE

CLIENT REFERRAL-NAME: _____   REFERRAL PROGRAM: _____

ESTIMATE DATE: _____   ESTIMATE # _____

REQUESTED START DATE: _____   REQUESTED FINISH DATE: _____

APPROX START DATE: _____   APPROX NUMBER OF DAYS: _____

NOTES:
_____
_____
_____
_____
_____
_____
_____

SPECIAL INSTRUCTIONS:
_____
_____
_____
_____
_____
_____
_____
_____
_____
_____
_____
_____

KITCHEN:	_____H	_____ L x ___ W	_____ L x ___ W	_____ L x ___ W	____TOTAL SFT
AREA(S)	____CEILINGS	_____CROWN	_____WALLS	_____TRIM	_____DOORS ____CLOSET
COLOUR	_____	_____	_____	_____	_____ _____
BASEBOARD ONLY: _____LF	DOOR TRIM ONLY: _____LF	WINDOW TRIM ONLY: _____LF	DOORS ONLY: _____QTY		

DINING ROOM:	_____H	_____ L x ___ W	_____ L x ___ W	_____ L x ___ W	____TOTAL SFT
AREA(S)	____CEILINGS	_____CROWN	_____WALLS	_____TRIM	_____DOORS ____CLOSET
COLOUR	_____	_____	_____	_____	_____ _____
BASEBOARD ONLY: _____LF	DOOR TRIM ONLY: _____LF	WINDOW TRIM ONLY: _____LF	DOORS ONLY: _____QTY		

PANTRY:	_____H	_____ L x ___ W	_____ L x ___ W	_____ L x ___ W	____TOTAL SFT
AREA(S)	____CEILINGS	_____CROWN	_____WALLS	_____TRIM	_____DOORS ____CLOSET
COLOUR	_____	_____	_____	_____	_____ _____
BASEBOARD ONLY: _____LF	DOOR TRIM ONLY: _____LF	WINDOW TRIM ONLY: _____LF	DOORS ONLY: _____QTY		

LIVING ROOM:	_____H	_____ L x ___ W	_____ L x ___ W	_____ L x ___ W	____TOTAL SFT
AREA(S)	____CEILINGS	_____CROWN	_____WALLS	_____TRIM	_____DOORS ____CLOSET
COLOUR	_____	_____	_____	_____	_____ _____
BASEBOARD ONLY: _____LF	DOOR TRIM ONLY: _____LF	WINDOW TRIM ONLY: _____LF	DOORS ONLY: _____QTY		

LAUNDRY:	_____H	_____ L x ___ W	_____ L x ___ W	_____ L x ___ W	____TOTAL SFT
AREA(S)	____CEILINGS	_____CROWN	_____WALLS	_____TRIM	_____DOORS ____CLOSET
COLOUR	_____	_____	_____	_____	_____ _____
BASEBOARD ONLY: _____LF	DOOR TRIM ONLY: _____LF	WINDOW TRIM ONLY: _____LF	DOORS ONLY: _____QTY		

MUDROOM:	_____H	_____ L x ___ W	_____ L x ___ W	_____ L x ___ W	____TOTAL SFT
AREA(S)	____CEILINGS	_____CROWN	_____WALLS	_____TRIM	_____DOORS ____CLOSET
COLOUR	_____	_____	_____	_____	_____ _____
BASEBOARD ONLY: _____LF	DOOR TRIM ONLY: _____LF	WINDOW TRIM ONLY: _____LF	DOORS ONLY: _____QTY		

FOYER:	_____H	_____ L x ___ W	_____ L x ___ W	_____ L x ___ W	____TOTAL SFT
AREA(S)	____CEILINGS	_____CROWN	_____WALLS	_____TRIM	_____DOORS ____CLOSET
COLOUR	_____	_____	_____	_____	_____ _____
BASEBOARD ONLY: _____LF	DOOR TRIM ONLY: _____LF	WINDOW TRIM ONLY: _____LF	DOORS ONLY: _____QTY		

MASTER BED:	_____H	_____ L x ___ W	_____ L x ___ W	_____ L x ___ W	____TOTAL SFT
AREA(S)	____CEILINGS	_____CROWN	_____WALLS	_____TRIM	_____DOORS ____CLOSET
COLOUR	_____	_____	_____	_____	_____ _____
BASEBOARD ONLY: _____LF	DOOR TRIM ONLY: _____LF	WINDOW TRIM ONLY: _____LF	DOORS ONLY: _____QTY		

ENSUITE:	_____H	_____ L x ___ W	_____ L x ___ W	_____ L x ___ W	____TOTAL SFT
AREA(S)	____CEILINGS	_____CROWN	_____WALLS	_____TRIM	_____DOORS ____CLOSET
COLOUR	_____	_____	_____	_____	_____ _____
BASEBOARD ONLY: _____LF	DOOR TRIM ONLY: _____LF	WINDOW TRIM ONLY: _____LF	DOORS ONLY: _____QTY		

BEDROOM 1:	_____H	_____ L x ___ W	_____ L x ___ W	_____ L x ___ W	____TOTAL SFT
AREA(S)	____CEILINGS	_____CROWN	_____WALLS	_____TRIM	_____DOORS ____CLOSET
COLOUR	_____	_____	_____	_____	_____ _____
BASEBOARD ONLY: _____LF	DOOR TRIM ONLY: _____LF	WINDOW TRIM ONLY: _____LF	DOORS ONLY: _____QTY		

BEDROOM 2:	_____H	_____ L x ___ W	_____ L x ___ W	_____ L x ___ W	____TOTAL SFT
AREA(S)	____CEILINGS	_____CROWN	_____WALLS	_____TRIM	_____DOORS ____CLOSET
COLOUR	_____	_____	_____	_____	_____ _____
BASEBOARD ONLY: _____LF	DOOR TRIM ONLY: _____LF	WINDOW TRIM ONLY: _____LF	DOORS ONLY: _____QTY		

BEDROOM 3:	_____H	_____ L x ___ W	_____ L x ___ W	_____ L x ___ W	____TOTAL SFT
AREA(S)	____CEILINGS	_____CROWN	_____WALLS	_____TRIM	_____DOORS ____CLOSET
COLOUR	_____	_____	_____	_____	_____ _____
BASEBOARD ONLY: _____LF	DOOR TRIM ONLY: _____LF	WINDOW TRIM ONLY: _____LF	DOORS ONLY: _____QTY		

BEDROOM 4:	_____H	_____ L x ___ W	_____ L x ___ W	_____ L x ___ W	____TOTAL SFT
AREA(S)	____CEILINGS	_____CROWN	_____WALLS	_____TRIM	_____DOORS ____CLOSET
COLOUR	_____	_____	_____	_____	_____ _____
BASEBOARD ONLY: _____LF	DOOR TRIM ONLY: _____LF	WINDOW TRIM ONLY: _____LF	DOORS ONLY: _____QTY		

MAIN BATH:	_____H	_____ L x ___ W	_____ L x ___ W	_____ L x ___ W	____TOTAL SFT
AREA(S)	____CEILINGS	_____CROWN	_____WALLS	_____TRIM	_____DOORS ____CLOSET
COLOUR	_____	_____	_____	_____	_____ _____
BASEBOARD ONLY: _____LF	DOOR TRIM ONLY: _____LF	WINDOW TRIM ONLY: _____LF	DOORS ONLY: _____QTY		

BATH 1:	_____H	_____ L x ___ W	_____ L x ___ W	_____ L x ___ W	____TOTAL SFT
AREA(S)	____CEILINGS	_____CROWN	_____WALLS	_____TRIM	_____DOORS ____CLOSET
COLOUR	_____	_____	_____	_____	_____ _____
BASEBOARD ONLY: _____LF	DOOR TRIM ONLY: _____LF	WINDOW TRIM ONLY: _____LF	DOORS ONLY: _____QTY		

ATH 2: _____H	_____L x ___W	_____L x ___W	_____L x ___W	____ TOTAL SFT	
AREA(S) ____CEILINGS	_____CROWN	_____WALLS	_____TRIM	_____DOORS	____CLOSET
COLOUR					
BASEBOARD ONLY: _____LF	DOOR TRIM ONLY: _____LF	WINDOW TRIM ONLY: _____LF	DOORS ONLY: _____QTY		
POWDER ROOM: _____H	_____L x ___W	_____L x ___W	_____L x ___W	____ TOTAL SFT	
AREA(S) ____CEILINGS	_____CROWN	_____WALLS	_____TRIM	_____DOORS	____CLOSET
COLOUR					
BASEBOARD ONLY: _____LF	DOOR TRIM ONLY: _____LF	WINDOW TRIM ONLY: _____LF	DOORS ONLY: _____QTY		
REC ROOM _____H	_____L x ___W	_____L x ___W	_____L x ___W	____ TOTAL SFT	
AREA(S) ____CEILINGS	_____CROWN	_____WALLS	_____TRIM	_____DOORS	____CLOSET
COLOUR					
BASEBOARD ONLY: _____LF	DOOR TRIM ONLY: _____LF	WINDOW TRIM ONLY: _____LF	DOORS ONLY: _____QTY		
MAIN FLOOR HALL: _____H	_____L x ___W	_____L x ___W	_____L x ___W	____ TOTAL SFT	
AREA(S) ____CEILINGS	_____CROWN	_____WALLS	_____TRIM	_____DOORS	____CLOSET
COLOUR					
BASEBOARD ONLY: _____LF	DOOR TRIM ONLY: _____LF	WINDOW TRIM ONLY: _____LF	DOORS ONLY: _____QTY		
UPPER HALL: _____H	_____L x ___W	_____L x ___W	_____L x ___W	____ TOTAL SFT	
AREA(S) ____CEILINGS	_____CROWN	_____WALLS	_____TRIM	_____DOORS	____CLOSET
COLOUR					
BASEBOARD ONLY: _____LF	DOOR TRIM ONLY: _____LF	WINDOW TRIM ONLY: _____LF	DOORS ONLY: _____QTY		
UPPER STAIRWELL: _____H	_____L x ___W	_____L x ___W	_____L x ___W	____ TOTAL SFT	
AREA(S) ____CEILINGS	_____CROWN	_____WALLS	_____TRIM	_____DOORS	____CLOSET
COLOUR					
BASEBOARD ONLY: _____LF	DOOR TRIM ONLY: _____LF	WINDOW TRIM ONLY: _____LF	DOORS ONLY: _____QTY		
LOWER HALL: _____H	_____L x ___W	_____L x ___W	_____L x ___W	____ TOTAL SFT	
AREA(S) ____CEILINGS	_____CROWN	_____WALLS	_____TRIM	_____DOORS	____CLOSET
COLOUR					
BASEBOARD ONLY: _____LF	DOOR TRIM ONLY: _____LF	WINDOW TRIM ONLY: _____LF	DOORS ONLY: _____QTY		
LOWER STAIRWELL: _____H	_____L x ___W	_____L x ___W	_____L x ___W	____ TOTAL SFT	
AREA(S) ____CEILINGS	_____CROWN	_____WALLS	_____TRIM	_____DOORS	____CLOSET
COLOUR					
BASEBOARD ONLY: _____LF	DOOR TRIM ONLY: _____LF	WINDOW TRIM ONLY: _____LF	DOORS ONLY: _____QTY		
GARAGE: _____H	_____L x ___W	_____L x ___W	_____L x ___W	____ TOTAL SFT	
AREA(S) ____CEILINGS	_____CROWN	_____WALLS	_____TRIM	_____DOORS	____CLOSET
COLOUR					
BASEBOARD ONLY: _____LF	DOOR TRIM ONLY: _____LF	WINDOW TRIM ONLY: _____LF	DOORS ONLY: _____QTY		

NOTES:

STAIRCASE	TREADS #	RISERS #	STRINGERS #	POSTS #	BALUSTERS #	HANDRAIL #
PRIME						
PAINT						
STAIN						
CLEAR COAT						

KITCHEN	UPPER CABINET DOORS	BASE CABINETS DOORS	DRAWERS	VANITY	OTHER
PRIME					
PAINT					
STAIN					
CLEAR COAT					

WALLPAPER REMOVAL

ROOM(S) _____

ROOM SIZE _____ W x _____ L x _____ H

BORDER _____ YES _____ NO

DRAWING

INTERIOR RESIDENTAL PAINTING ESTIMATE FORM

CLIENT CALL DATE: _____   CLIENT CALL BACK DATE: _____

CLIENT SITE VISIT DATE: _____ TIME: _____   CLIENT 2^N CALL BACK DATE: _____

CLIENT NAME: _____   PHONE NUMBER: _____

ADDRESS: _____   EMAIL: _____

CITY: _____ POSTAL CODE _____   OTHER: _____

HOW DID YOU HEAR ABOUT US?   GOOGLE   WEBSITE   MAGAZINE   WORD OF MOUTH   SIGNAGE

CLIENT REFERRAL-NAME: _____   REFERRAL PROGRAM: _____

ESTIMATE DATE: _____   ESTIMATE # _____

REQUESTED START DATE: _____   REQUESTED FINISH DATE: _____

APPROX START DATE: _____   APPROX NUMBER OF DAYS: _____

NOTES:
_____
_____
_____
_____
_____
_____
_____

SPECIAL INSTRUCTIONS:
_____
_____
_____
_____
_____
_____
_____
_____
_____
_____
_____
_____
_____

KITCHEN:	____H	____L x ____W	____L x ____W	____L x ____W	____TOTAL SFT
AREA(S)	____CEILINGS	____CROWN	____WALLS	____TRIM	____DOORS ____CLOSET
COLOUR					
BASEBOARD ONLY: ____LF	DOOR TRIM ONLY: ____LF		WINDOW TRIM ONLY: ____LF	DOORS ONLY: ____QTY	

DINING ROOM:	____H	____L x ____W	____L x ____W	____L x ____W	____TOTAL SFT
AREA(S)	____CEILINGS	____CROWN	____WALLS	____TRIM	____DOORS ____CLOSET
COLOUR					
BASEBOARD ONLY: ____LF	DOOR TRIM ONLY: ____LF		WINDOW TRIM ONLY: ____LF	DOORS ONLY: ____QTY	

PANTRY:	____H	____L x ____W	____L x ____W	____L x ____W	____TOTAL SFT
AREA(S)	____CEILINGS	____CROWN	____WALLS	____TRIM	____DOORS ____CLOSET
COLOUR					
BASEBOARD ONLY: ____LF	DOOR TRIM ONLY: ____LF		WINDOW TRIM ONLY: ____LF	DOORS ONLY: ____QTY	

LIVING ROOM:	____H	____L x ____W	____L x ____W	____L x ____W	____TOTAL SFT
AREA(S)	____CEILINGS	____CROWN	____WALLS	____TRIM	____DOORS ____CLOSET
COLOUR					
BASEBOARD ONLY: ____LF	DOOR TRIM ONLY: ____LF		WINDOW TRIM ONLY: ____LF	DOORS ONLY: ____QTY	

LAUNDRY:	____H	____L x ____W	____L x ____W	____L x ____W	____TOTAL SFT
AREA(S)	____CEILINGS	____CROWN	____WALLS	____TRIM	____DOORS ____CLOSET
COLOUR					
BASEBOARD ONLY: ____LF	DOOR TRIM ONLY: ____LF		WINDOW TRIM ONLY: ____LF	DOORS ONLY: ____QTY	

MUDROOM:	____H	____L x ____W	____L x ____W	____L x ____W	____TOTAL SFT
AREA(S)	____CEILINGS	____CROWN	____WALLS	____TRIM	____DOORS ____CLOSET
COLOUR					
BASEBOARD ONLY: ____LF	DOOR TRIM ONLY: ____LF		WINDOW TRIM ONLY: ____LF	DOORS ONLY: ____QTY	

FOYER:	____H	____L x ____W	____L x ____W	____L x ____W	____TOTAL SFT
AREA(S)	____CEILINGS	____CROWN	____WALLS	____TRIM	____DOORS ____CLOSET
COLOUR					
BASEBOARD ONLY: ____LF	DOOR TRIM ONLY: ____LF		WINDOW TRIM ONLY: ____LF	DOORS ONLY: ____QTY	

MASTER BED:	____H	____L x ____W	____L x ____W	____L x ____W	____TOTAL SFT
AREA(S)	____CEILINGS	____CROWN	____WALLS	____TRIM	____DOORS ____CLOSET
COLOUR					
BASEBOARD ONLY: ____LF	DOOR TRIM ONLY: ____LF		WINDOW TRIM ONLY: ____LF	DOORS ONLY: ____QTY	

ENSUITE:	____H	____L x ____W	____L x ____W	____L x ____W	____TOTAL SFT
AREA(S)	____CEILINGS	____CROWN	____WALLS	____TRIM	____DOORS ____CLOSET
COLOUR					
BASEBOARD ONLY: ____LF	DOOR TRIM ONLY: ____LF		WINDOW TRIM ONLY: ____LF	DOORS ONLY: ____QTY	

BEDROOM 1:	____H	____L x ____W	____L x ____W	____L x ____W	____TOTAL SFT
AREA(S)	____CEILINGS	____CROWN	____WALLS	____TRIM	____DOORS ____CLOSET
COLOUR					
BASEBOARD ONLY: ____LF	DOOR TRIM ONLY: ____LF		WINDOW TRIM ONLY: ____LF	DOORS ONLY: ____QTY	

BEDROOM 2:	____H	____L x ____W	____L x ____W	____L x ____W	____TOTAL SFT
AREA(S)	____CEILINGS	____CROWN	____WALLS	____TRIM	____DOORS ____CLOSET
COLOUR					
BASEBOARD ONLY: ____LF	DOOR TRIM ONLY: ____LF		WINDOW TRIM ONLY: ____LF	DOORS ONLY: ____QTY	

BEDROOM 3:	____H	____L x ____W	____L x ____W	____L x ____W	____TOTAL SFT
AREA(S)	____CEILINGS	____CROWN	____WALLS	____TRIM	____DOORS ____CLOSET
COLOUR					
BASEBOARD ONLY: ____LF	DOOR TRIM ONLY: ____LF		WINDOW TRIM ONLY: ____LF	DOORS ONLY: ____QTY	

BEDROOM 4:	____H	____L x ____W	____L x ____W	____L x ____W	____TOTAL SFT
AREA(S)	____CEILINGS	____CROWN	____WALLS	____TRIM	____DOORS ____CLOSET
COLOUR					
BASEBOARD ONLY: ____LF	DOOR TRIM ONLY: ____LF		WINDOW TRIM ONLY: ____LF	DOORS ONLY: ____QTY	

MAIN BATH:	____H	____L x ____W	____L x ____W	____L x ____W	____TOTAL SFT
AREA(S)	____CEILINGS	____CROWN	____WALLS	____TRIM	____DOORS ____CLOSET
COLOUR					
BASEBOARD ONLY: ____LF	DOOR TRIM ONLY: ____LF		WINDOW TRIM ONLY: ____LF	DOORS ONLY: ____QTY	

BATH 1:	____H	____L x ____W	____L x ____W	____L x ____W	____TOTAL SFT
AREA(S)	____CEILINGS	____CROWN	____WALLS	____TRIM	____DOORS ____CLOSET
COLOUR					
BASEBOARD ONLY: ____LF	DOOR TRIM ONLY: ____LF		WINDOW TRIM ONLY: ____LF	DOORS ONLY: ____QTY	

ATH 2: ____H	____L x ___W	____L x ___W	____L x ___W	____TOTAL SFT	
AREA(S) ____CEILINGS	____CROWN	____WALLS	____TRIM	____DOORS	____CLOSET
COLOUR _____	_____	_____	_____	_____	_____
BASEBOARD ONLY: ____LF	DOOR TRIM ONLY: ____LF	WINDOW TRIM ONLY: ____LF	DOORS ONLY: ____QTY		
POWDER ROOM: ____H	____L x ___W	____L x ___W	____L x ___W	____TOTAL SFT	
AREA(S) ____CEILINGS	____CROWN	____WALLS	____TRIM	____DOORS	____CLOSET
COLOUR _____	_____	_____	_____	_____	_____
BASEBOARD ONLY: ____LF	DOOR TRIM ONLY: ____LF	WINDOW TRIM ONLY: ____LF	DOORS ONLY: ____QTY		
REC ROOM ____H	____L x ___W	____L x ___W	____L x ___W	____TOTAL SFT	
AREA(S) ____CEILINGS	____CROWN	____WALLS	____TRIM	____DOORS	____CLOSET
COLOUR _____	_____	_____	_____	_____	_____
BASEBOARD ONLY: ____LF	DOOR TRIM ONLY: ____LF	WINDOW TRIM ONLY: ____LF	DOORS ONLY: ____QTY		
MAIN FLOOR HALL: ____H	____L x ___W	____L x ___W	____L x ___W	____TOTAL SFT	
AREA(S) ____CEILINGS	____CROWN	____WALLS	____TRIM	____DOORS	____CLOSET
COLOUR _____	_____	_____	_____	_____	_____
BASEBOARD ONLY: ____LF	DOOR TRIM ONLY: ____LF	WINDOW TRIM ONLY: ____LF	DOORS ONLY: ____QTY		
UPPER HALL: ____H	____L x ___W	____L x ___W	____L x ___W	____TOTAL SFT	
AREA(S) ____CEILINGS	____CROWN	____WALLS	____TRIM	____DOORS	____CLOSET
COLOUR _____	_____	_____	_____	_____	_____
BASEBOARD ONLY: ____LF	DOOR TRIM ONLY: ____LF	WINDOW TRIM ONLY: ____LF	DOORS ONLY: ____QTY		
UPPER STAIRWELL: ____H	____L x ___W	____L x ___W	____L x ___W	____TOTAL SFT	
AREA(S) ____CEILINGS	____CROWN	____WALLS	____TRIM	____DOORS	____CLOSET
COLOUR _____	_____	_____	_____	_____	_____
BASEBOARD ONLY: ____LF	DOOR TRIM ONLY: ____LF	WINDOW TRIM ONLY: ____LF	DOORS ONLY: ____QTY		
LOWER HALL: ____H	____L x ___W	____L x ___W	____L x ___W	____TOTAL SFT	
AREA(S) ____CEILINGS	____CROWN	____WALLS	____TRIM	____DOORS	____CLOSET
COLOUR _____	_____	_____	_____	_____	_____
BASEBOARD ONLY: ____LF	DOOR TRIM ONLY: ____LF	WINDOW TRIM ONLY: ____LF	DOORS ONLY: ____QTY		
LOWER STAIRWELL: ____H	____L x ___W	____L x ___W	____L x ___W	____TOTAL SFT	
AREA(S) ____CEILINGS	____CROWN	____WALLS	____TRIM	____DOORS	____CLOSET
COLOUR _____	_____	_____	_____	_____	_____
BASEBOARD ONLY: ____LF	DOOR TRIM ONLY: ____LF	WINDOW TRIM ONLY: ____LF	DOORS ONLY: ____QTY		
GARAGE: ____H	____L x ___W	____L x ___W	____L x ___W	____TOTAL SFT	
AREA(S) ____CEILINGS	____CROWN	____WALLS	____TRIM	____DOORS	____CLOSET
COLOUR _____	_____	_____	_____	_____	_____
BASEBOARD ONLY: ____LF	DOOR TRIM ONLY: ____LF	WINDOW TRIM ONLY: ____LF	DOORS ONLY: ____QTY		

NOTES:

STAIRCASE	TREADS #	RISERS #	STRINGERS #	POSTS #	BALUSTERS #	HANDRAIL #
PRIME						
PAINT						
STAIN						
CLEAR COAT						

KITCHEN	UPPER CABINET DOORS	BASE CABINETS DOORS	DRAWERS	VANITY	OTHER
PRIME					
PAINT					
STAIN					
CLEAR COAT					

WALLPAPER REMOVAL

ROOM(S) _____

ROOM SIZE _____W x _____L x _____H

BORDER _____YES _____NO

DRAWING

INTERIOR RESIDENTAL PAINTING ESTIMATE FORM

CLIENT CALL DATE: _____ CLIENT CALL BACK DATE: _____

CLIENT SITE VISIT DATE: _____ TIME: _____ CLIENT 2^N CALL BACK DATE: _____

CLIENT NAME: _____ PHONE NUMBER: _____

ADDRESS: _____ EMAIL: _____

CITY: _____ POSTAL CODE _____ OTHER: _____

HOW DID YOU HEAR ABOUT US?   GOOGLE   WEBSITE   MAGAZINE   WORD OF MOUTH   SIGNAGE

CLIENT REFERRAL-NAME: _____ REFERRAL PROGRAM: _____

ESTIMATE DATE: _____ ESTIMATE # _____

REQUESTED START DATE: _____ REQUESTED FINISH DATE: _____

APPROX START DATE: _____ APPROX NUMBER OF DAYS: _____

NOTES:
_____
_____
_____
_____
_____
_____
_____

SPECIAL INSTRUCTIONS:
_____
_____
_____
_____
_____
_____
_____
_____
_____
_____
_____
_____

KITCHEN:	____H	____L x ____W	____L x ____W	____L x ____W	____TOTAL SFT
AREA(S)	____CEILINGS	____CROWN	____WALLS	____TRIM	____DOORS ____CLOSET
COLOUR	_____	_____	_____	_____	_____
BASEBOARD ONLY: ____LF		DOOR TRIM ONLY: ____LF	WINDOW TRIM ONLY: ____LF		DOORS ONLY: ____QTY
DINING ROOM:	____H	____L x ____W	____L x ____W	____L x ____W	____TOTAL SFT
AREA(S)	____CEILINGS	____CROWN	____WALLS	____TRIM	____DOORS ____CLOSET
COLOUR	_____	_____	_____	_____	_____
BASEBOARD ONLY: ____LF		DOOR TRIM ONLY: ____LF	WINDOW TRIM ONLY: ____LF		DOORS ONLY: ____QTY
PANTRY:	____H	____L x ____W	____L x ____W	____L x ____W	____TOTAL SFT
AREA(S)	____CEILINGS	____CROWN	____WALLS	____TRIM	____DOORS ____CLOSET
COLOUR	_____	_____	_____	_____	_____
BASEBOARD ONLY: ____LF		DOOR TRIM ONLY: ____LF	WINDOW TRIM ONLY: ____LF		DOORS ONLY: ____QTY
LIVING ROOM:	____H	____L x ____W	____L x ____W	____L x ____W	____TOTAL SFT
AREA(S)	____CEILINGS	____CROWN	____WALLS	____TRIM	____DOORS ____CLOSET
COLOUR	_____	_____	_____	_____	_____
BASEBOARD ONLY: ____LF		DOOR TRIM ONLY: ____LF	WINDOW TRIM ONLY: ____LF		DOORS ONLY: ____QTY
LAUNDRY:	____H	____L x ____W	____L x ____W	____L x ____W	____TOTAL SFT
AREA(S)	____CEILINGS	____CROWN	____WALLS	____TRIM	____DOORS ____CLOSET
COLOUR	_____	_____	_____	_____	_____
BASEBOARD ONLY: ____LF		DOOR TRIM ONLY: ____LF	WINDOW TRIM ONLY: ____LF		DOORS ONLY: ____QTY
MUDROOM:	____H	____L x ____W	____L x ____W	____L x ____W	____TOTAL SFT
AREA(S)	____CEILINGS	____CROWN	____WALLS	____TRIM	____DOORS ____CLOSET
COLOUR	_____	_____	_____	_____	_____
BASEBOARD ONLY: ____LF		DOOR TRIM ONLY: ____LF	WINDOW TRIM ONLY: ____LF		DOORS ONLY: ____QTY
FOYER:	____H	____L x ____W	____L x ____W	____L x ____W	____TOTAL SFT
AREA(S)	____CEILINGS	____CROWN	____WALLS	____TRIM	____DOORS ____CLOSET
COLOUR	_____	_____	_____	_____	_____
BASEBOARD ONLY: ____LF		DOOR TRIM ONLY: ____LF	WINDOW TRIM ONLY: ____LF		DOORS ONLY: ____QTY
MASTER BED:	____H	____L x ____W	____L x ____W	____L x ____W	____TOTAL SFT
AREA(S)	____CEILINGS	____CROWN	____WALLS	____TRIM	____DOORS ____CLOSET
COLOUR	_____	_____	_____	_____	_____
BASEBOARD ONLY: ____LF		DOOR TRIM ONLY: ____LF	WINDOW TRIM ONLY: ____LF		DOORS ONLY: ____QTY
ENSUITE:	____H	____L x ____W	____L x ____W	____L x ____W	____TOTAL SFT
AREA(S)	____CEILINGS	____CROWN	____WALLS	____TRIM	____DOORS ____CLOSET
COLOUR	_____	_____	_____	_____	_____
BASEBOARD ONLY: ____LF		DOOR TRIM ONLY: ____LF	WINDOW TRIM ONLY: ____LF		DOORS ONLY: ____QTY
BEDROOM 1:	____H	____L x ____W	____L x ____W	____L x ____W	____TOTAL SFT
AREA(S)	____CEILINGS	____CROWN	____WALLS	____TRIM	____DOORS ____CLOSET
COLOUR	_____	_____	_____	_____	_____
BASEBOARD ONLY: ____LF		DOOR TRIM ONLY: ____LF	WINDOW TRIM ONLY: ____LF		DOORS ONLY: ____QTY
BEDROOM 2:	____H	____L x ____W	____L x ____W	____L x ____W	____TOTAL SFT
AREA(S)	____CEILINGS	____CROWN	____WALLS	____TRIM	____DOORS ____CLOSET
COLOUR	_____	_____	_____	_____	_____
BASEBOARD ONLY: ____LF		DOOR TRIM ONLY: ____LF	WINDOW TRIM ONLY: ____LF		DOORS ONLY: ____QTY
BEDROOM 3:	____H	____L x ____W	____L x ____W	____L x ____W	____TOTAL SFT
AREA(S)	____CEILINGS	____CROWN	____WALLS	____TRIM	____DOORS ____CLOSET
COLOUR	_____	_____	_____	_____	_____
BASEBOARD ONLY: ____LF		DOOR TRIM ONLY: ____LF	WINDOW TRIM ONLY: ____LF		DOORS ONLY: ____QTY
BEDROOM 4:	____H	____L x ____W	____L x ____W	____L x ____W	____TOTAL SFT
AREA(S)	____CEILINGS	____CROWN	____WALLS	____TRIM	____DOORS ____CLOSET
COLOUR	_____	_____	_____	_____	_____
BASEBOARD ONLY: ____LF		DOOR TRIM ONLY: ____LF	WINDOW TRIM ONLY: ____LF		DOORS ONLY: ____QTY
MAIN BATH:	____H	____L x ____W	____L x ____W	____L x ____W	____TOTAL SFT
AREA(S)	____CEILINGS	____CROWN	____WALLS	____TRIM	____DOORS ____CLOSET
COLOUR	_____	_____	_____	_____	_____
BASEBOARD ONLY: ____LF		DOOR TRIM ONLY: ____LF	WINDOW TRIM ONLY: ____LF		DOORS ONLY: ____QTY
BATH 1:	____H	____L x ____W	____L x ____W	____L x ____W	____TOTAL SFT
AREA(S)	____CEILINGS	____CROWN	____WALLS	____TRIM	____DOORS ____CLOSET
COLOUR	_____	_____	_____	_____	_____
BASEBOARD ONLY: ____LF		DOOR TRIM ONLY: ____LF	WINDOW TRIM ONLY: ____LF		DOORS ONLY: ____QTY

ATH 2:	____H	____L x ___W	____L x ___W	____L x ___W	____TOTAL SFT
AREA(S)	____CEILINGS	____CROWN	____WALLS	____TRIM	____DOORS ____CLOSET
COLOUR					
BASEBOARD ONLY: ____LF	DOOR TRIM ONLY: ____LF	WINDOW TRIM ONLY: ____LF	DOORS ONLY: ____QTY		
POWDER ROOM:	____H	____L x ___W	____L x ___W	____L x ___W	____TOTAL SFT
AREA(S)	____CEILINGS	____CROWN	____WALLS	____TRIM	____DOORS ____CLOSET
COLOUR					
BASEBOARD ONLY: ____LF	DOOR TRIM ONLY: ____LF	WINDOW TRIM ONLY: ____LF	DOORS ONLY: ____QTY		
REC ROOM	____H	____L x ___W	____L x ___W	____L x ___W	____TOTAL SFT
AREA(S)	____CEILINGS	____CROWN	____WALLS	____TRIM	____DOORS ____CLOSET
COLOUR					
BASEBOARD ONLY: ____LF	DOOR TRIM ONLY: ____LF	WINDOW TRIM ONLY: ____LF	DOORS ONLY: ____QTY		
MAIN FLOOR HALL:	____H	____L x ___W	____L x ___W	____L x ___W	____TOTAL SFT
AREA(S)	____CEILINGS	____CROWN	____WALLS	____TRIM	____DOORS ____CLOSET
COLOUR					
BASEBOARD ONLY: ____LF	DOOR TRIM ONLY: ____LF	WINDOW TRIM ONLY: ____LF	DOORS ONLY: ____QTY		
UPPER HALL:	____H	____L x ___W	____L x ___W	____L x ___W	____TOTAL SFT
AREA(S)	____CEILINGS	____CROWN	____WALLS	____TRIM	____DOORS ____CLOSET
COLOUR					
BASEBOARD ONLY: ____LF	DOOR TRIM ONLY: ____LF	WINDOW TRIM ONLY: ____LF	DOORS ONLY: ____QTY		
UPPER STAIRWELL:	____H	____L x ___W	____L x ___W	____L x ___W	____TOTAL SFT
AREA(S)	____CEILINGS	____CROWN	____WALLS	____TRIM	____DOORS ____CLOSET
COLOUR					
BASEBOARD ONLY: ____LF	DOOR TRIM ONLY: ____LF	WINDOW TRIM ONLY: ____LF	DOORS ONLY: ____QTY		
LOWER HALL:	____H	____L x ___W	____L x ___W	____L x ___W	____TOTAL SFT
AREA(S)	____CEILINGS	____CROWN	____WALLS	____TRIM	____DOORS ____CLOSET
COLOUR					
BASEBOARD ONLY: ____LF	DOOR TRIM ONLY: ____LF	WINDOW TRIM ONLY: ____LF	DOORS ONLY: ____QTY		
LOWER STAIRWELL:	____H	____L x ___W	____L x ___W	____L x ___W	____TOTAL SFT
AREA(S)	____CEILINGS	____CROWN	____WALLS	____TRIM	____DOORS ____CLOSET
COLOUR					
BASEBOARD ONLY: ____LF	DOOR TRIM ONLY: ____LF	WINDOW TRIM ONLY: ____LF	DOORS ONLY: ____QTY		
GARAGE:	____H	____L x ___W	____L x ___W	____L x ___W	____TOTAL SFT
AREA(S)	____CEILINGS	____CROWN	____WALLS	____TRIM	____DOORS ____CLOSET
COLOUR					
BASEBOARD ONLY: ____LF	DOOR TRIM ONLY: ____LF	WINDOW TRIM ONLY: ____LF	DOORS ONLY: ____QTY		

NOTES:

STAIRCASE	TREADS #	RISERS #	STRINGERS #	POSTS #	BALUSTERS #	HANDRAIL #
PRIME						
PAINT						
STAIN						
CLEAR COAT						

KITCHEN	UPPER CABINET DOORS	BASE CABINETS DOORS	DRAWERS	VANITY	OTHER
PRIME					
PAINT					
STAIN					
CLEAR COAT					

WALLPAPER REMOVAL

ROOM(S) _____

ROOM SIZE _____ W x _____ L x _____ H

BORDER _____ YES _____ NO

DRAWING

INTERIOR RESIDENTAL PAINTING ESTIMATE FORM

CLIENT CALL DATE: _____ CLIENT CALL BACK DATE: _____

CLIENT SITE VISIT DATE: _____ TIME: _____ CLIENT 2ᴺ CALL BACK DATE: _____

CLIENT NAME: _____ PHONE NUMBER: _____

ADDRESS: _____ EMAIL: _____

CITY: _____POSTAL CODE_____ OTHER: _____

HOW DID YOU HEAR ABOUT US?   GOOGLE   WEBSITE   MAGAZINE   WORD OF MOUTH   SIGNAGE

CLIENT REFERRAL-NAME: _____ REFERRAL PROGRAM: _____

ESTIMATE DATE: _____ ESTIMATE # _____

REQUESTED START DATE: _____ REQUESTED FINISH DATE: _____

APPROX START DATE: _____ APPROX NUMBER OF DAYS: _____

NOTES:
_____
_____
_____
_____
_____
_____
_____

SPECIAL INSTRUCTIONS:
_____
_____
_____
_____
_____
_____
_____
_____
_____
_____
_____
_____

KITCHEN:	____H	____L x ____W	____L x ____W	____L x ____W	____TOTAL SFT
AREA(S)	____CEILINGS	____CROWN	____WALLS	____TRIM	____DOORS ____CLOSET
COLOUR	_____	_____	_____	_____	_____
BASEBOARD ONLY: ____LF	DOOR TRIM ONLY: ____LF		WINDOW TRIM ONLY: ____LF	DOORS ONLY: ____QTY	

DINING ROOM:	____H	____L x ____W	____L x ____W	____L x ____W	____TOTAL SFT
AREA(S)	____CEILINGS	____CROWN	____WALLS	____TRIM	____DOORS ____CLOSET
COLOUR	_____	_____	_____	_____	_____
BASEBOARD ONLY: ____LF	DOOR TRIM ONLY: ____LF		WINDOW TRIM ONLY: ____LF	DOORS ONLY: ____QTY	

PANTRY:	____H	____L x ____W	____L x ____W	____L x ____W	____TOTAL SFT
AREA(S)	____CEILINGS	____CROWN	____WALLS	____TRIM	____DOORS ____CLOSET
COLOUR	_____	_____	_____	_____	_____
BASEBOARD ONLY: ____LF	DOOR TRIM ONLY: ____LF		WINDOW TRIM ONLY: ____LF	DOORS ONLY: ____QTY	

LIVING ROOM:	____H	____L x ____W	____L x ____W	____L x ____W	____TOTAL SFT
AREA(S)	____CEILINGS	____CROWN	____WALLS	____TRIM	____DOORS ____CLOSET
COLOUR	_____	_____	_____	_____	_____
BASEBOARD ONLY: ____LF	DOOR TRIM ONLY: ____LF		WINDOW TRIM ONLY: ____LF	DOORS ONLY: ____QTY	

LAUNDRY:	____H	____L x ____W	____L x ____W	____L x ____W	____TOTAL SFT
AREA(S)	____CEILINGS	____CROWN	____WALLS	____TRIM	____DOORS ____CLOSET
COLOUR	_____	_____	_____	_____	_____
BASEBOARD ONLY: ____LF	DOOR TRIM ONLY: ____LF		WINDOW TRIM ONLY: ____LF	DOORS ONLY: ____QTY	

MUDROOM:	____H	____L x ____W	____L x ____W	____L x ____W	____TOTAL SFT
AREA(S)	____CEILINGS	____CROWN	____WALLS	____TRIM	____DOORS ____CLOSET
COLOUR	_____	_____	_____	_____	_____
BASEBOARD ONLY: ____LF	DOOR TRIM ONLY: ____LF		WINDOW TRIM ONLY: ____LF	DOORS ONLY: ____QTY	

FOYER:	____H	____L x ____W	____L x ____W	____L x ____W	____TOTAL SFT
AREA(S)	____CEILINGS	____CROWN	____WALLS	____TRIM	____DOORS ____CLOSET
COLOUR	_____	_____	_____	_____	_____
BASEBOARD ONLY: ____LF	DOOR TRIM ONLY: ____LF		WINDOW TRIM ONLY: ____LF	DOORS ONLY: ____QTY	

MASTER BED:	____H	____L x ____W	____L x ____W	____L x ____W	____TOTAL SFT
AREA(S)	____CEILINGS	____CROWN	____WALLS	____TRIM	____DOORS ____CLOSET
COLOUR	_____	_____	_____	_____	_____
BASEBOARD ONLY: ____LF	DOOR TRIM ONLY: ____LF		WINDOW TRIM ONLY: ____LF	DOORS ONLY: ____QTY	

ENSUITE:	____H	____L x ____W	____L x ____W	____L x ____W	____TOTAL SFT
AREA(S)	____CEILINGS	____CROWN	____WALLS	____TRIM	____DOORS ____CLOSET
COLOUR	_____	_____	_____	_____	_____
BASEBOARD ONLY: ____LF	DOOR TRIM ONLY: ____LF		WINDOW TRIM ONLY: ____LF	DOORS ONLY: ____QTY	

BEDROOM 1:	____H	____L x ____W	____L x ____W	____L x ____W	____TOTAL SFT
AREA(S)	____CEILINGS	____CROWN	____WALLS	____TRIM	____DOORS ____CLOSET
COLOUR	_____	_____	_____	_____	_____
BASEBOARD ONLY: ____LF	DOOR TRIM ONLY: ____LF		WINDOW TRIM ONLY: ____LF	DOORS ONLY: ____QTY	

BEDROOM 2:	____H	____L x ____W	____L x ____W	____L x ____W	____TOTAL SFT
AREA(S)	____CEILINGS	____CROWN	____WALLS	____TRIM	____DOORS ____CLOSET
COLOUR	_____	_____	_____	_____	_____
BASEBOARD ONLY: ____LF	DOOR TRIM ONLY: ____LF		WINDOW TRIM ONLY: ____LF	DOORS ONLY: ____QTY	

BEDROOM 3:	____H	____L x ____W	____L x ____W	____L x ____W	____TOTAL SFT
AREA(S)	____CEILINGS	____CROWN	____WALLS	____TRIM	____DOORS ____CLOSET
COLOUR	_____	_____	_____	_____	_____
BASEBOARD ONLY: ____LF	DOOR TRIM ONLY: ____LF		WINDOW TRIM ONLY: ____LF	DOORS ONLY: ____QTY	

BEDROOM 4:	____H	____L x ____W	____L x ____W	____L x ____W	____TOTAL SFT
AREA(S)	____CEILINGS	____CROWN	____WALLS	____TRIM	____DOORS ____CLOSET
COLOUR	_____	_____	_____	_____	_____
BASEBOARD ONLY: ____LF	DOOR TRIM ONLY: ____LF		WINDOW TRIM ONLY: ____LF	DOORS ONLY: ____QTY	

MAIN BATH:	____H	____L x ____W	____L x ____W	____L x ____W	____TOTAL SFT
AREA(S)	____CEILINGS	____CROWN	____WALLS	____TRIM	____DOORS ____CLOSET
COLOUR	_____	_____	_____	_____	_____
BASEBOARD ONLY: ____LF	DOOR TRIM ONLY: ____LF		WINDOW TRIM ONLY: ____LF	DOORS ONLY: ____QTY	

BATH 1:	____H	____L x ____W	____L x ____W	____L x ____W	____TOTAL SFT
AREA(S)	____CEILINGS	____CROWN	____WALLS	____TRIM	____DOORS ____CLOSET
COLOUR	_____	_____	_____	_____	_____
BASEBOARD ONLY: ____LF	DOOR TRIM ONLY: ____LF		WINDOW TRIM ONLY: ____LF	DOORS ONLY: ____QTY	

BATH 2:	____H	____L x ____W	____L x ____W	____L x ____W	____TOTAL SFT
AREA(S)	____CEILINGS	____CROWN	____WALLS	____TRIM	____DOORS ____CLOSET
COLOUR					
BASEBOARD ONLY: ____LF	DOOR TRIM ONLY: ____LF	WINDOW TRIM ONLY: ____LF	DOORS ONLY: ____QTY		
POWDER ROOM:	____H	____L x ____W	____L x ____W	____L x ____W	____TOTAL SFT
AREA(S)	____CEILINGS	____CROWN	____WALLS	____TRIM	____DOORS ____CLOSET
COLOUR					
BASEBOARD ONLY: ____LF	DOOR TRIM ONLY: ____LF	WINDOW TRIM ONLY: ____LF	DOORS ONLY: ____QTY		
REC ROOM	____H	____L x ____W	____L x ____W	____L x ____W	____TOTAL SFT
AREA(S)	____CEILINGS	____CROWN	____WALLS	____TRIM	____DOORS ____CLOSET
COLOUR					
BASEBOARD ONLY: ____LF	DOOR TRIM ONLY: ____LF	WINDOW TRIM ONLY: ____LF	DOORS ONLY: ____QTY		
MAIN FLOOR HALL:	____H	____L x ____W	____L x ____W	____L x ____W	____TOTAL SFT
AREA(S)	____CEILINGS	____CROWN	____WALLS	____TRIM	____DOORS ____CLOSET
COLOUR					
BASEBOARD ONLY: ____LF	DOOR TRIM ONLY: ____LF	WINDOW TRIM ONLY: ____LF	DOORS ONLY: ____QTY		
UPPER HALL:	____H	____L x ____W	____L x ____W	____L x ____W	____TOTAL SFT
AREA(S)	____CEILINGS	____CROWN	____WALLS	____TRIM	____DOORS ____CLOSET
COLOUR					
BASEBOARD ONLY: ____LF	DOOR TRIM ONLY: ____LF	WINDOW TRIM ONLY: ____LF	DOORS ONLY: ____QTY		
UPPER STAIRWELL:	____H	____L x ____W	____L x ____W	____L x ____W	____TOTAL SFT
AREA(S)	____CEILINGS	____CROWN	____WALLS	____TRIM	____DOORS ____CLOSET
COLOUR					
BASEBOARD ONLY: ____LF	DOOR TRIM ONLY: ____LF	WINDOW TRIM ONLY: ____LF	DOORS ONLY: ____QTY		
LOWER HALL:	____H	____L x ____W	____L x ____W	____L x ____W	____TOTAL SFT
AREA(S)	____CEILINGS	____CROWN	____WALLS	____TRIM	____DOORS ____CLOSET
COLOUR					
BASEBOARD ONLY: ____LF	DOOR TRIM ONLY: ____LF	WINDOW TRIM ONLY: ____LF	DOORS ONLY: ____QTY		
LOWER STAIRWELL:	____H	____L x ____W	____L x ____W	____L x ____W	____TOTAL SFT
AREA(S)	____CEILINGS	____CROWN	____WALLS	____TRIM	____DOORS ____CLOSET
COLOUR					
BASEBOARD ONLY: ____LF	DOOR TRIM ONLY: ____LF	WINDOW TRIM ONLY: ____LF	DOORS ONLY: ____QTY		
GARAGE:	____H	____L x ____W	____L x ____W	____L x ____W	____TOTAL SFT
AREA(S)	____CEILINGS	____CROWN	____WALLS	____TRIM	____DOORS ____CLOSET
COLOUR					
BASEBOARD ONLY: ____LF	DOOR TRIM ONLY: ____LF	WINDOW TRIM ONLY: ____LF	DOORS ONLY: ____QTY		

NOTES:

STAIRCASE	TREADS #	RISERS #	STRINGERS #	POSTS #	BALUSTERS #	HANDRAIL #
PRIME						
PAINT						
STAIN						
CLEAR COAT						

KITCHEN					
	UPPER CABINET DOORS	BASE CABINETS DOORS	DRAWERS	VANITY	OTHER
PRIME					
PAINT					
STAIN					
CLEAR COAT					

WALLPAPER REMOVAL

ROOM(S) _____

ROOM SIZE _____ W x _____ L x _____ H

BORDER _____ YES _____ NO

DRAWING

INTERIOR RESIDENTAL PAINTING ESTIMATE FORM

CLIENT CALL DATE: _____   CLIENT CALL BACK DATE: _____

CLIENT SITE VISIT DATE: _____ TIME: _____   CLIENT 2ᴺ CALL BACK DATE: _____

CLIENT NAME: _____   PHONE NUMBER: _____

ADDRESS: _____   EMAIL: _____

CITY: _____ POSTAL CODE _____   OTHER: _____

HOW DID YOU HEAR ABOUT US?   GOOGLE   WEBSITE   MAGAZINE   WORD OF MOUTH   SIGNAGE

CLIENT REFERRAL-NAME: _____   REFERRAL PROGRAM: _____

ESTIMATE DATE: _____   ESTIMATE # _____

REQUESTED START DATE: _____   REQUESTED FINISH DATE: _____

APPROX START DATE: _____   APPROX NUMBER OF DAYS: _____

NOTES:

SPECIAL INSTRUCTIONS:

KITCHEN:	_____H	_____L x ___W	_____L x ___W	_____L x ___W	_____TOTAL SFT
AREA(S)	_____CEILINGS	_____CROWN	_____WALLS	_____TRIM	_____DOORS _____CLOSET
COLOUR					
BASEBOARD ONLY: _____LF	DOOR TRIM ONLY: _____LF	WINDOW TRIM ONLY: _____LF	DOORS ONLY: _____QTY		

DINING ROOM:	_____H	_____L x ___W	_____L x ___W	_____L x ___W	_____TOTAL SFT
AREA(S)	_____CEILINGS	_____CROWN	_____WALLS	_____TRIM	_____DOORS _____CLOSET
COLOUR					
BASEBOARD ONLY: _____LF	DOOR TRIM ONLY: _____LF	WINDOW TRIM ONLY: _____LF	DOORS ONLY: _____QTY		

PANTRY:	_____H	_____L x ___W	_____L x ___W	_____L x ___W	_____TOTAL SFT
AREA(S)	_____CEILINGS	_____CROWN	_____WALLS	_____TRIM	_____DOORS _____CLOSET
COLOUR					
BASEBOARD ONLY: _____LF	DOOR TRIM ONLY: _____LF	WINDOW TRIM ONLY: _____LF	DOORS ONLY: _____QTY		

LIVING ROOM:	_____H	_____L x ___W	_____L x ___W	_____L x ___W	_____TOTAL SFT
AREA(S)	_____CEILINGS	_____CROWN	_____WALLS	_____TRIM	_____DOORS _____CLOSET
COLOUR					
BASEBOARD ONLY: _____LF	DOOR TRIM ONLY: _____LF	WINDOW TRIM ONLY: _____LF	DOORS ONLY: _____QTY		

LAUNDRY:	_____H	_____L x ___W	_____L x ___W	_____L x ___W	_____TOTAL SFT
AREA(S)	_____CEILINGS	_____CROWN	_____WALLS	_____TRIM	_____DOORS _____CLOSET
COLOUR					
BASEBOARD ONLY: _____LF	DOOR TRIM ONLY: _____LF	WINDOW TRIM ONLY: _____LF	DOORS ONLY: _____QTY		

MUDROOM:	_____H	_____L x ___W	_____L x ___W	_____L x ___W	_____TOTAL SFT
AREA(S)	_____CEILINGS	_____CROWN	_____WALLS	_____TRIM	_____DOORS _____CLOSET
COLOUR					
BASEBOARD ONLY: _____LF	DOOR TRIM ONLY: _____LF	WINDOW TRIM ONLY: _____LF	DOORS ONLY: _____QTY		

FOYER:	_____H	_____L x ___W	_____L x ___W	_____L x ___W	_____TOTAL SFT
AREA(S)	_____CEILINGS	_____CROWN	_____WALLS	_____TRIM	_____DOORS _____CLOSET
COLOUR					
BASEBOARD ONLY: _____LF	DOOR TRIM ONLY: _____LF	WINDOW TRIM ONLY: _____LF	DOORS ONLY: _____QTY		

MASTER BED:	_____H	_____L x ___W	_____L x ___W	_____L x ___W	_____TOTAL SFT
AREA(S)	_____CEILINGS	_____CROWN	_____WALLS	_____TRIM	_____DOORS _____CLOSET
COLOUR					
BASEBOARD ONLY: _____LF	DOOR TRIM ONLY: _____LF	WINDOW TRIM ONLY: _____LF	DOORS ONLY: _____QTY		

ENSUITE:	_____H	_____L x ___W	_____L x ___W	_____L x ___W	_____TOTAL SFT
AREA(S)	_____CEILINGS	_____CROWN	_____WALLS	_____TRIM	_____DOORS _____CLOSET
COLOUR					
BASEBOARD ONLY: _____LF	DOOR TRIM ONLY: _____LF	WINDOW TRIM ONLY: _____LF	DOORS ONLY: _____QTY		

BEDROOM 1:	_____H	_____L x ___W	_____L x ___W	_____L x ___W	_____TOTAL SFT
AREA(S)	_____CEILINGS	_____CROWN	_____WALLS	_____TRIM	_____DOORS _____CLOSET
COLOUR					
BASEBOARD ONLY: _____LF	DOOR TRIM ONLY: _____LF	WINDOW TRIM ONLY: _____LF	DOORS ONLY: _____QTY		

BEDROOM 2:	_____H	_____L x ___W	_____L x ___W	_____L x ___W	_____TOTAL SFT
AREA(S)	_____CEILINGS	_____CROWN	_____WALLS	_____TRIM	_____DOORS _____CLOSET
COLOUR					
BASEBOARD ONLY: _____LF	DOOR TRIM ONLY: _____LF	WINDOW TRIM ONLY: _____LF	DOORS ONLY: _____QTY		

BEDROOM 3:	_____H	_____L x ___W	_____L x ___W	_____L x ___W	_____TOTAL SFT
AREA(S)	_____CEILINGS	_____CROWN	_____WALLS	_____TRIM	_____DOORS _____CLOSET
COLOUR					
BASEBOARD ONLY: _____LF	DOOR TRIM ONLY: _____LF	WINDOW TRIM ONLY: _____LF	DOORS ONLY: _____QTY		

BEDROOM 4:	_____H	_____L x ___W	_____L x ___W	_____L x ___W	_____TOTAL SFT
AREA(S)	_____CEILINGS	_____CROWN	_____WALLS	_____TRIM	_____DOORS _____CLOSET
COLOUR					
BASEBOARD ONLY: _____LF	DOOR TRIM ONLY: _____LF	WINDOW TRIM ONLY: _____LF	DOORS ONLY: _____QTY		

MAIN BATH:	_____H	_____L x ___W	_____L x ___W	_____L x ___W	_____TOTAL SFT
AREA(S)	_____CEILINGS	_____CROWN	_____WALLS	_____TRIM	_____DOORS _____CLOSET
COLOUR					
BASEBOARD ONLY: _____LF	DOOR TRIM ONLY: _____LF	WINDOW TRIM ONLY: _____LF	DOORS ONLY: _____QTY		

BATH 1:	_____H	_____L x ___W	_____L x ___W	_____L x ___W	_____TOTAL SFT
AREA(S)	_____CEILINGS	_____CROWN	_____WALLS	_____TRIM	_____DOORS _____CLOSET
COLOUR					
BASEBOARD ONLY: _____LF	DOOR TRIM ONLY: _____LF	WINDOW TRIM ONLY: _____LF	DOORS ONLY: _____QTY		

ATH 2: _____H	_____ L x ___ W	_____ L x ___ W	_____ L x ___ W	_____ TOTAL SFT	
AREA(S) ____CEILINGS	_____CROWN	_____WALLS	_____TRIM	_____DOORS	_____CLOSET
COLOUR _____	_____	_____	_____	_____	_____
BASEBOARD ONLY: _____LF	DOOR TRIM ONLY: _____LF	WINDOW TRIM ONLY: _____LF	DOORS ONLY: _____QTY		
POWDER ROOM: _____H	_____ L x ___ W	_____ L x ___ W	_____ L x ___ W	_____ TOTAL SFT	
AREA(S) ____CEILINGS	_____CROWN	_____WALLS	_____TRIM	_____DOORS	_____CLOSET
COLOUR _____	_____	_____	_____	_____	_____
BASEBOARD ONLY: _____LF	DOOR TRIM ONLY: _____LF	WINDOW TRIM ONLY: _____LF	DOORS ONLY: _____QTY		
REC ROOM _____H	_____ L x ___ W	_____ L x ___ W	_____ L x ___ W	_____ TOTAL SFT	
AREA(S) ____CEILINGS	_____CROWN	_____WALLS	_____TRIM	_____DOORS	_____CLOSET
COLOUR _____	_____	_____	_____	_____	_____
BASEBOARD ONLY: _____LF	DOOR TRIM ONLY: _____LF	WINDOW TRIM ONLY: _____LF	DOORS ONLY: _____QTY		
MAIN FLOOR HALL: _____H	_____ L x ___ W	_____ L x ___ W	_____ L x ___ W	_____ TOTAL SFT	
AREA(S) ____CEILINGS	_____CROWN	_____WALLS	_____TRIM	_____DOORS	_____CLOSET
COLOUR _____	_____	_____	_____	_____	_____
BASEBOARD ONLY: _____LF	DOOR TRIM ONLY: _____LF	WINDOW TRIM ONLY: _____LF	DOORS ONLY: _____QTY		
UPPER HALL: _____H	_____ L x ___ W	_____ L x ___ W	_____ L x ___ W	_____ TOTAL SFT	
AREA(S) ____CEILINGS	_____CROWN	_____WALLS	_____TRIM	_____DOORS	_____CLOSET
COLOUR _____	_____	_____	_____	_____	_____
BASEBOARD ONLY: _____LF	DOOR TRIM ONLY: _____LF	WINDOW TRIM ONLY: _____LF	DOORS ONLY: _____QTY		
UPPER STAIRWELL: _____H	_____ L x ___ W	_____ L x ___ W	_____ L x ___ W	_____ TOTAL SFT	
AREA(S) ____CEILINGS	_____CROWN	_____WALLS	_____TRIM	_____DOORS	_____CLOSET
COLOUR _____	_____	_____	_____	_____	_____
BASEBOARD ONLY: _____LF	DOOR TRIM ONLY: _____LF	WINDOW TRIM ONLY: _____LF	DOORS ONLY: _____QTY		
LOWER HALL: _____H	_____ L x ___ W	_____ L x ___ W	_____ L x ___ W	_____ TOTAL SFT	
AREA(S) ____CEILINGS	_____CROWN	_____WALLS	_____TRIM	_____DOORS	_____CLOSET
COLOUR _____	_____	_____	_____	_____	_____
BASEBOARD ONLY: _____LF	DOOR TRIM ONLY: _____LF	WINDOW TRIM ONLY: _____LF	DOORS ONLY: _____QTY		
LOWER STAIRWELL: _____H	_____ L x ___ W	_____ L x ___ W	_____ L x ___ W	_____ TOTAL SFT	
AREA(S) ____CEILINGS	_____CROWN	_____WALLS	_____TRIM	_____DOORS	_____CLOSET
COLOUR _____	_____	_____	_____	_____	_____
BASEBOARD ONLY: _____LF	DOOR TRIM ONLY: _____LF	WINDOW TRIM ONLY: _____LF	DOORS ONLY: _____QTY		
GARAGE: _____H	_____ L x ___ W	_____ L x ___ W	_____ L x ___ W	_____ TOTAL SFT	
AREA(S) ____CEILINGS	_____CROWN	_____WALLS	_____TRIM	_____DOORS	_____CLOSET
COLOUR _____	_____	_____	_____	_____	_____
BASEBOARD ONLY: _____LF	DOOR TRIM ONLY: _____LF	WINDOW TRIM ONLY: _____LF	DOORS ONLY: _____QTY		

NOTES:

STAIRCASE	TREADS #	RISERS #	STRINGERS #	POSTS #	BALUSTERS #	HANDRAIL #
PRIME						
PAINT						
STAIN						
CLEAR COAT						

KITCHEN	UPPER CABINET DOORS	BASE CABINETS DOORS	DRAWERS	VANITY	OTHER
PRIME					
PAINT					
STAIN					
CLEAR COAT					

WALLPAPER REMOVAL

ROOM(S) _____

ROOM SIZE _____W x _____L x _____H

BORDER _____YES _____NO

DRAWING

INTERIOR RESIDENTAL PAINTING ESTIMATE FORM

CLIENT CALL DATE: _____   CLIENT CALL BACK DATE: _____

CLIENT SITE VISIT DATE: _____ TIME: _____   CLIENT 2ᴺ CALL BACK DATE: _____

CLIENT NAME: _____   PHONE NUMBER: _____

ADDRESS: _____   EMAIL: _____

CITY: _____ POSTAL CODE _____   OTHER: _____

HOW DID YOU HEAR ABOUT US?   GOOGLE   WEBSITE   MAGAZINE   WORD OF MOUTH   SIGNAGE

CLIENT REFERRAL-NAME: _____   REFERRAL PROGRAM: _____

ESTIMATE DATE: _____   ESTIMATE # _____

REQUESTED START DATE: _____   REQUESTED FINISH DATE: _____

APPROX START DATE: _____   APPROX NUMBER OF DAYS: _____

NOTES:
_____
_____
_____
_____
_____
_____
_____
_____

SPECIAL INSTRUCTIONS:
_____
_____
_____
_____
_____
_____
_____
_____
_____
_____
_____
_____

KITCHEN:	____H	____L x ___W	____L x ___W	____L x ___W	____TOTAL SFT
AREA(S)	____CEILINGS	____CROWN	____WALLS	____TRIM	____DOORS ____CLOSET
COLOUR					
BASEBOARD ONLY: ____LF	DOOR TRIM ONLY: ____LF	WINDOW TRIM ONLY: ____LF	DOORS ONLY: ____QTY		

DINING ROOM:	____H	____L x ___W	____L x ___W	____L x ___W	____TOTAL SFT
AREA(S)	____CEILINGS	____CROWN	____WALLS	____TRIM	____DOORS ____CLOSET
COLOUR					
BASEBOARD ONLY: ____LF	DOOR TRIM ONLY: ____LF	WINDOW TRIM ONLY: ____LF	DOORS ONLY: ____QTY		

PANTRY:	____H	____L x ___W	____L x ___W	____L x ___W	____TOTAL SFT
AREA(S)	____CEILINGS	____CROWN	____WALLS	____TRIM	____DOORS ____CLOSET
COLOUR					
BASEBOARD ONLY: ____LF	DOOR TRIM ONLY: ____LF	WINDOW TRIM ONLY: ____LF	DOORS ONLY: ____QTY		

LIVING ROOM:	____H	____L x ___W	____L x ___W	____L x ___W	____TOTAL SFT
AREA(S)	____CEILINGS	____CROWN	____WALLS	____TRIM	____DOORS ____CLOSET
COLOUR					
BASEBOARD ONLY: ____LF	DOOR TRIM ONLY: ____LF	WINDOW TRIM ONLY: ____LF	DOORS ONLY: ____QTY		

LAUNDRY:	____H	____L x ___W	____L x ___W	____L x ___W	____TOTAL SFT
AREA(S)	____CEILINGS	____CROWN	____WALLS	____TRIM	____DOORS ____CLOSET
COLOUR					
BASEBOARD ONLY: ____LF	DOOR TRIM ONLY: ____LF	WINDOW TRIM ONLY: ____LF	DOORS ONLY: ____QTY		

MUDROOM:	____H	____L x ___W	____L x ___W	____L x ___W	____TOTAL SFT
AREA(S)	____CEILINGS	____CROWN	____WALLS	____TRIM	____DOORS ____CLOSET
COLOUR					
BASEBOARD ONLY: ____LF	DOOR TRIM ONLY: ____LF	WINDOW TRIM ONLY: ____LF	DOORS ONLY: ____QTY		

FOYER:	____H	____L x ___W	____L x ___W	____L x ___W	____TOTAL SFT
AREA(S)	____CEILINGS	____CROWN	____WALLS	____TRIM	____DOORS ____CLOSET
COLOUR					
BASEBOARD ONLY: ____LF	DOOR TRIM ONLY: ____LF	WINDOW TRIM ONLY: ____LF	DOORS ONLY: ____QTY		

MASTER BED:	____H	____L x ___W	____L x ___W	____L x ___W	____TOTAL SFT
AREA(S)	____CEILINGS	____CROWN	____WALLS	____TRIM	____DOORS ____CLOSET
COLOUR					
BASEBOARD ONLY: ____LF	DOOR TRIM ONLY: ____LF	WINDOW TRIM ONLY: ____LF	DOORS ONLY: ____QTY		

ENSUITE:	____H	____L x ___W	____L x ___W	____L x ___W	____TOTAL SFT
AREA(S)	____CEILINGS	____CROWN	____WALLS	____TRIM	____DOORS ____CLOSET
COLOUR					
BASEBOARD ONLY: ____LF	DOOR TRIM ONLY: ____LF	WINDOW TRIM ONLY: ____LF	DOORS ONLY: ____QTY		

BEDROOM 1:	____H	____L x ___W	____L x ___W	____L x ___W	____TOTAL SFT
AREA(S)	____CEILINGS	____CROWN	____WALLS	____TRIM	____DOORS ____CLOSET
COLOUR					
BASEBOARD ONLY: ____LF	DOOR TRIM ONLY: ____LF	WINDOW TRIM ONLY: ____LF	DOORS ONLY: ____QTY		

BEDROOM 2:	____H	____L x ___W	____L x ___W	____L x ___W	____TOTAL SFT
AREA(S)	____CEILINGS	____CROWN	____WALLS	____TRIM	____DOORS ____CLOSET
COLOUR					
BASEBOARD ONLY: ____LF	DOOR TRIM ONLY: ____LF	WINDOW TRIM ONLY: ____LF	DOORS ONLY: ____QTY		

BEDROOM 3:	____H	____L x ___W	____L x ___W	____L x ___W	____TOTAL SFT
AREA(S)	____CEILINGS	____CROWN	____WALLS	____TRIM	____DOORS ____CLOSET
COLOUR					
BASEBOARD ONLY: ____LF	DOOR TRIM ONLY: ____LF	WINDOW TRIM ONLY: ____LF	DOORS ONLY: ____QTY		

BEDROOM 4:	____H	____L x ___W	____L x ___W	____L x ___W	____TOTAL SFT
AREA(S)	____CEILINGS	____CROWN	____WALLS	____TRIM	____DOORS ____CLOSET
COLOUR					
BASEBOARD ONLY: ____LF	DOOR TRIM ONLY: ____LF	WINDOW TRIM ONLY: ____LF	DOORS ONLY: ____QTY		

MAIN BATH:	____H	____L x ___W	____L x ___W	____L x ___W	____TOTAL SFT
AREA(S)	____CEILINGS	____CROWN	____WALLS	____TRIM	____DOORS ____CLOSET
COLOUR					
BASEBOARD ONLY: ____LF	DOOR TRIM ONLY: ____LF	WINDOW TRIM ONLY: ____LF	DOORS ONLY: ____QTY		

BATH 1:	____H	____L x ___W	____L x ___W	____L x ___W	____TOTAL SFT
AREA(S)	____CEILINGS	____CROWN	____WALLS	____TRIM	____DOORS ____CLOSET
COLOUR					
BASEBOARD ONLY: ____LF	DOOR TRIM ONLY: ____LF	WINDOW TRIM ONLY: ____LF	DOORS ONLY: ____QTY		

ATH 2:	___H	___ L x ___ W	___ L x ___ W	___ L x ___ W	___ TOTAL SFT
AREA(S) ___CEILINGS	___CROWN	___WALLS	___TRIM	___DOORS	___CLOSET
COLOUR ___	___	___	___	___	___
BASEBOARD ONLY: ___LF	DOOR TRIM ONLY: ___LF	WINDOW TRIM ONLY: ___LF	DOORS ONLY: ___QTY		
POWDER ROOM:	___H	___ L x ___ W	___ L x ___ W	___ L x ___ W	___ TOTAL SFT
AREA(S) ___CEILINGS	___CROWN	___WALLS	___TRIM	___DOORS	___CLOSET
COLOUR ___	___	___	___	___	___
BASEBOARD ONLY: ___LF	DOOR TRIM ONLY: ___LF	WINDOW TRIM ONLY: ___LF	DOORS ONLY: ___QTY		
REC ROOM	___H	___ L x ___ W	___ L x ___ W	___ L x ___ W	___ TOTAL SFT
AREA(S) ___CEILINGS	___CROWN	___WALLS	___TRIM	___DOORS	___CLOSET
COLOUR ___	___	___	___	___	___
BASEBOARD ONLY: ___LF	DOOR TRIM ONLY: ___LF	WINDOW TRIM ONLY: ___LF	DOORS ONLY: ___QTY		
MAIN FLOOR HALL:	___H	___ L x ___ W	___ L x ___ W	___ L x ___ W	___ TOTAL SFT
AREA(S) ___CEILINGS	___CROWN	___WALLS	___TRIM	___DOORS	___CLOSET
COLOUR ___	___	___	___	___	___
BASEBOARD ONLY: ___LF	DOOR TRIM ONLY: ___LF	WINDOW TRIM ONLY: ___LF	DOORS ONLY: ___QTY		
UPPER HALL:	___H	___ L x ___ W	___ L x ___ W	___ L x ___ W	___ TOTAL SFT
AREA(S) ___CEILINGS	___CROWN	___WALLS	___TRIM	___DOORS	___CLOSET
COLOUR ___	___	___	___	___	___
BASEBOARD ONLY: ___LF	DOOR TRIM ONLY: ___LF	WINDOW TRIM ONLY: ___LF	DOORS ONLY: ___QTY		
UPPER STAIRWELL:	___H	___ L x ___ W	___ L x ___ W	___ L x ___ W	___ TOTAL SFT
AREA(S) ___CEILINGS	___CROWN	___WALLS	___TRIM	___DOORS	___CLOSET
COLOUR ___	___	___	___	___	___
BASEBOARD ONLY: ___LF	DOOR TRIM ONLY: ___LF	WINDOW TRIM ONLY: ___LF	DOORS ONLY: ___QTY		
LOWER HALL:	___H	___ L x ___ W	___ L x ___ W	___ L x ___ W	___ TOTAL SFT
AREA(S) ___CEILINGS	___CROWN	___WALLS	___TRIM	___DOORS	___CLOSET
COLOUR ___	___	___	___	___	___
BASEBOARD ONLY: ___LF	DOOR TRIM ONLY: ___LF	WINDOW TRIM ONLY: ___LF	DOORS ONLY: ___QTY		
LOWER STAIRWELL:	___H	___ L x ___ W	___ L x ___ W	___ L x ___ W	___ TOTAL SFT
AREA(S) ___CEILINGS	___CROWN	___WALLS	___TRIM	___DOORS	___CLOSET
COLOUR ___	___	___	___	___	___
BASEBOARD ONLY: ___LF	DOOR TRIM ONLY: ___LF	WINDOW TRIM ONLY: ___LF	DOORS ONLY: ___QTY		
GARAGE:	___H	___ L x ___ W	___ L x ___ W	___ L x ___ W	___ TOTAL SFT
AREA(S) ___CEILINGS	___CROWN	___WALLS	___TRIM	___DOORS	___CLOSET
COLOUR ___	___	___	___	___	___
BASEBOARD ONLY: ___LF	DOOR TRIM ONLY: ___LF	WINDOW TRIM ONLY: ___LF	DOORS ONLY: ___QTY		

NOTES:

STAIRCASE	TREADS #	RISERS #	STRINGERS #	POSTS #	BALUSTERS #	HANDRAIL #
PRIME						
PAINT						
STAIN						
CLEAR COAT						

KITCHEN	UPPER CABINET DOORS	BASE CABINETS DOORS	DRAWERS	VANITY	OTHER
PRIME					
PAINT					
STAIN					
CLEAR COAT					

WALLPAPER REMOVAL

ROOM(S) _____

ROOM SIZE _____ W x _____ L x _____ H

BORDER _____ YES _____ NO

DRAWING

INTERIOR RESIDENTAL PAINTING ESTIMATE FORM

CLIENT CALL DATE: _____   CLIENT CALL BACK DATE: _____

CLIENT SITE VISIT DATE: _____ TIME: _____   CLIENT 2ᴺ CALL BACK DATE: _____

CLIENT NAME: _____   PHONE NUMBER: _____

ADDRESS: _____   EMAIL: _____

CITY: _____POSTAL CODE_____   OTHER: _____

HOW DID YOU HEAR ABOUT US?   GOOGLE   WEBSITE   MAGAZINE   WORD OF MOUTH   SIGNAGE

CLIENT REFERRAL-NAME: _____   REFERRAL PROGRAM: _____

ESTIMATE DATE: _____   ESTIMATE # _____

REQUESTED START DATE: _____   REQUESTED FINISH DATE: _____

APPROX START DATE: _____   APPROX NUMBER OF DAYS: _____

NOTES:
_____
_____
_____
_____
_____
_____
_____

SPECIAL INSTRUCTIONS:
_____
_____
_____
_____
_____
_____
_____
_____
_____
_____
_____
_____

KITCHEN:	_____H	_____ L x ___ W	_____ L x ___ W	_____ L x ___ W	____ TOTAL SFT	
AREA(S)	____CEILINGS	_____CROWN	_____WALLS	_____TRIM	_____DOORS	____CLOSET
COLOUR	_____	_____	_____	_____	_____	_____
BASEBOARD ONLY: _____LF	DOOR TRIM ONLY: _____LF		WINDOW TRIM ONLY: _____LF		DOORS ONLY: _____QTY	
DINING ROOM:	_____H	_____ L x ___ W	_____ L x ___ W	_____ L x ___ W	____ TOTAL SFT	
AREA(S)	____CEILINGS	_____CROWN	_____WALLS	_____TRIM	_____DOORS	____CLOSET
COLOUR	_____	_____	_____	_____	_____	_____
BASEBOARD ONLY: _____LF	DOOR TRIM ONLY: _____LF		WINDOW TRIM ONLY: _____LF		DOORS ONLY: _____QTY	
PANTRY:	_____H	_____ L x ___ W	_____ L x ___ W	_____ L x ___ W	____ TOTAL SFT	
AREA(S)	____CEILINGS	_____CROWN	_____WALLS	_____TRIM	_____DOORS	____CLOSET
COLOUR	_____	_____	_____	_____	_____	_____
BASEBOARD ONLY: _____LF	DOOR TRIM ONLY: _____LF		WINDOW TRIM ONLY: _____LF		DOORS ONLY: _____QTY	
LIVING ROOM:	_____H	_____ L x ___ W	_____ L x ___ W	_____ L x ___ W	____ TOTAL SFT	
AREA(S)	____CEILINGS	_____CROWN	_____WALLS	_____TRIM	_____DOORS	____CLOSET
COLOUR	_____	_____	_____	_____	_____	_____
BASEBOARD ONLY: _____LF	DOOR TRIM ONLY: _____LF		WINDOW TRIM ONLY: _____LF		DOORS ONLY: _____QTY	
LAUNDRY:	_____H	_____ L x ___ W	_____ L x ___ W	_____ L x ___ W	____ TOTAL SFT	
AREA(S)	____CEILINGS	_____CROWN	_____WALLS	_____TRIM	_____DOORS	____CLOSET
COLOUR	_____	_____	_____	_____	_____	_____
BASEBOARD ONLY: _____LF	DOOR TRIM ONLY: _____LF		WINDOW TRIM ONLY: _____LF		DOORS ONLY: _____QTY	
MUDROOM:	_____H	_____ L x ___ W	_____ L x ___ W	_____ L x ___ W	____ TOTAL SFT	
AREA(S)	____CEILINGS	_____CROWN	_____WALLS	_____TRIM	_____DOORS	____CLOSET
COLOUR	_____	_____	_____	_____	_____	_____
BASEBOARD ONLY: _____LF	DOOR TRIM ONLY: _____LF		WINDOW TRIM ONLY: _____LF		DOORS ONLY: _____QTY	
FOYER:	_____H	_____ L x ___ W	_____ L x ___ W	_____ L x ___ W	____ TOTAL SFT	
AREA(S)	____CEILINGS	_____CROWN	_____WALLS	_____TRIM	_____DOORS	____CLOSET
COLOUR	_____	_____	_____	_____	_____	_____
BASEBOARD ONLY: _____LF	DOOR TRIM ONLY: _____LF		WINDOW TRIM ONLY: _____LF		DOORS ONLY: _____QTY	
MASTER BED:	_____H	_____ L x ___ W	_____ L x ___ W	_____ L x ___ W	____ TOTAL SFT	
AREA(S)	____CEILINGS	_____CROWN	_____WALLS	_____TRIM	_____DOORS	____CLOSET
COLOUR	_____	_____	_____	_____	_____	_____
BASEBOARD ONLY: _____LF	DOOR TRIM ONLY: _____LF		WINDOW TRIM ONLY: _____LF		DOORS ONLY: _____QTY	
ENSUITE:	_____H	_____ L x ___ W	_____ L x ___ W	_____ L x ___ W	____ TOTAL SFT	
AREA(S)	____CEILINGS	_____CROWN	_____WALLS	_____TRIM	_____DOORS	____CLOSET
COLOUR	_____	_____	_____	_____	_____	_____
BASEBOARD ONLY: _____LF	DOOR TRIM ONLY: _____LF		WINDOW TRIM ONLY: _____LF		DOORS ONLY: _____QTY	
BEDROOM 1:	_____H	_____ L x ___ W	_____ L x ___ W	_____ L x ___ W	____ TOTAL SFT	
AREA(S)	____CEILINGS	_____CROWN	_____WALLS	_____TRIM	_____DOORS	____CLOSET
COLOUR	_____	_____	_____	_____	_____	_____
BASEBOARD ONLY: _____LF	DOOR TRIM ONLY: _____LF		WINDOW TRIM ONLY: _____LF		DOORS ONLY: _____QTY	
BEDROOM 2:	_____H	_____ L x ___ W	_____ L x ___ W	_____ L x ___ W	____ TOTAL SFT	
AREA(S)	____CEILINGS	_____CROWN	_____WALLS	_____TRIM	_____DOORS	____CLOSET
COLOUR	_____	_____	_____	_____	_____	_____
BASEBOARD ONLY: _____LF	DOOR TRIM ONLY: _____LF		WINDOW TRIM ONLY: _____LF		DOORS ONLY: _____QTY	
BEDROOM 3:	_____H	_____ L x ___ W	_____ L x ___ W	_____ L x ___ W	____ TOTAL SFT	
AREA(S)	____CEILINGS	_____CROWN	_____WALLS	_____TRIM	_____DOORS	____CLOSET
COLOUR	_____	_____	_____	_____	_____	_____
BASEBOARD ONLY: _____LF	DOOR TRIM ONLY: _____LF		WINDOW TRIM ONLY: _____LF		DOORS ONLY: _____QTY	
BEDROOM 4:	_____H	_____ L x ___ W	_____ L x ___ W	_____ L x ___ W	____ TOTAL SFT	
AREA(S)	____CEILINGS	_____CROWN	_____WALLS	_____TRIM	_____DOORS	____CLOSET
COLOUR	_____	_____	_____	_____	_____	_____
BASEBOARD ONLY: _____LF	DOOR TRIM ONLY: _____LF		WINDOW TRIM ONLY: _____LF		DOORS ONLY: _____QTY	
MAIN BATH:	_____H	_____ L x ___ W	_____ L x ___ W	_____ L x ___ W	____ TOTAL SFT	
AREA(S)	____CEILINGS	_____CROWN	_____WALLS	_____TRIM	_____DOORS	____CLOSET
COLOUR	_____	_____	_____	_____	_____	_____
BASEBOARD ONLY: _____LF	DOOR TRIM ONLY: _____LF		WINDOW TRIM ONLY: _____LF		DOORS ONLY: _____QTY	
BATH 1:	_____H	_____ L x ___ W	_____ L x ___ W	_____ L x ___ W	____ TOTAL SFT	
AREA(S)	____CEILINGS	_____CROWN	_____WALLS	_____TRIM	_____DOORS	____CLOSET
COLOUR	_____	_____	_____	_____	_____	_____
BASEBOARD ONLY: _____LF	DOOR TRIM ONLY: _____LF		WINDOW TRIM ONLY: _____LF		DOORS ONLY: _____QTY	

ATH 2:	___H	___L x ___W	___L x ___W	___L x ___W	___TOTAL SFT
AREA(S) ___CEILINGS	___CROWN	___WALLS	___TRIM	___DOORS	___CLOSET
COLOUR					
BASEBOARD ONLY: ___LF	DOOR TRIM ONLY: ___LF	WINDOW TRIM ONLY: ___LF		DOORS ONLY: ___QTY	

POWDER ROOM:	___H	___L x ___W	___L x ___W	___L x ___W	___TOTAL SFT
AREA(S) ___CEILINGS	___CROWN	___WALLS	___TRIM	___DOORS	___CLOSET
COLOUR					
BASEBOARD ONLY: ___LF	DOOR TRIM ONLY: ___LF	WINDOW TRIM ONLY: ___LF		DOORS ONLY: ___QTY	

REC ROOM	___H	___L x ___W	___L x ___W	___L x ___W	___TOTAL SFT
AREA(S) ___CEILINGS	___CROWN	___WALLS	___TRIM	___DOORS	___CLOSET
COLOUR					
BASEBOARD ONLY: ___LF	DOOR TRIM ONLY: ___LF	WINDOW TRIM ONLY: ___LF		DOORS ONLY: ___QTY	

MAIN FLOOR HALL:	___H	___L x ___W	___L x ___W	___L x ___W	___TOTAL SFT
AREA(S) ___CEILINGS	___CROWN	___WALLS	___TRIM	___DOORS	___CLOSET
COLOUR					
BASEBOARD ONLY: ___LF	DOOR TRIM ONLY: ___LF	WINDOW TRIM ONLY: ___LF		DOORS ONLY: ___QTY	

UPPER HALL:	___H	___L x ___W	___L x ___W	___L x ___W	___TOTAL SFT
AREA(S) ___CEILINGS	___CROWN	___WALLS	___TRIM	___DOORS	___CLOSET
COLOUR					
BASEBOARD ONLY: ___LF	DOOR TRIM ONLY: ___LF	WINDOW TRIM ONLY: ___LF		DOORS ONLY: ___QTY	

UPPER STAIRWELL:	___H	___L x ___W	___L x ___W	___L x ___W	___TOTAL SFT
AREA(S) ___CEILINGS	___CROWN	___WALLS	___TRIM	___DOORS	___CLOSET
COLOUR					
BASEBOARD ONLY: ___LF	DOOR TRIM ONLY: ___LF	WINDOW TRIM ONLY: ___LF		DOORS ONLY: ___QTY	

LOWER HALL:	___H	___L x ___W	___L x ___W	___L x ___W	___TOTAL SFT
AREA(S) ___CEILINGS	___CROWN	___WALLS	___TRIM	___DOORS	___CLOSET
COLOUR					
BASEBOARD ONLY: ___LF	DOOR TRIM ONLY: ___LF	WINDOW TRIM ONLY: ___LF		DOORS ONLY: ___QTY	

LOWER STAIRWELL:	___H	___L x ___W	___L x ___W	___L x ___W	___TOTAL SFT
AREA(S) ___CEILINGS	___CROWN	___WALLS	___TRIM	___DOORS	___CLOSET
COLOUR					
BASEBOARD ONLY: ___LF	DOOR TRIM ONLY: ___LF	WINDOW TRIM ONLY: ___LF		DOORS ONLY: ___QTY	

GARAGE:	___H	___L x ___W	___L x ___W	___L x ___W	___TOTAL SFT
AREA(S) ___CEILINGS	___CROWN	___WALLS	___TRIM	___DOORS	___CLOSET
COLOUR					
BASEBOARD ONLY: ___LF	DOOR TRIM ONLY: ___LF	WINDOW TRIM ONLY: ___LF		DOORS ONLY: ___QTY	

NOTES:

STAIRCASE	TREADS #	RISERS #	STRINGERS #	POSTS #	BALUSTERS #	HANDRAIL #
PRIME						
PAINT						
STAIN						
CLEAR COAT						

KITCHEN	UPPER CABINET DOORS	BASE CABINETS DOORS	DRAWERS	VANITY	OTHER
PRIME					
PAINT					
STAIN					
CLEAR COAT					

WALLPAPER REMOVAL

ROOM(S) _____

ROOM SIZE _____W x _____L x _____H

BORDER _____YES _____NO

DRAWING

INTERIOR RESIDENTAL PAINTING ESTIMATE FORM

CLIENT CALL DATE: _____ CLIENT CALL BACK DATE: _____

CLIENT SITE VISIT DATE: _____ TIME: _____ CLIENT 2ᴺ CALL BACK DATE: _____

CLIENT NAME: _____ PHONE NUMBER: _____

ADDRESS: _____ EMAIL: _____

CITY: _____ POSTAL CODE _____ OTHER: _____

HOW DID YOU HEAR ABOUT US?   GOOGLE   WEBSITE   MAGAZINE   WORD OF MOUTH   SIGNAGE

CLIENT REFERRAL-NAME: _____ REFERRAL PROGRAM: _____

ESTIMATE DATE: _____ ESTIMATE # _____

REQUESTED START DATE: _____ REQUESTED FINISH DATE: _____

APPROX START DATE: _____ APPROX NUMBER OF DAYS: _____

NOTES:
_____
_____
_____
_____
_____
_____
_____

SPECIAL INSTRUCTIONS:
_____
_____
_____
_____
_____
_____
_____
_____
_____
_____
_____
_____

KITCHEN:	____H	____L x ____W	____L x ____W	____L x ____W	____TOTAL SFT
AREA(S)	____CEILINGS	____CROWN	____WALLS	____TRIM	____DOORS ____CLOSET
COLOUR					
BASEBOARD ONLY: ____LF	DOOR TRIM ONLY: ____LF	WINDOW TRIM ONLY: ____LF	DOORS ONLY: ____QTY		
DINING ROOM:	____H	____L x ____W	____L x ____W	____L x ____W	____TOTAL SFT
AREA(S)	____CEILINGS	____CROWN	____WALLS	____TRIM	____DOORS ____CLOSET
COLOUR					
BASEBOARD ONLY: ____LF	DOOR TRIM ONLY: ____LF	WINDOW TRIM ONLY: ____LF	DOORS ONLY: ____QTY		
PANTRY:	____H	____L x ____W	____L x ____W	____L x ____W	____TOTAL SFT
AREA(S)	____CEILINGS	____CROWN	____WALLS	____TRIM	____DOORS ____CLOSET
COLOUR					
BASEBOARD ONLY: ____LF	DOOR TRIM ONLY: ____LF	WINDOW TRIM ONLY: ____LF	DOORS ONLY: ____QTY		
LIVING ROOM:	____H	____L x ____W	____L x ____W	____L x ____W	____TOTAL SFT
AREA(S)	____CEILINGS	____CROWN	____WALLS	____TRIM	____DOORS ____CLOSET
COLOUR					
BASEBOARD ONLY: ____LF	DOOR TRIM ONLY: ____LF	WINDOW TRIM ONLY: ____LF	DOORS ONLY: ____QTY		
LAUNDRY:	____H	____L x ____W	____L x ____W	____L x ____W	____TOTAL SFT
AREA(S)	____CEILINGS	____CROWN	____WALLS	____TRIM	____DOORS ____CLOSET
COLOUR					
BASEBOARD ONLY: ____LF	DOOR TRIM ONLY: ____LF	WINDOW TRIM ONLY: ____LF	DOORS ONLY: ____QTY		
MUDROOM:	____H	____L x ____W	____L x ____W	____L x ____W	____TOTAL SFT
AREA(S)	____CEILINGS	____CROWN	____WALLS	____TRIM	____DOORS ____CLOSET
COLOUR					
BASEBOARD ONLY: ____LF	DOOR TRIM ONLY: ____LF	WINDOW TRIM ONLY: ____LF	DOORS ONLY: ____QTY		
FOYER:	____H	____L x ____W	____L x ____W	____L x ____W	____TOTAL SFT
AREA(S)	____CEILINGS	____CROWN	____WALLS	____TRIM	____DOORS ____CLOSET
COLOUR					
BASEBOARD ONLY: ____LF	DOOR TRIM ONLY: ____LF	WINDOW TRIM ONLY: ____LF	DOORS ONLY: ____QTY		
MASTER BED:	____H	____L x ____W	____L x ____W	____L x ____W	____TOTAL SFT
AREA(S)	____CEILINGS	____CROWN	____WALLS	____TRIM	____DOORS ____CLOSET
COLOUR					
BASEBOARD ONLY: ____LF	DOOR TRIM ONLY: ____LF	WINDOW TRIM ONLY: ____LF	DOORS ONLY: ____QTY		
ENSUITE:	____H	____L x ____W	____L x ____W	____L x ____W	____TOTAL SFT
AREA(S)	____CEILINGS	____CROWN	____WALLS	____TRIM	____DOORS ____CLOSET
COLOUR					
BASEBOARD ONLY: ____LF	DOOR TRIM ONLY: ____LF	WINDOW TRIM ONLY: ____LF	DOORS ONLY: ____QTY		
BEDROOM 1:	____H	____L x ____W	____L x ____W	____L x ____W	____TOTAL SFT
AREA(S)	____CEILINGS	____CROWN	____WALLS	____TRIM	____DOORS ____CLOSET
COLOUR					
BASEBOARD ONLY: ____LF	DOOR TRIM ONLY: ____LF	WINDOW TRIM ONLY: ____LF	DOORS ONLY: ____QTY		
BEDROOM 2:	____H	____L x ____W	____L x ____W	____L x ____W	____TOTAL SFT
AREA(S)	____CEILINGS	____CROWN	____WALLS	____TRIM	____DOORS ____CLOSET
COLOUR					
BASEBOARD ONLY: ____LF	DOOR TRIM ONLY: ____LF	WINDOW TRIM ONLY: ____LF	DOORS ONLY: ____QTY		
BEDROOM 3:	____H	____L x ____W	____L x ____W	____L x ____W	____TOTAL SFT
AREA(S)	____CEILINGS	____CROWN	____WALLS	____TRIM	____DOORS ____CLOSET
COLOUR					
BASEBOARD ONLY: ____LF	DOOR TRIM ONLY: ____LF	WINDOW TRIM ONLY: ____LF	DOORS ONLY: ____QTY		
BEDROOM 4:	____H	____L x ____W	____L x ____W	____L x ____W	____TOTAL SFT
AREA(S)	____CEILINGS	____CROWN	____WALLS	____TRIM	____DOORS ____CLOSET
COLOUR					
BASEBOARD ONLY: ____LF	DOOR TRIM ONLY: ____LF	WINDOW TRIM ONLY: ____LF	DOORS ONLY: ____QTY		
MAIN BATH:	____H	____L x ____W	____L x ____W	____L x ____W	____TOTAL SFT
AREA(S)	____CEILINGS	____CROWN	____WALLS	____TRIM	____DOORS ____CLOSET
COLOUR					
BASEBOARD ONLY: ____LF	DOOR TRIM ONLY: ____LF	WINDOW TRIM ONLY: ____LF	DOORS ONLY: ____QTY		
BATH 1:	____H	____L x ____W	____L x ____W	____L x ____W	____TOTAL SFT
AREA(S)	____CEILINGS	____CROWN	____WALLS	____TRIM	____DOORS ____CLOSET
COLOUR					
BASEBOARD ONLY: ____LF	DOOR TRIM ONLY: ____LF	WINDOW TRIM ONLY: ____LF	DOORS ONLY: ____QTY		

ATH 2: ___H	___L x ___W	___L x ___W	___L x ___W	___TOTAL SFT	
AREA(S) ___CEILINGS	___CROWN	___WALLS	___TRIM	___DOORS	___CLOSET
COLOUR					
BASEBOARD ONLY: ___LF	DOOR TRIM ONLY: ___LF	WINDOW TRIM ONLY: ___LF	DOORS ONLY: ___QTY		
POWDER ROOM: ___H	___L x ___W	___L x ___W	___L x ___W	___TOTAL SFT	
AREA(S) ___CEILINGS	___CROWN	___WALLS	___TRIM	___DOORS	___CLOSET
COLOUR					
BASEBOARD ONLY: ___LF	DOOR TRIM ONLY: ___LF	WINDOW TRIM ONLY: ___LF	DOORS ONLY: ___QTY		
REC ROOM ___H	___L x ___W	___L x ___W	___L x ___W	___TOTAL SFT	
AREA(S) ___CEILINGS	___CROWN	___WALLS	___TRIM	___DOORS	___CLOSET
COLOUR					
BASEBOARD ONLY: ___LF	DOOR TRIM ONLY: ___LF	WINDOW TRIM ONLY: ___LF	DOORS ONLY: ___QTY		
MAIN FLOOR HALL: ___H	___L x ___W	___L x ___W	___L x ___W	___TOTAL SFT	
AREA(S) ___CEILINGS	___CROWN	___WALLS	___TRIM	___DOORS	___CLOSET
COLOUR					
BASEBOARD ONLY: ___LF	DOOR TRIM ONLY: ___LF	WINDOW TRIM ONLY: ___LF	DOORS ONLY: ___QTY		
UPPER HALL: ___H	___L x ___W	___L x ___W	___L x ___W	___TOTAL SFT	
AREA(S) ___CEILINGS	___CROWN	___WALLS	___TRIM	___DOORS	___CLOSET
COLOUR					
BASEBOARD ONLY: ___LF	DOOR TRIM ONLY: ___LF	WINDOW TRIM ONLY: ___LF	DOORS ONLY: ___QTY		
UPPER STAIRWELL: ___H	___L x ___W	___L x ___W	___L x ___W	___TOTAL SFT	
AREA(S) ___CEILINGS	___CROWN	___WALLS	___TRIM	___DOORS	___CLOSET
COLOUR					
BASEBOARD ONLY: ___LF	DOOR TRIM ONLY: ___LF	WINDOW TRIM ONLY: ___LF	DOORS ONLY: ___QTY		
LOWER HALL: ___H	___L x ___W	___L x ___W	___L x ___W	___TOTAL SFT	
AREA(S) ___CEILINGS	___CROWN	___WALLS	___TRIM	___DOORS	___CLOSET
COLOUR					
BASEBOARD ONLY: ___LF	DOOR TRIM ONLY: ___LF	WINDOW TRIM ONLY: ___LF	DOORS ONLY: ___QTY		
LOWER STAIRWELL: ___H	___L x ___W	___L x ___W	___L x ___W	___TOTAL SFT	
AREA(S) ___CEILINGS	___CROWN	___WALLS	___TRIM	___DOORS	___CLOSET
COLOUR					
BASEBOARD ONLY: ___LF	DOOR TRIM ONLY: ___LF	WINDOW TRIM ONLY: ___LF	DOORS ONLY: ___QTY		
GARAGE: ___H	___L x ___W	___L x ___W	___L x ___W	___TOTAL SFT	
AREA(S) ___CEILINGS	___CROWN	___WALLS	___TRIM	___DOORS	___CLOSET
COLOUR					
BASEBOARD ONLY: ___LF	DOOR TRIM ONLY: ___LF	WINDOW TRIM ONLY: ___LF	DOORS ONLY: ___QTY		

NOTES:

STAIRCASE	TREADS #	RISERS #	STRINGERS #	POSTS #	BALUSTERS #	HANDRAIL #
PRIME						
PAINT						
STAIN						
CLEAR COAT						

KITCHEN	UPPER CABINET DOORS	BASE CABINETS DOORS	DRAWERS	VANITY	OTHER
PRIME					
PAINT					
STAIN					
CLEAR COAT					

WALLPAPER REMOVAL

ROOM(S) _____

ROOM SIZE _____W x _____L x _____H

BORDER _____YES _____NO

DRAWING

INTERIOR RESIDENTAL PAINTING ESTIMATE FORM

CLIENT CALL DATE: _____   CLIENT CALL BACK DATE: _____

CLIENT SITE VISIT DATE: _____ TIME: _____   CLIENT 2ⁿ CALL BACK DATE: _____

CLIENT NAME: _____   PHONE NUMBER: _____

ADDRESS: _____   EMAIL: _____

CITY: _____POSTAL CODE_____   OTHER: _____

HOW DID YOU HEAR ABOUT US?   GOOGLE   WEBSITE   MAGAZINE   WORD OF MOUTH   SIGNAGE

CLIENT REFERRAL-NAME: _____   REFERRAL PROGRAM: _____

ESTIMATE DATE: _____   ESTIMATE # _____

REQUESTED START DATE: _____   REQUESTED FINISH DATE: _____

APPROX START DATE: _____   APPROX NUMBER OF DAYS: _____

NOTES:
_____
_____
_____
_____
_____
_____
_____

SPECIAL INSTRUCTIONS:
_____
_____
_____
_____
_____
_____
_____
_____
_____
_____
_____
_____

KITCHEN:	____H	____L x ____W	____L x ____W	____L x ____W	____TOTAL SFT
AREA(S)	____CEILINGS	____CROWN	____WALLS	____TRIM	____DOORS ____CLOSET
COLOUR	_____	_____	_____	_____	_____
BASEBOARD ONLY: ____LF	DOOR TRIM ONLY: ____LF	WINDOW TRIM ONLY: ____LF		DOORS ONLY: ____QTY	

DINING ROOM:	____H	____L x ____W	____L x ____W	____L x ____W	____TOTAL SFT
AREA(S)	____CEILINGS	____CROWN	____WALLS	____TRIM	____DOORS ____CLOSET
COLOUR	_____	_____	_____	_____	_____
BASEBOARD ONLY: ____LF	DOOR TRIM ONLY: ____LF	WINDOW TRIM ONLY: ____LF		DOORS ONLY: ____QTY	

PANTRY:	____H	____L x ____W	____L x ____W	____L x ____W	____TOTAL SFT
AREA(S)	____CEILINGS	____CROWN	____WALLS	____TRIM	____DOORS ____CLOSET
COLOUR	_____	_____	_____	_____	_____
BASEBOARD ONLY: ____LF	DOOR TRIM ONLY: ____LF	WINDOW TRIM ONLY: ____LF		DOORS ONLY: ____QTY	

LIVING ROOM:	____H	____L x ____W	____L x ____W	____L x ____W	____TOTAL SFT
AREA(S)	____CEILINGS	____CROWN	____WALLS	____TRIM	____DOORS ____CLOSET
COLOUR	_____	_____	_____	_____	_____
BASEBOARD ONLY: ____LF	DOOR TRIM ONLY: ____LF	WINDOW TRIM ONLY: ____LF		DOORS ONLY: ____QTY	

LAUNDRY:	____H	____L x ____W	____L x ____W	____L x ____W	____TOTAL SFT
AREA(S)	____CEILINGS	____CROWN	____WALLS	____TRIM	____DOORS ____CLOSET
COLOUR	_____	_____	_____	_____	_____
BASEBOARD ONLY: ____LF	DOOR TRIM ONLY: ____LF	WINDOW TRIM ONLY: ____LF		DOORS ONLY: ____QTY	

MUDROOM:	____H	____L x ____W	____L x ____W	____L x ____W	____TOTAL SFT
AREA(S)	____CEILINGS	____CROWN	____WALLS	____TRIM	____DOORS ____CLOSET
COLOUR	_____	_____	_____	_____	_____
BASEBOARD ONLY: ____LF	DOOR TRIM ONLY: ____LF	WINDOW TRIM ONLY: ____LF		DOORS ONLY: ____QTY	

FOYER:	____H	____L x ____W	____L x ____W	____L x ____W	____TOTAL SFT
AREA(S)	____CEILINGS	____CROWN	____WALLS	____TRIM	____DOORS ____CLOSET
COLOUR	_____	_____	_____	_____	_____
BASEBOARD ONLY: ____LF	DOOR TRIM ONLY: ____LF	WINDOW TRIM ONLY: ____LF		DOORS ONLY: ____QTY	

MASTER BED:	____H	____L x ____W	____L x ____W	____L x ____W	____TOTAL SFT
AREA(S)	____CEILINGS	____CROWN	____WALLS	____TRIM	____DOORS ____CLOSET
COLOUR	_____	_____	_____	_____	_____
BASEBOARD ONLY: ____LF	DOOR TRIM ONLY: ____LF	WINDOW TRIM ONLY: ____LF		DOORS ONLY: ____QTY	

ENSUITE:	____H	____L x ____W	____L x ____W	____L x ____W	____TOTAL SFT
AREA(S)	____CEILINGS	____CROWN	____WALLS	____TRIM	____DOORS ____CLOSET
COLOUR	_____	_____	_____	_____	_____
BASEBOARD ONLY: ____LF	DOOR TRIM ONLY: ____LF	WINDOW TRIM ONLY: ____LF		DOORS ONLY: ____QTY	

BEDROOM 1:	____H	____L x ____W	____L x ____W	____L x ____W	____TOTAL SFT
AREA(S)	____CEILINGS	____CROWN	____WALLS	____TRIM	____DOORS ____CLOSET
COLOUR	_____	_____	_____	_____	_____
BASEBOARD ONLY: ____LF	DOOR TRIM ONLY: ____LF	WINDOW TRIM ONLY: ____LF		DOORS ONLY: ____QTY	

BEDROOM 2:	____H	____L x ____W	____L x ____W	____L x ____W	____TOTAL SFT
AREA(S)	____CEILINGS	____CROWN	____WALLS	____TRIM	____DOORS ____CLOSET
COLOUR	_____	_____	_____	_____	_____
BASEBOARD ONLY: ____LF	DOOR TRIM ONLY: ____LF	WINDOW TRIM ONLY: ____LF		DOORS ONLY: ____QTY	

BEDROOM 3:	____H	____L x ____W	____L x ____W	____L x ____W	____TOTAL SFT
AREA(S)	____CEILINGS	____CROWN	____WALLS	____TRIM	____DOORS ____CLOSET
COLOUR	_____	_____	_____	_____	_____
BASEBOARD ONLY: ____LF	DOOR TRIM ONLY: ____LF	WINDOW TRIM ONLY: ____LF		DOORS ONLY: ____QTY	

BEDROOM 4:	____H	____L x ____W	____L x ____W	____L x ____W	____TOTAL SFT
AREA(S)	____CEILINGS	____CROWN	____WALLS	____TRIM	____DOORS ____CLOSET
COLOUR	_____	_____	_____	_____	_____
BASEBOARD ONLY: ____LF	DOOR TRIM ONLY: ____LF	WINDOW TRIM ONLY: ____LF		DOORS ONLY: ____QTY	

MAIN BATH:	____H	____L x ____W	____L x ____W	____L x ____W	____TOTAL SFT
AREA(S)	____CEILINGS	____CROWN	____WALLS	____TRIM	____DOORS ____CLOSET
COLOUR	_____	_____	_____	_____	_____
BASEBOARD ONLY: ____LF	DOOR TRIM ONLY: ____LF	WINDOW TRIM ONLY: ____LF		DOORS ONLY: ____QTY	

BATH 1:	____H	____L x ____W	____L x ____W	____L x ____W	____TOTAL SFT
AREA(S)	____CEILINGS	____CROWN	____WALLS	____TRIM	____DOORS ____CLOSET
COLOUR	_____	_____	_____	_____	_____
BASEBOARD ONLY: ____LF	DOOR TRIM ONLY: ____LF	WINDOW TRIM ONLY: ____LF		DOORS ONLY: ____QTY	

ATH 2: ___H	___ L x ___ W	___ L x ___ W	___ L x ___ W	___ TOTAL SFT	
AREA(S) ___CEILINGS	___CROWN	___WALLS	___TRIM	___DOORS	___CLOSET
COLOUR _____	_____	_____	_____	_____	_____
BASEBOARD ONLY: ___LF	DOOR TRIM ONLY: ___LF	WINDOW TRIM ONLY: ___LF	DOORS ONLY: ___QTY		
POWDER ROOM: ___H	___ L x ___ W	___ L x ___ W	___ L x ___ W	___ TOTAL SFT	
AREA(S) ___CEILINGS	___CROWN	___WALLS	___TRIM	___DOORS	___CLOSET
COLOUR _____	_____	_____	_____	_____	_____
BASEBOARD ONLY: ___LF	DOOR TRIM ONLY: ___LF	WINDOW TRIM ONLY: ___LF	DOORS ONLY: ___QTY		
REC ROOM ___H	___ L x ___ W	___ L x ___ W	___ L x ___ W	___ TOTAL SFT	
AREA(S) ___CEILINGS	___CROWN	___WALLS	___TRIM	___DOORS	___CLOSET
COLOUR _____	_____	_____	_____	_____	_____
BASEBOARD ONLY: ___LF	DOOR TRIM ONLY: ___LF	WINDOW TRIM ONLY: ___LF	DOORS ONLY: ___QTY		
MAIN FLOOR HALL: ___H	___ L x ___ W	___ L x ___ W	___ L x ___ W	___ TOTAL SFT	
AREA(S) ___CEILINGS	___CROWN	___WALLS	___TRIM	___DOORS	___CLOSET
COLOUR _____	_____	_____	_____	_____	_____
BASEBOARD ONLY: ___LF	DOOR TRIM ONLY: ___LF	WINDOW TRIM ONLY: ___LF	DOORS ONLY: ___QTY		
UPPER HALL: ___H	___ L x ___ W	___ L x ___ W	___ L x ___ W	___ TOTAL SFT	
AREA(S) ___CEILINGS	___CROWN	___WALLS	___TRIM	___DOORS	___CLOSET
COLOUR _____	_____	_____	_____	_____	_____
BASEBOARD ONLY: ___LF	DOOR TRIM ONLY: ___LF	WINDOW TRIM ONLY: ___LF	DOORS ONLY: ___QTY		
UPPER STAIRWELL: ___H	___ L x ___ W	___ L x ___ W	___ L x ___ W	___ TOTAL SFT	
AREA(S) ___CEILINGS	___CROWN	___WALLS	___TRIM	___DOORS	___CLOSET
COLOUR _____	_____	_____	_____	_____	_____
BASEBOARD ONLY: ___LF	DOOR TRIM ONLY: ___LF	WINDOW TRIM ONLY: ___LF	DOORS ONLY: ___QTY		
LOWER HALL: ___H	___ L x ___ W	___ L x ___ W	___ L x ___ W	___ TOTAL SFT	
AREA(S) ___CEILINGS	___CROWN	___WALLS	___TRIM	___DOORS	___CLOSET
COLOUR _____	_____	_____	_____	_____	_____
BASEBOARD ONLY: ___LF	DOOR TRIM ONLY: ___LF	WINDOW TRIM ONLY: ___LF	DOORS ONLY: ___QTY		
LOWER STAIRWELL: ___H	___ L x ___ W	___ L x ___ W	___ L x ___ W	___ TOTAL SFT	
AREA(S) ___CEILINGS	___CROWN	___WALLS	___TRIM	___DOORS	___CLOSET
COLOUR _____	_____	_____	_____	_____	_____
BASEBOARD ONLY: ___LF	DOOR TRIM ONLY: ___LF	WINDOW TRIM ONLY: ___LF	DOORS ONLY: ___QTY		
GARAGE: ___H	___ L x ___ W	___ L x ___ W	___ L x ___ W	___ TOTAL SFT	
AREA(S) ___CEILINGS	___CROWN	___WALLS	___TRIM	___DOORS	___CLOSET
COLOUR _____	_____	_____	_____	_____	_____
BASEBOARD ONLY: ___LF	DOOR TRIM ONLY: ___LF	WINDOW TRIM ONLY: ___LF	DOORS ONLY: ___QTY		

NOTES:

STAIRCASE	TREADS #	RISERS #	STRINGERS #	POSTS #	BALUSTERS #	HANDRAIL #
PRIME						
PAINT						
STAIN						
CLEAR COAT						

KITCHEN	UPPER CABINET DOORS	BASE CABINETS DOORS	DRAWERS	VANITY	OTHER
PRIME					
PAINT					
STAIN					
CLEAR COAT					

WALLPAPER REMOVAL

ROOM(S) _____

ROOM SIZE _____ W x _____ L x _____ H

BORDER _____ YES _____ NO

DRAWING

INTERIOR RESIDENTAL PAINTING ESTIMATE FORM

CLIENT CALL DATE: _____   CLIENT CALL BACK DATE: _____

CLIENT SITE VISIT DATE: _____ TIME: _____   CLIENT 2ᴺ CALL BACK DATE: _____

CLIENT NAME: _____   PHONE NUMBER: _____

ADDRESS: _____   EMAIL: _____

CITY: _____ POSTAL CODE _____   OTHER: _____

HOW DID YOU HEAR ABOUT US?   GOOGLE   WEBSITE   MAGAZINE   WORD OF MOUTH   SIGNAGE

CLIENT REFERRAL-NAME: _____   REFERRAL PROGRAM: _____

ESTIMATE DATE: _____   ESTIMATE # _____

REQUESTED START DATE: _____   REQUESTED FINISH DATE: _____

APPROX START DATE: _____   APPROX NUMBER OF DAYS: _____

NOTES:
_____
_____
_____
_____
_____
_____
_____

SPECIAL INSTRUCTIONS:
_____
_____
_____
_____
_____
_____
_____
_____
_____
_____
_____
_____

KITCHEN:	____H	____L x ____W	____L x ____W	____L x ____W	____TOTAL SFT
AREA(S) ____CEILINGS	____CROWN	____WALLS	____TRIM	____DOORS	____CLOSET
COLOUR ____	____	____	____	____	____
BASEBOARD ONLY: ____LF	DOOR TRIM ONLY: ____LF	WINDOW TRIM ONLY: ____LF	DOORS ONLY: ____QTY		
DINING ROOM:	____H	____L x ____W	____L x ____W	____L x ____W	____TOTAL SFT
AREA(S) ____CEILINGS	____CROWN	____WALLS	____TRIM	____DOORS	____CLOSET
COLOUR ____	____	____	____	____	____
BASEBOARD ONLY: ____LF	DOOR TRIM ONLY: ____LF	WINDOW TRIM ONLY: ____LF	DOORS ONLY: ____QTY		
PANTRY:	____H	____L x ____W	____L x ____W	____L x ____W	____TOTAL SFT
AREA(S) ____CEILINGS	____CROWN	____WALLS	____TRIM	____DOORS	____CLOSET
COLOUR ____	____	____	____	____	____
BASEBOARD ONLY: ____LF	DOOR TRIM ONLY: ____LF	WINDOW TRIM ONLY: ____LF	DOORS ONLY: ____QTY		
LIVING ROOM:	____H	____L x ____W	____L x ____W	____L x ____W	____TOTAL SFT
AREA(S) ____CEILINGS	____CROWN	____WALLS	____TRIM	____DOORS	____CLOSET
COLOUR ____	____	____	____	____	____
BASEBOARD ONLY: ____LF	DOOR TRIM ONLY: ____LF	WINDOW TRIM ONLY: ____LF	DOORS ONLY: ____QTY		
LAUNDRY:	____H	____L x ____W	____L x ____W	____L x ____W	____TOTAL SFT
AREA(S) ____CEILINGS	____CROWN	____WALLS	____TRIM	____DOORS	____CLOSET
COLOUR ____	____	____	____	____	____
BASEBOARD ONLY: ____LF	DOOR TRIM ONLY: ____LF	WINDOW TRIM ONLY: ____LF	DOORS ONLY: ____QTY		
MUDROOM:	____H	____L x ____W	____L x ____W	____L x ____W	____TOTAL SFT
AREA(S) ____CEILINGS	____CROWN	____WALLS	____TRIM	____DOORS	____CLOSET
COLOUR ____	____	____	____	____	____
BASEBOARD ONLY: ____LF	DOOR TRIM ONLY: ____LF	WINDOW TRIM ONLY: ____LF	DOORS ONLY: ____QTY		
FOYER:	____H	____L x ____W	____L x ____W	____L x ____W	____TOTAL SFT
AREA(S) ____CEILINGS	____CROWN	____WALLS	____TRIM	____DOORS	____CLOSET
COLOUR ____	____	____	____	____	____
BASEBOARD ONLY: ____LF	DOOR TRIM ONLY: ____LF	WINDOW TRIM ONLY: ____LF	DOORS ONLY: ____QTY		
MASTER BED:	____H	____L x ____W	____L x ____W	____L x ____W	____TOTAL SFT
AREA(S) ____CEILINGS	____CROWN	____WALLS	____TRIM	____DOORS	____CLOSET
COLOUR ____	____	____	____	____	____
BASEBOARD ONLY: ____LF	DOOR TRIM ONLY: ____LF	WINDOW TRIM ONLY: ____LF	DOORS ONLY: ____QTY		
ENSUITE:	____H	____L x ____W	____L x ____W	____L x ____W	____TOTAL SFT
AREA(S) ____CEILINGS	____CROWN	____WALLS	____TRIM	____DOORS	____CLOSET
COLOUR ____	____	____	____	____	____
BASEBOARD ONLY: ____LF	DOOR TRIM ONLY: ____LF	WINDOW TRIM ONLY: ____LF	DOORS ONLY: ____QTY		
BEDROOM 1:	____H	____L x ____W	____L x ____W	____L x ____W	____TOTAL SFT
AREA(S) ____CEILINGS	____CROWN	____WALLS	____TRIM	____DOORS	____CLOSET
COLOUR ____	____	____	____	____	____
BASEBOARD ONLY: ____LF	DOOR TRIM ONLY: ____LF	WINDOW TRIM ONLY: ____LF	DOORS ONLY: ____QTY		
BEDROOM 2:	____H	____L x ____W	____L x ____W	____L x ____W	____TOTAL SFT
AREA(S) ____CEILINGS	____CROWN	____WALLS	____TRIM	____DOORS	____CLOSET
COLOUR ____	____	____	____	____	____
BASEBOARD ONLY: ____LF	DOOR TRIM ONLY: ____LF	WINDOW TRIM ONLY: ____LF	DOORS ONLY: ____QTY		
BEDROOM 3:	____H	____L x ____W	____L x ____W	____L x ____W	____TOTAL SFT
AREA(S) ____CEILINGS	____CROWN	____WALLS	____TRIM	____DOORS	____CLOSET
COLOUR ____	____	____	____	____	____
BASEBOARD ONLY: ____LF	DOOR TRIM ONLY: ____LF	WINDOW TRIM ONLY: ____LF	DOORS ONLY: ____QTY		
BEDROOM 4:	____H	____L x ____W	____L x ____W	____L x ____W	____TOTAL SFT
AREA(S) ____CEILINGS	____CROWN	____WALLS	____TRIM	____DOORS	____CLOSET
COLOUR ____	____	____	____	____	____
BASEBOARD ONLY: ____LF	DOOR TRIM ONLY: ____LF	WINDOW TRIM ONLY: ____LF	DOORS ONLY: ____QTY		
MAIN BATH:	____H	____L x ____W	____L x ____W	____L x ____W	____TOTAL SFT
AREA(S) ____CEILINGS	____CROWN	____WALLS	____TRIM	____DOORS	____CLOSET
COLOUR ____	____	____	____	____	____
BASEBOARD ONLY: ____LF	DOOR TRIM ONLY: ____LF	WINDOW TRIM ONLY: ____LF	DOORS ONLY: ____QTY		
BATH 1:	____H	____L x ____W	____L x ____W	____L x ____W	____TOTAL SFT
AREA(S) ____CEILINGS	____CROWN	____WALLS	____TRIM	____DOORS	____CLOSET
COLOUR ____	____	____	____	____	____
BASEBOARD ONLY: ____LF	DOOR TRIM ONLY: ____LF	WINDOW TRIM ONLY: ____LF	DOORS ONLY: ____QTY		

ATH 2:	_____ H	_____ L x ___ W	_____ L x ___ W	_____ L x ___ W	_____ TOTAL SFT
AREA(S)	_____ CEILINGS	_____ CROWN	_____ WALLS	_____ TRIM	_____ DOORS _____ CLOSET
COLOUR					
BASEBOARD ONLY: _____ LF	DOOR TRIM ONLY: _____ LF	WINDOW TRIM ONLY: _____ LF	DOORS ONLY: _____ QTY		

POWDER ROOM:	_____ H	_____ L x ___ W	_____ L x ___ W	_____ L x ___ W	_____ TOTAL SFT
AREA(S)	_____ CEILINGS	_____ CROWN	_____ WALLS	_____ TRIM	_____ DOORS _____ CLOSET
COLOUR					
BASEBOARD ONLY: _____ LF	DOOR TRIM ONLY: _____ LF	WINDOW TRIM ONLY: _____ LF	DOORS ONLY: _____ QTY		

REC ROOM	_____ H	_____ L x ___ W	_____ L x ___ W	_____ L x ___ W	_____ TOTAL SFT
AREA(S)	_____ CEILINGS	_____ CROWN	_____ WALLS	_____ TRIM	_____ DOORS _____ CLOSET
COLOUR					
BASEBOARD ONLY: _____ LF	DOOR TRIM ONLY: _____ LF	WINDOW TRIM ONLY: _____ LF	DOORS ONLY: _____ QTY		

MAIN FLOOR HALL:	_____ H	_____ L x ___ W	_____ L x ___ W	_____ L x ___ W	_____ TOTAL SFT
AREA(S)	_____ CEILINGS	_____ CROWN	_____ WALLS	_____ TRIM	_____ DOORS _____ CLOSET
COLOUR					
BASEBOARD ONLY: _____ LF	DOOR TRIM ONLY: _____ LF	WINDOW TRIM ONLY: _____ LF	DOORS ONLY: _____ QTY		

UPPER HALL:	_____ H	_____ L x ___ W	_____ L x ___ W	_____ L x ___ W	_____ TOTAL SFT
AREA(S)	_____ CEILINGS	_____ CROWN	_____ WALLS	_____ TRIM	_____ DOORS _____ CLOSET
COLOUR					
BASEBOARD ONLY: _____ LF	DOOR TRIM ONLY: _____ LF	WINDOW TRIM ONLY: _____ LF	DOORS ONLY: _____ QTY		

UPPER STAIRWELL:	_____ H	_____ L x ___ W	_____ L x ___ W	_____ L x ___ W	_____ TOTAL SFT
AREA(S)	_____ CEILINGS	_____ CROWN	_____ WALLS	_____ TRIM	_____ DOORS _____ CLOSET
COLOUR					
BASEBOARD ONLY: _____ LF	DOOR TRIM ONLY: _____ LF	WINDOW TRIM ONLY: _____ LF	DOORS ONLY: _____ QTY		

LOWER HALL:	_____ H	_____ L x ___ W	_____ L x ___ W	_____ L x ___ W	_____ TOTAL SFT
AREA(S)	_____ CEILINGS	_____ CROWN	_____ WALLS	_____ TRIM	_____ DOORS _____ CLOSET
COLOUR					
BASEBOARD ONLY: _____ LF	DOOR TRIM ONLY: _____ LF	WINDOW TRIM ONLY: _____ LF	DOORS ONLY: _____ QTY		

LOWER STAIRWELL:	_____ H	_____ L x ___ W	_____ L x ___ W	_____ L x ___ W	_____ TOTAL SFT
AREA(S)	_____ CEILINGS	_____ CROWN	_____ WALLS	_____ TRIM	_____ DOORS _____ CLOSET
COLOUR					
BASEBOARD ONLY: _____ LF	DOOR TRIM ONLY: _____ LF	WINDOW TRIM ONLY: _____ LF	DOORS ONLY: _____ QTY		

GARAGE:	_____ H	_____ L x ___ W	_____ L x ___ W	_____ L x ___ W	_____ TOTAL SFT
AREA(S)	_____ CEILINGS	_____ CROWN	_____ WALLS	_____ TRIM	_____ DOORS _____ CLOSET
COLOUR					
BASEBOARD ONLY: _____ LF	DOOR TRIM ONLY: _____ LF	WINDOW TRIM ONLY: _____ LF	DOORS ONLY: _____ QTY		

NOTES:

STAIRCASE	TREADS #	RISERS #	STRINGERS #	POSTS #	BALUSTERS #	HANDRAIL #
PRIME						
PAINT						
STAIN						
CLEAR COAT						

KITCHEN					
	UPPER CABINET DOORS	BASE CABINETS DOORS	DRAWERS	VANITY	OTHER
PRIME					
PAINT					
STAIN					
CLEAR COAT					

WALLPAPER REMOVAL

ROOM(S) _____

ROOM SIZE _____W x _____L x _____H

BORDER _____YES _____NO

DRAWING

INTERIOR RESIDENTAL PAINTING ESTIMATE FORM

CLIENT CALL DATE: _____ CLIENT CALL BACK DATE: _____

CLIENT SITE VISIT DATE: _____ TIME: _____ CLIENT 2ⁿ CALL BACK DATE: _____

CLIENT NAME: _____ PHONE NUMBER: _____

ADDRESS: _____ EMAIL: _____

CITY: _____ POSTAL CODE _____ OTHER: _____

HOW DID YOU HEAR ABOUT US?   GOOGLE   WEBSITE   MAGAZINE   WORD OF MOUTH   SIGNAGE

CLIENT REFERRAL-NAME: _____ REFERRAL PROGRAM: _____

ESTIMATE DATE: _____ ESTIMATE # _____

REQUESTED START DATE: _____ REQUESTED FINISH DATE: _____

APPROX START DATE: _____ APPROX NUMBER OF DAYS: _____

NOTES:
_____
_____
_____
_____
_____
_____
_____

SPECIAL INSTRUCTIONS:
_____
_____
_____
_____
_____
_____
_____
_____
_____
_____
_____
_____
_____

KITCHEN: ____H	____L x ____W	____L x ____W	____L x ____W	____TOTAL SFT	
AREA(S) ____CEILINGS	____CROWN	____WALLS	____TRIM	____DOORS	____CLOSET
COLOUR _____	_____	_____	_____	_____	_____
BASEBOARD ONLY: ____LF	DOOR TRIM ONLY: ____LF	WINDOW TRIM ONLY: ____LF	DOORS ONLY: ____QTY		
DINING ROOM: ____H	____L x ____W	____L x ____W	____L x ____W	____TOTAL SFT	
AREA(S) ____CEILINGS	____CROWN	____WALLS	____TRIM	____DOORS	____CLOSET
COLOUR _____	_____	_____	_____	_____	_____
BASEBOARD ONLY: ____LF	DOOR TRIM ONLY: ____LF	WINDOW TRIM ONLY: ____LF	DOORS ONLY: ____QTY		
PANTRY: ____H	____L x ____W	____L x ____W	____L x ____W	____TOTAL SFT	
AREA(S) ____CEILINGS	____CROWN	____WALLS	____TRIM	____DOORS	____CLOSET
COLOUR _____	_____	_____	_____	_____	_____
BASEBOARD ONLY: ____LF	DOOR TRIM ONLY: ____LF	WINDOW TRIM ONLY: ____LF	DOORS ONLY: ____QTY		
LIVING ROOM: ____H	____L x ____W	____L x ____W	____L x ____W	____TOTAL SFT	
AREA(S) ____CEILINGS	____CROWN	____WALLS	____TRIM	____DOORS	____CLOSET
COLOUR _____	_____	_____	_____	_____	_____
BASEBOARD ONLY: ____LF	DOOR TRIM ONLY: ____LF	WINDOW TRIM ONLY: ____LF	DOORS ONLY: ____QTY		
LAUNDRY: ____H	____L x ____W	____L x ____W	____L x ____W	____TOTAL SFT	
AREA(S) ____CEILINGS	____CROWN	____WALLS	____TRIM	____DOORS	____CLOSET
COLOUR _____	_____	_____	_____	_____	_____
BASEBOARD ONLY: ____LF	DOOR TRIM ONLY: ____LF	WINDOW TRIM ONLY: ____LF	DOORS ONLY: ____QTY		
MUDROOM: ____H	____L x ____W	____L x ____W	____L x ____W	____TOTAL SFT	
AREA(S) ____CEILINGS	____CROWN	____WALLS	____TRIM	____DOORS	____CLOSET
COLOUR _____	_____	_____	_____	_____	_____
BASEBOARD ONLY: ____LF	DOOR TRIM ONLY: ____LF	WINDOW TRIM ONLY: ____LF	DOORS ONLY: ____QTY		
FOYER: ____H	____L x ____W	____L x ____W	____L x ____W	____TOTAL SFT	
AREA(S) ____CEILINGS	____CROWN	____WALLS	____TRIM	____DOORS	____CLOSET
COLOUR _____	_____	_____	_____	_____	_____
BASEBOARD ONLY: ____LF	DOOR TRIM ONLY: ____LF	WINDOW TRIM ONLY: ____LF	DOORS ONLY: ____QTY		
MASTER BED: ____H	____L x ____W	____L x ____W	____L x ____W	____TOTAL SFT	
AREA(S) ____CEILINGS	____CROWN	____WALLS	____TRIM	____DOORS	____CLOSET
COLOUR _____	_____	_____	_____	_____	_____
BASEBOARD ONLY: ____LF	DOOR TRIM ONLY: ____LF	WINDOW TRIM ONLY: ____LF	DOORS ONLY: ____QTY		
ENSUITE: ____H	____L x ____W	____L x ____W	____L x ____W	____TOTAL SFT	
AREA(S) ____CEILINGS	____CROWN	____WALLS	____TRIM	____DOORS	____CLOSET
COLOUR _____	_____	_____	_____	_____	_____
BASEBOARD ONLY: ____LF	DOOR TRIM ONLY: ____LF	WINDOW TRIM ONLY: ____LF	DOORS ONLY: ____QTY		
BEDROOM 1: ____H	____L x ____W	____L x ____W	____L x ____W	____TOTAL SFT	
AREA(S) ____CEILINGS	____CROWN	____WALLS	____TRIM	____DOORS	____CLOSET
COLOUR _____	_____	_____	_____	_____	_____
BASEBOARD ONLY: ____LF	DOOR TRIM ONLY: ____LF	WINDOW TRIM ONLY: ____LF	DOORS ONLY: ____QTY		
BEDROOM 2: ____H	____L x ____W	____L x ____W	____L x ____W	____TOTAL SFT	
AREA(S) ____CEILINGS	____CROWN	____WALLS	____TRIM	____DOORS	____CLOSET
COLOUR _____	_____	_____	_____	_____	_____
BASEBOARD ONLY: ____LF	DOOR TRIM ONLY: ____LF	WINDOW TRIM ONLY: ____LF	DOORS ONLY: ____QTY		
BEDROOM 3: ____H	____L x ____W	____L x ____W	____L x ____W	____TOTAL SFT	
AREA(S) ____CEILINGS	____CROWN	____WALLS	____TRIM	____DOORS	____CLOSET
COLOUR _____	_____	_____	_____	_____	_____
BASEBOARD ONLY: ____LF	DOOR TRIM ONLY: ____LF	WINDOW TRIM ONLY: ____LF	DOORS ONLY: ____QTY		
BEDROOM 4: ____H	____L x ____W	____L x ____W	____L x ____W	____TOTAL SFT	
AREA(S) ____CEILINGS	____CROWN	____WALLS	____TRIM	____DOORS	____CLOSET
COLOUR _____	_____	_____	_____	_____	_____
BASEBOARD ONLY: ____LF	DOOR TRIM ONLY: ____LF	WINDOW TRIM ONLY: ____LF	DOORS ONLY: ____QTY		
MAIN BATH: ____H	____L x ____W	____L x ____W	____L x ____W	____TOTAL SFT	
AREA(S) ____CEILINGS	____CROWN	____WALLS	____TRIM	____DOORS	____CLOSET
COLOUR _____	_____	_____	_____	_____	_____
BASEBOARD ONLY: ____LF	DOOR TRIM ONLY: ____LF	WINDOW TRIM ONLY: ____LF	DOORS ONLY: ____QTY		
BATH 1: ____H	____L x ____W	____L x ____W	____L x ____W	____TOTAL SFT	
AREA(S) ____CEILINGS	____CROWN	____WALLS	____TRIM	____DOORS	____CLOSET
COLOUR _____	_____	_____	_____	_____	_____
BASEBOARD ONLY: ____LF	DOOR TRIM ONLY: ____LF	WINDOW TRIM ONLY: ____LF	DOORS ONLY: ____QTY		

ATH 2:	___ H	___ L x ___ W	___ L x ___ W	___ L x ___ W	___ TOTAL SFT
AREA(S)	___ CEILINGS	___ CROWN	___ WALLS	___ TRIM	___ DOORS ___ CLOSET
COLOUR					
BASEBOARD ONLY: ___ LF	DOOR TRIM ONLY: ___ LF	WINDOW TRIM ONLY: ___ LF		DOORS ONLY: ___ QTY	

POWDER ROOM:	___ H	___ L x ___ W	___ L x ___ W	___ L x ___ W	___ TOTAL SFT
AREA(S)	___ CEILINGS	___ CROWN	___ WALLS	___ TRIM	___ DOORS ___ CLOSET
COLOUR					
BASEBOARD ONLY: ___ LF	DOOR TRIM ONLY: ___ LF	WINDOW TRIM ONLY: ___ LF		DOORS ONLY: ___ QTY	

REC ROOM	___ H	___ L x ___ W	___ L x ___ W	___ L x ___ W	___ TOTAL SFT
AREA(S)	___ CEILINGS	___ CROWN	___ WALLS	___ TRIM	___ DOORS ___ CLOSET
COLOUR					
BASEBOARD ONLY: ___ LF	DOOR TRIM ONLY: ___ LF	WINDOW TRIM ONLY: ___ LF		DOORS ONLY: ___ QTY	

MAIN FLOOR HALL:	___ H	___ L x ___ W	___ L x ___ W	___ L x ___ W	___ TOTAL SFT
AREA(S)	___ CEILINGS	___ CROWN	___ WALLS	___ TRIM	___ DOORS ___ CLOSET
COLOUR					
BASEBOARD ONLY: ___ LF	DOOR TRIM ONLY: ___ LF	WINDOW TRIM ONLY: ___ LF		DOORS ONLY: ___ QTY	

UPPER HALL:	___ H	___ L x ___ W	___ L x ___ W	___ L x ___ W	___ TOTAL SFT
AREA(S)	___ CEILINGS	___ CROWN	___ WALLS	___ TRIM	___ DOORS ___ CLOSET
COLOUR					
BASEBOARD ONLY: ___ LF	DOOR TRIM ONLY: ___ LF	WINDOW TRIM ONLY: ___ LF		DOORS ONLY: ___ QTY	

UPPER STAIRWELL:	___ H	___ L x ___ W	___ L x ___ W	___ L x ___ W	___ TOTAL SFT
AREA(S)	___ CEILINGS	___ CROWN	___ WALLS	___ TRIM	___ DOORS ___ CLOSET
COLOUR					
BASEBOARD ONLY: ___ LF	DOOR TRIM ONLY: ___ LF	WINDOW TRIM ONLY: ___ LF		DOORS ONLY: ___ QTY	

LOWER HALL:	___ H	___ L x ___ W	___ L x ___ W	___ L x ___ W	___ TOTAL SFT
AREA(S)	___ CEILINGS	___ CROWN	___ WALLS	___ TRIM	___ DOORS ___ CLOSET
COLOUR					
BASEBOARD ONLY: ___ LF	DOOR TRIM ONLY: ___ LF	WINDOW TRIM ONLY: ___ LF		DOORS ONLY: ___ QTY	

LOWER STAIRWELL:	___ H	___ L x ___ W	___ L x ___ W	___ L x ___ W	___ TOTAL SFT
AREA(S)	___ CEILINGS	___ CROWN	___ WALLS	___ TRIM	___ DOORS ___ CLOSET
COLOUR					
BASEBOARD ONLY: ___ LF	DOOR TRIM ONLY: ___ LF	WINDOW TRIM ONLY: ___ LF		DOORS ONLY: ___ QTY	

GARAGE:	___ H	___ L x ___ W	___ L x ___ W	___ L x ___ W	___ TOTAL SFT
AREA(S)	___ CEILINGS	___ CROWN	___ WALLS	___ TRIM	___ DOORS ___ CLOSET
COLOUR					
BASEBOARD ONLY: ___ LF	DOOR TRIM ONLY: ___ LF	WINDOW TRIM ONLY: ___ LF		DOORS ONLY: ___ QTY	

NOTES:

STAIRCASE	TREADS #	RISERS #	STRINGERS #	POSTS #	BALUSTERS #	HANDRAIL #
PRIME						
PAINT						
STAIN						
CLEAR COAT						

KITCHEN	UPPER CABINET DOORS	BASE CABINETS DOORS	DRAWERS	VANITY	OTHER
PRIME					
PAINT					
STAIN					
CLEAR COAT					

WALLPAPER REMOVAL

ROOM(S) _____

ROOM SIZE _____W x _____L x _____H

BORDER _____YES _____NO

DRAWING

INTERIOR RESIDENTAL PAINTING ESTIMATE FORM

CLIENT CALL DATE: _____ CLIENT CALL BACK DATE: _____

CLIENT SITE VISIT DATE: _____ TIME: _____ CLIENT 2ᴺ CALL BACK DATE: _____

CLIENT NAME: _____ PHONE NUMBER: _____

ADDRESS: _____ EMAIL: _____

CITY: _____POSTAL CODE_____ OTHER: _____

HOW DID YOU HEAR ABOUT US?   GOOGLE   WEBSITE   MAGAZINE   WORD OF MOUTH   SIGNAGE

CLIENT REFERRAL-NAME: _____ REFERRAL PROGRAM: _____

ESTIMATE DATE: _____ ESTIMATE # _____

REQUESTED START DATE: _____ REQUESTED FINISH DATE: _____

APPROX START DATE: _____ APPROX NUMBER OF DAYS: _____

NOTES:
_____
_____
_____
_____
_____
_____
_____

SPECIAL INSTRUCTIONS:
_____
_____
_____
_____
_____
_____
_____
_____
_____
_____
_____
_____
_____

KITCHEN:	___H	___L x ___W	___L x ___W	___L x ___W	___TOTAL SFT
AREA(S)	___CEILINGS	___CROWN	___WALLS	___TRIM	___DOORS ___CLOSET
COLOUR					
BASEBOARD ONLY: ___LF	DOOR TRIM ONLY: ___LF	WINDOW TRIM ONLY: ___LF		DOORS ONLY: ___QTY	

DINING ROOM:	___H	___L x ___W	___L x ___W	___L x ___W	___TOTAL SFT
AREA(S)	___CEILINGS	___CROWN	___WALLS	___TRIM	___DOORS ___CLOSET
COLOUR					
BASEBOARD ONLY: ___LF	DOOR TRIM ONLY: ___LF	WINDOW TRIM ONLY: ___LF		DOORS ONLY: ___QTY	

PANTRY:	___H	___L x ___W	___L x ___W	___L x ___W	___TOTAL SFT
AREA(S)	___CEILINGS	___CROWN	___WALLS	___TRIM	___DOORS ___CLOSET
COLOUR					
BASEBOARD ONLY: ___LF	DOOR TRIM ONLY: ___LF	WINDOW TRIM ONLY: ___LF		DOORS ONLY: ___QTY	

LIVING ROOM:	___H	___L x ___W	___L x ___W	___L x ___W	___TOTAL SFT
AREA(S)	___CEILINGS	___CROWN	___WALLS	___TRIM	___DOORS ___CLOSET
COLOUR					
BASEBOARD ONLY: ___LF	DOOR TRIM ONLY: ___LF	WINDOW TRIM ONLY: ___LF		DOORS ONLY: ___QTY	

LAUNDRY:	___H	___L x ___W	___L x ___W	___L x ___W	___TOTAL SFT
AREA(S)	___CEILINGS	___CROWN	___WALLS	___TRIM	___DOORS ___CLOSET
COLOUR					
BASEBOARD ONLY: ___LF	DOOR TRIM ONLY: ___LF	WINDOW TRIM ONLY: ___LF		DOORS ONLY: ___QTY	

MUDROOM:	___H	___L x ___W	___L x ___W	___L x ___W	___TOTAL SFT
AREA(S)	___CEILINGS	___CROWN	___WALLS	___TRIM	___DOORS ___CLOSET
COLOUR					
BASEBOARD ONLY: ___LF	DOOR TRIM ONLY: ___LF	WINDOW TRIM ONLY: ___LF		DOORS ONLY: ___QTY	

FOYER:	___H	___L x ___W	___L x ___W	___L x ___W	___TOTAL SFT
AREA(S)	___CEILINGS	___CROWN	___WALLS	___TRIM	___DOORS ___CLOSET
COLOUR					
BASEBOARD ONLY: ___LF	DOOR TRIM ONLY: ___LF	WINDOW TRIM ONLY: ___LF		DOORS ONLY: ___QTY	

MASTER BED:	___H	___L x ___W	___L x ___W	___L x ___W	___TOTAL SFT
AREA(S)	___CEILINGS	___CROWN	___WALLS	___TRIM	___DOORS ___CLOSET
COLOUR					
BASEBOARD ONLY: ___LF	DOOR TRIM ONLY: ___LF	WINDOW TRIM ONLY: ___LF		DOORS ONLY: ___QTY	

ENSUITE:	___H	___L x ___W	___L x ___W	___L x ___W	___TOTAL SFT
AREA(S)	___CEILINGS	___CROWN	___WALLS	___TRIM	___DOORS ___CLOSET
COLOUR					
BASEBOARD ONLY: ___LF	DOOR TRIM ONLY: ___LF	WINDOW TRIM ONLY: ___LF		DOORS ONLY: ___QTY	

BEDROOM 1:	___H	___L x ___W	___L x ___W	___L x ___W	___TOTAL SFT
AREA(S)	___CEILINGS	___CROWN	___WALLS	___TRIM	___DOORS ___CLOSET
COLOUR					
BASEBOARD ONLY: ___LF	DOOR TRIM ONLY: ___LF	WINDOW TRIM ONLY: ___LF		DOORS ONLY: ___QTY	

BEDROOM 2:	___H	___L x ___W	___L x ___W	___L x ___W	___TOTAL SFT
AREA(S)	___CEILINGS	___CROWN	___WALLS	___TRIM	___DOORS ___CLOSET
COLOUR					
BASEBOARD ONLY: ___LF	DOOR TRIM ONLY: ___LF	WINDOW TRIM ONLY: ___LF		DOORS ONLY: ___QTY	

BEDROOM 3:	___H	___L x ___W	___L x ___W	___L x ___W	___TOTAL SFT
AREA(S)	___CEILINGS	___CROWN	___WALLS	___TRIM	___DOORS ___CLOSET
COLOUR					
BASEBOARD ONLY: ___LF	DOOR TRIM ONLY: ___LF	WINDOW TRIM ONLY: ___LF		DOORS ONLY: ___QTY	

BEDROOM 4:	___H	___L x ___W	___L x ___W	___L x ___W	___TOTAL SFT
AREA(S)	___CEILINGS	___CROWN	___WALLS	___TRIM	___DOORS ___CLOSET
COLOUR					
BASEBOARD ONLY: ___LF	DOOR TRIM ONLY: ___LF	WINDOW TRIM ONLY: ___LF		DOORS ONLY: ___QTY	

MAIN BATH:	___H	___L x ___W	___L x ___W	___L x ___W	___TOTAL SFT
AREA(S)	___CEILINGS	___CROWN	___WALLS	___TRIM	___DOORS ___CLOSET
COLOUR					
BASEBOARD ONLY: ___LF	DOOR TRIM ONLY: ___LF	WINDOW TRIM ONLY: ___LF		DOORS ONLY: ___QTY	

BATH 1:	___H	___L x ___W	___L x ___W	___L x ___W	___TOTAL SFT
AREA(S)	___CEILINGS	___CROWN	___WALLS	___TRIM	___DOORS ___CLOSET
COLOUR					
BASEBOARD ONLY: ___LF	DOOR TRIM ONLY: ___LF	WINDOW TRIM ONLY: ___LF		DOORS ONLY: ___QTY	

ATH 2: ____H	____L x ____W	____L x ____W	____L x ____W	____TOTAL SFT	
AREA(S) ____CEILINGS	____CROWN	____WALLS	____TRIM	____DOORS	____CLOSET
COLOUR					
BASEBOARD ONLY: ____LF	DOOR TRIM ONLY: ____LF	WINDOW TRIM ONLY: ____LF	DOORS ONLY: ____QTY		
POWDER ROOM: ____H	____L x ____W	____L x ____W	____L x ____W	____TOTAL SFT	
AREA(S) ____CEILINGS	____CROWN	____WALLS	____TRIM	____DOORS	____CLOSET
COLOUR					
BASEBOARD ONLY: ____LF	DOOR TRIM ONLY: ____LF	WINDOW TRIM ONLY: ____LF	DOORS ONLY: ____QTY		
REC ROOM ____H	____L x ____W	____L x ____W	____L x ____W	____TOTAL SFT	
AREA(S) ____CEILINGS	____CROWN	____WALLS	____TRIM	____DOORS	____CLOSET
COLOUR					
BASEBOARD ONLY: ____LF	DOOR TRIM ONLY: ____LF	WINDOW TRIM ONLY: ____LF	DOORS ONLY: ____QTY		
MAIN FLOOR HALL: ____H	____L x ____W	____L x ____W	____L x ____W	____TOTAL SFT	
AREA(S) ____CEILINGS	____CROWN	____WALLS	____TRIM	____DOORS	____CLOSET
COLOUR					
BASEBOARD ONLY: ____LF	DOOR TRIM ONLY: ____LF	WINDOW TRIM ONLY: ____LF	DOORS ONLY: ____QTY		
UPPER HALL: ____H	____L x ____W	____L x ____W	____L x ____W	____TOTAL SFT	
AREA(S) ____CEILINGS	____CROWN	____WALLS	____TRIM	____DOORS	____CLOSET
COLOUR					
BASEBOARD ONLY: ____LF	DOOR TRIM ONLY: ____LF	WINDOW TRIM ONLY: ____LF	DOORS ONLY: ____QTY		
UPPER STAIRWELL: ____H	____L x ____W	____L x ____W	____L x ____W	____TOTAL SFT	
AREA(S) ____CEILINGS	____CROWN	____WALLS	____TRIM	____DOORS	____CLOSET
COLOUR					
BASEBOARD ONLY: ____LF	DOOR TRIM ONLY: ____LF	WINDOW TRIM ONLY: ____LF	DOORS ONLY: ____QTY		
LOWER HALL: ____H	____L x ____W	____L x ____W	____L x ____W	____TOTAL SFT	
AREA(S) ____CEILINGS	____CROWN	____WALLS	____TRIM	____DOORS	____CLOSET
COLOUR					
BASEBOARD ONLY: ____LF	DOOR TRIM ONLY: ____LF	WINDOW TRIM ONLY: ____LF	DOORS ONLY: ____QTY		
LOWER STAIRWELL: ____H	____L x ____W	____L x ____W	____L x ____W	____TOTAL SFT	
AREA(S) ____CEILINGS	____CROWN	____WALLS	____TRIM	____DOORS	____CLOSET
COLOUR					
BASEBOARD ONLY: ____LF	DOOR TRIM ONLY: ____LF	WINDOW TRIM ONLY: ____LF	DOORS ONLY: ____QTY		
GARAGE: ____H	____L x ____W	____L x ____W	____L x ____W	____TOTAL SFT	
AREA(S) ____CEILINGS	____CROWN	____WALLS	____TRIM	____DOORS	____CLOSET
COLOUR					
BASEBOARD ONLY: ____LF	DOOR TRIM ONLY: ____LF	WINDOW TRIM ONLY: ____LF	DOORS ONLY: ____QTY		

NOTES:

STAIRCASE	TREADS #	RISERS #	STRINGERS #	POSTS #	BALUSTERS #	HANDRAIL #
PRIME						
PAINT						
STAIN						
CLEAR COAT						

KITCHEN	UPPER CABINET DOORS	BASE CABINETS DOORS	DRAWERS	VANITY	OTHER
PRIME					
PAINT					
STAIN					
CLEAR COAT					

WALLPAPER REMOVAL

ROOM(S) _____

ROOM SIZE _____W x _____L x _____H

BORDER _____YES _____NO

DRAWING

INTERIOR RESIDENTAL PAINTING ESTIMATE FORM

CLIENT CALL DATE: _____ CLIENT CALL BACK DATE: _____

CLIENT SITE VISIT DATE: _____ TIME: _____ CLIENT 2^N CALL BACK DATE: _____

CLIENT NAME: _____ PHONE NUMBER: _____

ADDRESS: _____ EMAIL: _____

CITY: _____ POSTAL CODE _____ OTHER: _____

HOW DID YOU HEAR ABOUT US?   GOOGLE   WEBSITE   MAGAZINE   WORD OF MOUTH   SIGNAGE

CLIENT REFERRAL-NAME: _____ REFERRAL PROGRAM: _____

ESTIMATE DATE: _____ ESTIMATE # _____

REQUESTED START DATE: _____ REQUESTED FINISH DATE: _____

APPROX START DATE: _____ APPROX NUMBER OF DAYS: _____

NOTES:
_____
_____
_____
_____
_____
_____
_____

SPECIAL INSTRUCTIONS:
_____
_____
_____
_____
_____
_____
_____
_____
_____
_____
_____
_____
_____

KITCHEN:	_____H	_____L x ___W	_____L x ___W	_____L x ___W	_____TOTAL SFT
AREA(S)	____CEILINGS	_____CROWN	_____WALLS	_____TRIM	_____DOORS ____CLOSET
COLOUR	_____	_____	_____	_____	_____
BASEBOARD ONLY: ____LF	DOOR TRIM ONLY: _____LF		WINDOW TRIM ONLY: ____LF	DOORS ONLY: _____QTY	

DINING ROOM:	_____H	_____L x ___W	_____L x ___W	_____L x ___W	_____TOTAL SFT
AREA(S)	____CEILINGS	_____CROWN	_____WALLS	_____TRIM	_____DOORS ____CLOSET
COLOUR	_____	_____	_____	_____	_____
BASEBOARD ONLY: ____LF	DOOR TRIM ONLY: _____LF		WINDOW TRIM ONLY: ____LF	DOORS ONLY: _____QTY	

PANTRY:	_____H	_____L x ___W	_____L x ___W	_____L x ___W	_____TOTAL SFT
AREA(S)	____CEILINGS	_____CROWN	_____WALLS	_____TRIM	_____DOORS ____CLOSET
COLOUR	_____	_____	_____	_____	_____
BASEBOARD ONLY: ____LF	DOOR TRIM ONLY: _____LF		WINDOW TRIM ONLY: ____LF	DOORS ONLY: _____QTY	

LIVING ROOM:	_____H	_____L x ___W	_____L x ___W	_____L x ___W	_____TOTAL SFT
AREA(S)	____CEILINGS	_____CROWN	_____WALLS	_____TRIM	_____DOORS ____CLOSET
COLOUR	_____	_____	_____	_____	_____
BASEBOARD ONLY: ____LF	DOOR TRIM ONLY: _____LF		WINDOW TRIM ONLY: ____LF	DOORS ONLY: _____QTY	

LAUNDRY:	_____H	_____L x ___W	_____L x ___W	_____L x ___W	_____TOTAL SFT
AREA(S)	____CEILINGS	_____CROWN	_____WALLS	_____TRIM	_____DOORS ____CLOSET
COLOUR	_____	_____	_____	_____	_____
BASEBOARD ONLY: ____LF	DOOR TRIM ONLY: _____LF		WINDOW TRIM ONLY: ____LF	DOORS ONLY: _____QTY	

MUDROOM:	_____H	_____L x ___W	_____L x ___W	_____L x ___W	_____TOTAL SFT
AREA(S)	____CEILINGS	_____CROWN	_____WALLS	_____TRIM	_____DOORS ____CLOSET
COLOUR	_____	_____	_____	_____	_____
BASEBOARD ONLY: ____LF	DOOR TRIM ONLY: _____LF		WINDOW TRIM ONLY: ____LF	DOORS ONLY: _____QTY	

FOYER:	_____H	_____L x ___W	_____L x ___W	_____L x ___W	_____TOTAL SFT
AREA(S)	____CEILINGS	_____CROWN	_____WALLS	_____TRIM	_____DOORS ____CLOSET
COLOUR	_____	_____	_____	_____	_____
BASEBOARD ONLY: ____LF	DOOR TRIM ONLY: _____LF		WINDOW TRIM ONLY: ____LF	DOORS ONLY: _____QTY	

MASTER BED:	_____H	_____L x ___W	_____L x ___W	_____L x ___W	_____TOTAL SFT
AREA(S)	____CEILINGS	_____CROWN	_____WALLS	_____TRIM	_____DOORS ____CLOSET
COLOUR	_____	_____	_____	_____	_____
BASEBOARD ONLY: ____LF	DOOR TRIM ONLY: _____LF		WINDOW TRIM ONLY: ____LF	DOORS ONLY: _____QTY	

ENSUITE:	_____H	_____L x ___W	_____L x ___W	_____L x ___W	_____TOTAL SFT
AREA(S)	____CEILINGS	_____CROWN	_____WALLS	_____TRIM	_____DOORS ____CLOSET
COLOUR	_____	_____	_____	_____	_____
BASEBOARD ONLY: ____LF	DOOR TRIM ONLY: _____LF		WINDOW TRIM ONLY: ____LF	DOORS ONLY: _____QTY	

BEDROOM 1:	_____H	_____L x ___W	_____L x ___W	_____L x ___W	_____TOTAL SFT
AREA(S)	____CEILINGS	_____CROWN	_____WALLS	_____TRIM	_____DOORS ____CLOSET
COLOUR	_____	_____	_____	_____	_____
BASEBOARD ONLY: ____LF	DOOR TRIM ONLY: _____LF		WINDOW TRIM ONLY: ____LF	DOORS ONLY: _____QTY	

BEDROOM 2:	_____H	_____L x ___W	_____L x ___W	_____L x ___W	_____TOTAL SFT
AREA(S)	____CEILINGS	_____CROWN	_____WALLS	_____TRIM	_____DOORS ____CLOSET
COLOUR	_____	_____	_____	_____	_____
BASEBOARD ONLY: ____LF	DOOR TRIM ONLY: _____LF		WINDOW TRIM ONLY: ____LF	DOORS ONLY: _____QTY	

BEDROOM 3:	_____H	_____L x ___W	_____L x ___W	_____L x ___W	_____TOTAL SFT
AREA(S)	____CEILINGS	_____CROWN	_____WALLS	_____TRIM	_____DOORS ____CLOSET
COLOUR	_____	_____	_____	_____	_____
BASEBOARD ONLY: ____LF	DOOR TRIM ONLY: _____LF		WINDOW TRIM ONLY: ____LF	DOORS ONLY: _____QTY	

BEDROOM 4:	_____H	_____L x ___W	_____L x ___W	_____L x ___W	_____TOTAL SFT
AREA(S)	____CEILINGS	_____CROWN	_____WALLS	_____TRIM	_____DOORS ____CLOSET
COLOUR	_____	_____	_____	_____	_____
BASEBOARD ONLY: ____LF	DOOR TRIM ONLY: _____LF		WINDOW TRIM ONLY: ____LF	DOORS ONLY: _____QTY	

MAIN BATH:	_____H	_____L x ___W	_____L x ___W	_____L x ___W	_____TOTAL SFT
AREA(S)	____CEILINGS	_____CROWN	_____WALLS	_____TRIM	_____DOORS ____CLOSET
COLOUR	_____	_____	_____	_____	_____
BASEBOARD ONLY: ____LF	DOOR TRIM ONLY: _____LF		WINDOW TRIM ONLY: ____LF	DOORS ONLY: _____QTY	

BATH 1:	_____H	_____L x ___W	_____L x ___W	_____L x ___W	_____TOTAL SFT
AREA(S)	____CEILINGS	_____CROWN	_____WALLS	_____TRIM	_____DOORS ____CLOSET
COLOUR	_____	_____	_____	_____	_____
BASEBOARD ONLY: ____LF	DOOR TRIM ONLY: _____LF		WINDOW TRIM ONLY: ____LF	DOORS ONLY: _____QTY	

ATH 2: _____H	_____ L x ___ W	_____ L x ___ W	_____ L x ___ W	_____ TOTAL SFT	
AREA(S) ____CEILINGS	_____CROWN	_____WALLS	_____TRIM	_____DOORS	____CLOSET
COLOUR					
BASEBOARD ONLY: ____LF	DOOR TRIM ONLY: _____LF	WINDOW TRIM ONLY: _____LF	DOORS ONLY: _____QTY		

POWDER ROOM: _____H	_____ L x ___ W	_____ L x ___ W	_____ L x ___ W	_____ TOTAL SFT	
AREA(S) ____CEILINGS	_____CROWN	_____WALLS	_____TRIM	_____DOORS	____CLOSET
COLOUR					
BASEBOARD ONLY: ____LF	DOOR TRIM ONLY: _____LF	WINDOW TRIM ONLY: _____LF	DOORS ONLY: _____QTY		

REC ROOM _____H	_____ L x ___ W	_____ L x ___ W	_____ L x ___ W	_____ TOTAL SFT	
AREA(S) ____CEILINGS	_____CROWN	_____WALLS	_____TRIM	_____DOORS	____CLOSET
COLOUR					
BASEBOARD ONLY: ____LF	DOOR TRIM ONLY: _____LF	WINDOW TRIM ONLY: _____LF	DOORS ONLY: _____QTY		

MAIN FLOOR HALL: _____H	_____ L x ___ W	_____ L x ___ W	_____ L x ___ W	_____ TOTAL SFT	
AREA(S) ____CEILINGS	_____CROWN	_____WALLS	_____TRIM	_____DOORS	____CLOSET
COLOUR					
BASEBOARD ONLY: ____LF	DOOR TRIM ONLY: _____LF	WINDOW TRIM ONLY: _____LF	DOORS ONLY: _____QTY		

UPPER HALL: _____H	_____ L x ___ W	_____ L x ___ W	_____ L x ___ W	_____ TOTAL SFT	
AREA(S) ____CEILINGS	_____CROWN	_____WALLS	_____TRIM	_____DOORS	____CLOSET
COLOUR					
BASEBOARD ONLY: ____LF	DOOR TRIM ONLY: _____LF	WINDOW TRIM ONLY: _____LF	DOORS ONLY: _____QTY		

UPPER STAIRWELL: _____H	_____ L x ___ W	_____ L x ___ W	_____ L x ___ W	_____ TOTAL SFT	
AREA(S) ____CEILINGS	_____CROWN	_____WALLS	_____TRIM	_____DOORS	____CLOSET
COLOUR					
BASEBOARD ONLY: ____LF	DOOR TRIM ONLY: _____LF	WINDOW TRIM ONLY: _____LF	DOORS ONLY: _____QTY		

LOWER HALL: _____H	_____ L x ___ W	_____ L x ___ W	_____ L x ___ W	_____ TOTAL SFT	
AREA(S) ____CEILINGS	_____CROWN	_____WALLS	_____TRIM	_____DOORS	____CLOSET
COLOUR					
BASEBOARD ONLY: ____LF	DOOR TRIM ONLY: _____LF	WINDOW TRIM ONLY: _____LF	DOORS ONLY: _____QTY		

LOWER STAIRWELL: _____H	_____ L x ___ W	_____ L x ___ W	_____ L x ___ W	_____ TOTAL SFT	
AREA(S) ____CEILINGS	_____CROWN	_____WALLS	_____TRIM	_____DOORS	____CLOSET
COLOUR					
BASEBOARD ONLY: ____LF	DOOR TRIM ONLY: _____LF	WINDOW TRIM ONLY: _____LF	DOORS ONLY: _____QTY		

GARAGE: _____H	_____ L x ___ W	_____ L x ___ W	_____ L x ___ W	_____ TOTAL SFT	
AREA(S) ____CEILINGS	_____CROWN	_____WALLS	_____TRIM	_____DOORS	____CLOSET
COLOUR					
BASEBOARD ONLY: ____LF	DOOR TRIM ONLY: _____LF	WINDOW TRIM ONLY: _____LF	DOORS ONLY: _____QTY		

NOTES:

STAIRCASE						
	TREADS #	**RISERS #**	**STRINGERS #**	**POSTS #**	**BALUSTERS #**	**HANDRAIL #**
PRIME						
PAINT						
STAIN						
CLEAR COAT						

KITCHEN	UPPER CABINET DOORS	BASE CABINETS DOORS	DRAWERS	VANITY	OTHER
PRIME					
PAINT					
STAIN					
CLEAR COAT					

WALLPAPER REMOVAL

ROOM(S) _____

ROOM SIZE _____W x _____L x _____H

BORDER _____YES _____NO

DRAWING

INTERIOR RESIDENTAL PAINTING ESTIMATE FORM

CLIENT CALL DATE: _____ CLIENT CALL BACK DATE: _____

CLIENT SITE VISIT DATE: _____ TIME: _____ CLIENT 2ⁿ CALL BACK DATE: _____

CLIENT NAME: _____ PHONE NUMBER: _____

ADDRESS: _____ EMAIL: _____

CITY: _____ POSTAL CODE _____ OTHER: _____

HOW DID YOU HEAR ABOUT US?   GOOGLE   WEBSITE   MAGAZINE   WORD OF MOUTH   SIGNAGE

CLIENT REFERRAL-NAME: _____ REFERRAL PROGRAM: _____

ESTIMATE DATE: _____ ESTIMATE # _____

REQUESTED START DATE: _____ REQUESTED FINISH DATE: _____

APPROX START DATE: _____ APPROX NUMBER OF DAYS: _____

NOTES:

_____
_____
_____
_____
_____
_____

SPECIAL INSTRUCTIONS:

_____
_____
_____
_____
_____
_____
_____
_____
_____
_____
_____

Room	Dimensions			
KITCHEN:	_____ H	_____ L x ____ W	_____ L x ____ W	_____ L x ____ W	_____ TOTAL SFT
AREA(S)	_____ CEILINGS	_____ CROWN	_____ WALLS	_____ TRIM	_____ DOORS	_____ CLOSET
COLOUR					
BASEBOARD ONLY: _____ LF	DOOR TRIM ONLY: _____ LF	WINDOW TRIM ONLY: _____ LF	DOORS ONLY: _____ QTY

KITCHEN: _____H _____L x ____W _____L x ____W _____L x ____W _____TOTAL SFT
AREA(S) _____CEILINGS _____CROWN _____WALLS _____TRIM _____DOORS _____CLOSET
COLOUR _____
BASEBOARD ONLY: _____LF DOOR TRIM ONLY: _____LF WINDOW TRIM ONLY: _____LF DOORS ONLY: _____QTY

DINING ROOM: _____H _____L x ____W _____L x ____W _____L x ____W _____TOTAL SFT
AREA(S) _____CEILINGS _____CROWN _____WALLS _____TRIM _____DOORS _____CLOSET
COLOUR _____
BASEBOARD ONLY: _____LF DOOR TRIM ONLY: _____LF WINDOW TRIM ONLY: _____LF DOORS ONLY: _____QTY

PANTRY: _____H _____L x ____W _____L x ____W _____L x ____W _____TOTAL SFT
AREA(S) _____CEILINGS _____CROWN _____WALLS _____TRIM _____DOORS _____CLOSET
COLOUR _____
BASEBOARD ONLY: _____LF DOOR TRIM ONLY: _____LF WINDOW TRIM ONLY: _____LF DOORS ONLY: _____QTY

LIVING ROOM: _____H _____L x ____W _____L x ____W _____L x ____W _____TOTAL SFT
AREA(S) _____CEILINGS _____CROWN _____WALLS _____TRIM _____DOORS _____CLOSET
COLOUR _____
BASEBOARD ONLY: _____LF DOOR TRIM ONLY: _____LF WINDOW TRIM ONLY: _____LF DOORS ONLY: _____QTY

LAUNDRY: _____H _____L x ____W _____L x ____W _____L x ____W _____TOTAL SFT
AREA(S) _____CEILINGS _____CROWN _____WALLS _____TRIM _____DOORS _____CLOSET
COLOUR _____
BASEBOARD ONLY: _____LF DOOR TRIM ONLY: _____LF WINDOW TRIM ONLY: _____LF DOORS ONLY: _____QTY

MUDROOM: _____H _____L x ____W _____L x ____W _____L x ____W _____TOTAL SFT
AREA(S) _____CEILINGS _____CROWN _____WALLS _____TRIM _____DOORS _____CLOSET
COLOUR _____
BASEBOARD ONLY: _____LF DOOR TRIM ONLY: _____LF WINDOW TRIM ONLY: _____LF DOORS ONLY: _____QTY

FOYER: _____H _____L x ____W _____L x ____W _____L x ____W _____TOTAL SFT
AREA(S) _____CEILINGS _____CROWN _____WALLS _____TRIM _____DOORS _____CLOSET
COLOUR _____
BASEBOARD ONLY: _____LF DOOR TRIM ONLY: _____LF WINDOW TRIM ONLY: _____LF DOORS ONLY: _____QTY

MASTER BED: _____H _____L x ____W _____L x ____W _____L x ____W _____TOTAL SFT
AREA(S) _____CEILINGS _____CROWN _____WALLS _____TRIM _____DOORS _____CLOSET
COLOUR _____
BASEBOARD ONLY: _____LF DOOR TRIM ONLY: _____LF WINDOW TRIM ONLY: _____LF DOORS ONLY: _____QTY

ENSUITE: _____H _____L x ____W _____L x ____W _____L x ____W _____TOTAL SFT
AREA(S) _____CEILINGS _____CROWN _____WALLS _____TRIM _____DOORS _____CLOSET
COLOUR _____
BASEBOARD ONLY: _____LF DOOR TRIM ONLY: _____LF WINDOW TRIM ONLY: _____LF DOORS ONLY: _____QTY

BEDROOM 1: _____H _____L x ____W _____L x ____W _____L x ____W _____TOTAL SFT
AREA(S) _____CEILINGS _____CROWN _____WALLS _____TRIM _____DOORS _____CLOSET
COLOUR _____
BASEBOARD ONLY: _____LF DOOR TRIM ONLY: _____LF WINDOW TRIM ONLY: _____LF DOORS ONLY: _____QTY

BEDROOM 2: _____H _____L x ____W _____L x ____W _____L x ____W _____TOTAL SFT
AREA(S) _____CEILINGS _____CROWN _____WALLS _____TRIM _____DOORS _____CLOSET
COLOUR _____
BASEBOARD ONLY: _____LF DOOR TRIM ONLY: _____LF WINDOW TRIM ONLY: _____LF DOORS ONLY: _____QTY

BEDROOM 3: _____H _____L x ____W _____L x ____W _____L x ____W _____TOTAL SFT
AREA(S) _____CEILINGS _____CROWN _____WALLS _____TRIM _____DOORS _____CLOSET
COLOUR _____
BASEBOARD ONLY: _____LF DOOR TRIM ONLY: _____LF WINDOW TRIM ONLY: _____LF DOORS ONLY: _____QTY

BEDROOM 4: _____H _____L x ____W _____L x ____W _____L x ____W _____TOTAL SFT
AREA(S) _____CEILINGS _____CROWN _____WALLS _____TRIM _____DOORS _____CLOSET
COLOUR _____
BASEBOARD ONLY: _____LF DOOR TRIM ONLY: _____LF WINDOW TRIM ONLY: _____LF DOORS ONLY: _____QTY

MAIN BATH: _____H _____L x ____W _____L x ____W _____L x ____W _____TOTAL SFT
AREA(S) _____CEILINGS _____CROWN _____WALLS _____TRIM _____DOORS _____CLOSET
COLOUR _____
BASEBOARD ONLY: _____LF DOOR TRIM ONLY: _____LF WINDOW TRIM ONLY: _____LF DOORS ONLY: _____QTY

BATH 1: _____H _____L x ____W _____L x ____W _____L x ____W _____TOTAL SFT
AREA(S) _____CEILINGS _____CROWN _____WALLS _____TRIM _____DOORS _____CLOSET
COLOUR _____
BASEBOARD ONLY: _____LF DOOR TRIM ONLY: _____LF WINDOW TRIM ONLY: _____LF DOORS ONLY: _____QTY

ATH 2: _____H	_____L x ___W	_____L x ___W	_____L x ___W	_____TOTAL SFT	
AREA(S) _____CEILINGS	_____CROWN	_____WALLS	_____TRIM	_____DOORS	_____CLOSET
COLOUR _____	_____	_____	_____	_____	_____
BASEBOARD ONLY: _____LF	DOOR TRIM ONLY: _____LF	WINDOW TRIM ONLY: _____LF	DOORS ONLY: _____QTY		
POWDER ROOM: _____H	_____L x ___W	_____L x ___W	_____L x ___W	_____TOTAL SFT	
AREA(S) _____CEILINGS	_____CROWN	_____WALLS	_____TRIM	_____DOORS	_____CLOSET
COLOUR _____	_____	_____	_____	_____	_____
BASEBOARD ONLY: _____LF	DOOR TRIM ONLY: _____LF	WINDOW TRIM ONLY: _____LF	DOORS ONLY: _____QTY		
REC ROOM _____H	_____L x ___W	_____L x ___W	_____L x ___W	_____TOTAL SFT	
AREA(S) _____CEILINGS	_____CROWN	_____WALLS	_____TRIM	_____DOORS	_____CLOSET
COLOUR _____	_____	_____	_____	_____	_____
BASEBOARD ONLY: _____LF	DOOR TRIM ONLY: _____LF	WINDOW TRIM ONLY: _____LF	DOORS ONLY: _____QTY		
MAIN FLOOR HALL: _____H	_____L x ___W	_____L x ___W	_____L x ___W	_____TOTAL SFT	
AREA(S) _____CEILINGS	_____CROWN	_____WALLS	_____TRIM	_____DOORS	_____CLOSET
COLOUR _____	_____	_____	_____	_____	_____
BASEBOARD ONLY: _____LF	DOOR TRIM ONLY: _____LF	WINDOW TRIM ONLY: _____LF	DOORS ONLY: _____QTY		
UPPER HALL: _____H	_____L x ___W	_____L x ___W	_____L x ___W	_____TOTAL SFT	
AREA(S) _____CEILINGS	_____CROWN	_____WALLS	_____TRIM	_____DOORS	_____CLOSET
COLOUR _____	_____	_____	_____	_____	_____
BASEBOARD ONLY: _____LF	DOOR TRIM ONLY: _____LF	WINDOW TRIM ONLY: _____LF	DOORS ONLY: _____QTY		
UPPER STAIRWELL: _____H	_____L x ___W	_____L x ___W	_____L x ___W	_____TOTAL SFT	
AREA(S) _____CEILINGS	_____CROWN	_____WALLS	_____TRIM	_____DOORS	_____CLOSET
COLOUR _____	_____	_____	_____	_____	_____
BASEBOARD ONLY: _____LF	DOOR TRIM ONLY: _____LF	WINDOW TRIM ONLY: _____LF	DOORS ONLY: _____QTY		
LOWER HALL: _____H	_____L x ___W	_____L x ___W	_____L x ___W	_____TOTAL SFT	
AREA(S) _____CEILINGS	_____CROWN	_____WALLS	_____TRIM	_____DOORS	_____CLOSET
COLOUR _____	_____	_____	_____	_____	_____
BASEBOARD ONLY: _____LF	DOOR TRIM ONLY: _____LF	WINDOW TRIM ONLY: _____LF	DOORS ONLY: _____QTY		
LOWER STAIRWELL: _____H	_____L x ___W	_____L x ___W	_____L x ___W	_____TOTAL SFT	
AREA(S) _____CEILINGS	_____CROWN	_____WALLS	_____TRIM	_____DOORS	_____CLOSET
COLOUR _____	_____	_____	_____	_____	_____
BASEBOARD ONLY: _____LF	DOOR TRIM ONLY: _____LF	WINDOW TRIM ONLY: _____LF	DOORS ONLY: _____QTY		
GARAGE: _____H	_____L x ___W	_____L x ___W	_____L x ___W	_____TOTAL SFT	
AREA(S) _____CEILINGS	_____CROWN	_____WALLS	_____TRIM	_____DOORS	_____CLOSET
COLOUR _____	_____	_____	_____	_____	_____
BASEBOARD ONLY: _____LF	DOOR TRIM ONLY: _____LF	WINDOW TRIM ONLY: _____LF	DOORS ONLY: _____QTY		

NOTES:

STAIRCASE						
	TREADS #	**RISERS #**	**STRINGERS #**	**POSTS #**	**BALUSTERS #**	**HANDRAIL #**
PRIME						
PAINT						
STAIN						
CLEAR COAT						

KITCHEN	UPPER CABINET DOORS	BASE CABINETS DOORS	DRAWERS	VANITY	OTHER
PRIME					
PAINT					
STAIN					
CLEAR COAT					

WALLPAPER REMOVAL

ROOM(S) _____

ROOM SIZE _____W x _____L x _____H

BORDER _____YES _____NO

DRAWING

INTERIOR RESIDENTAL PAINTING ESTIMATE FORM

CLIENT CALL DATE: _____ CLIENT CALL BACK DATE: _____

CLIENT SITE VISIT DATE: _____ TIME: _____ CLIENT 2ᴺ CALL BACK DATE: _____

CLIENT NAME: _____ PHONE NUMBER: _____

ADDRESS: _____ EMAIL: _____

CITY: _____ POSTAL CODE _____ OTHER: _____

HOW DID YOU HEAR ABOUT US?   GOOGLE   WEBSITE   MAGAZINE   WORD OF MOUTH   SIGNAGE

CLIENT REFERRAL-NAME: _____ REFERRAL PROGRAM: _____

ESTIMATE DATE: _____ ESTIMATE # _____

REQUESTED START DATE: _____ REQUESTED FINISH DATE: _____

APPROX START DATE: _____ APPROX NUMBER OF DAYS: _____

NOTES:
_____
_____
_____
_____
_____
_____
_____

SPECIAL INSTRUCTIONS:
_____
_____
_____
_____
_____
_____
_____
_____
_____
_____
_____
_____

KITCHEN:	___ H	___ L x ___ W	___ L x ___ W	___ L x ___ W	___ TOTAL SFT
AREA(S)	___ CEILINGS	___ CROWN	___ WALLS	___ TRIM	___ DOORS ___ CLOSET
COLOUR					
BASEBOARD ONLY: ___ LF	DOOR TRIM ONLY: ___ LF	WINDOW TRIM ONLY: ___ LF	DOORS ONLY: ___ QTY		

DINING ROOM:	___ H	___ L x ___ W	___ L x ___ W	___ L x ___ W	___ TOTAL SFT
AREA(S)	___ CEILINGS	___ CROWN	___ WALLS	___ TRIM	___ DOORS ___ CLOSET
COLOUR					
BASEBOARD ONLY: ___ LF	DOOR TRIM ONLY: ___ LF	WINDOW TRIM ONLY: ___ LF	DOORS ONLY: ___ QTY		

PANTRY:	___ H	___ L x ___ W	___ L x ___ W	___ L x ___ W	___ TOTAL SFT
AREA(S)	___ CEILINGS	___ CROWN	___ WALLS	___ TRIM	___ DOORS ___ CLOSET
COLOUR					
BASEBOARD ONLY: ___ LF	DOOR TRIM ONLY: ___ LF	WINDOW TRIM ONLY: ___ LF	DOORS ONLY: ___ QTY		

LIVING ROOM:	___ H	___ L x ___ W	___ L x ___ W	___ L x ___ W	___ TOTAL SFT
AREA(S)	___ CEILINGS	___ CROWN	___ WALLS	___ TRIM	___ DOORS ___ CLOSET
COLOUR					
BASEBOARD ONLY: ___ LF	DOOR TRIM ONLY: ___ LF	WINDOW TRIM ONLY: ___ LF	DOORS ONLY: ___ QTY		

LAUNDRY:	___ H	___ L x ___ W	___ L x ___ W	___ L x ___ W	___ TOTAL SFT
AREA(S)	___ CEILINGS	___ CROWN	___ WALLS	___ TRIM	___ DOORS ___ CLOSET
COLOUR					
BASEBOARD ONLY: ___ LF	DOOR TRIM ONLY: ___ LF	WINDOW TRIM ONLY: ___ LF	DOORS ONLY: ___ QTY		

MUDROOM:	___ H	___ L x ___ W	___ L x ___ W	___ L x ___ W	___ TOTAL SFT
AREA(S)	___ CEILINGS	___ CROWN	___ WALLS	___ TRIM	___ DOORS ___ CLOSET
COLOUR					
BASEBOARD ONLY: ___ LF	DOOR TRIM ONLY: ___ LF	WINDOW TRIM ONLY: ___ LF	DOORS ONLY: ___ QTY		

FOYER:	___ H	___ L x ___ W	___ L x ___ W	___ L x ___ W	___ TOTAL SFT
AREA(S)	___ CEILINGS	___ CROWN	___ WALLS	___ TRIM	___ DOORS ___ CLOSET
COLOUR					
BASEBOARD ONLY: ___ LF	DOOR TRIM ONLY: ___ LF	WINDOW TRIM ONLY: ___ LF	DOORS ONLY: ___ QTY		

MASTER BED:	___ H	___ L x ___ W	___ L x ___ W	___ L x ___ W	___ TOTAL SFT
AREA(S)	___ CEILINGS	___ CROWN	___ WALLS	___ TRIM	___ DOORS ___ CLOSET
COLOUR					
BASEBOARD ONLY: ___ LF	DOOR TRIM ONLY: ___ LF	WINDOW TRIM ONLY: ___ LF	DOORS ONLY: ___ QTY		

ENSUITE:	___ H	___ L x ___ W	___ L x ___ W	___ L x ___ W	___ TOTAL SFT
AREA(S)	___ CEILINGS	___ CROWN	___ WALLS	___ TRIM	___ DOORS ___ CLOSET
COLOUR					
BASEBOARD ONLY: ___ LF	DOOR TRIM ONLY: ___ LF	WINDOW TRIM ONLY: ___ LF	DOORS ONLY: ___ QTY		

BEDROOM 1:	___ H	___ L x ___ W	___ L x ___ W	___ L x ___ W	___ TOTAL SFT
AREA(S)	___ CEILINGS	___ CROWN	___ WALLS	___ TRIM	___ DOORS ___ CLOSET
COLOUR					
BASEBOARD ONLY: ___ LF	DOOR TRIM ONLY: ___ LF	WINDOW TRIM ONLY: ___ LF	DOORS ONLY: ___ QTY		

BEDROOM 2:	___ H	___ L x ___ W	___ L x ___ W	___ L x ___ W	___ TOTAL SFT
AREA(S)	___ CEILINGS	___ CROWN	___ WALLS	___ TRIM	___ DOORS ___ CLOSET
COLOUR					
BASEBOARD ONLY: ___ LF	DOOR TRIM ONLY: ___ LF	WINDOW TRIM ONLY: ___ LF	DOORS ONLY: ___ QTY		

BEDROOM 3:	___ H	___ L x ___ W	___ L x ___ W	___ L x ___ W	___ TOTAL SFT
AREA(S)	___ CEILINGS	___ CROWN	___ WALLS	___ TRIM	___ DOORS ___ CLOSET
COLOUR					
BASEBOARD ONLY: ___ LF	DOOR TRIM ONLY: ___ LF	WINDOW TRIM ONLY: ___ LF	DOORS ONLY: ___ QTY		

BEDROOM 4:	___ H	___ L x ___ W	___ L x ___ W	___ L x ___ W	___ TOTAL SFT
AREA(S)	___ CEILINGS	___ CROWN	___ WALLS	___ TRIM	___ DOORS ___ CLOSET
COLOUR					
BASEBOARD ONLY: ___ LF	DOOR TRIM ONLY: ___ LF	WINDOW TRIM ONLY: ___ LF	DOORS ONLY: ___ QTY		

MAIN BATH:	___ H	___ L x ___ W	___ L x ___ W	___ L x ___ W	___ TOTAL SFT
AREA(S)	___ CEILINGS	___ CROWN	___ WALLS	___ TRIM	___ DOORS ___ CLOSET
COLOUR					
BASEBOARD ONLY: ___ LF	DOOR TRIM ONLY: ___ LF	WINDOW TRIM ONLY: ___ LF	DOORS ONLY: ___ QTY		

BATH 1:	___ H	___ L x ___ W	___ L x ___ W	___ L x ___ W	___ TOTAL SFT
AREA(S)	___ CEILINGS	___ CROWN	___ WALLS	___ TRIM	___ DOORS ___ CLOSET
COLOUR					
BASEBOARD ONLY: ___ LF	DOOR TRIM ONLY: ___ LF	WINDOW TRIM ONLY: ___ LF	DOORS ONLY: ___ QTY		

ATH 2:	___H	___ L x ___ W	___ L x ___ W	___ L x ___ W	___ TOTAL SFT
AREA(S)	___CEILINGS	___CROWN	___WALLS	___TRIM	___DOORS ___CLOSET
COLOUR					
BASEBOARD ONLY: ___LF	DOOR TRIM ONLY: ___LF	WINDOW TRIM ONLY: ___LF	DOORS ONLY: ___QTY		

POWDER ROOM:	___H	___ L x ___ W	___ L x ___ W	___ L x ___ W	___ TOTAL SFT
AREA(S)	___CEILINGS	___CROWN	___WALLS	___TRIM	___DOORS ___CLOSET
COLOUR					
BASEBOARD ONLY: ___LF	DOOR TRIM ONLY: ___LF	WINDOW TRIM ONLY: ___LF	DOORS ONLY: ___QTY		

REC ROOM	___H	___ L x ___ W	___ L x ___ W	___ L x ___ W	___ TOTAL SFT
AREA(S)	___CEILINGS	___CROWN	___WALLS	___TRIM	___DOORS ___CLOSET
COLOUR					
BASEBOARD ONLY: ___LF	DOOR TRIM ONLY: ___LF	WINDOW TRIM ONLY: ___LF	DOORS ONLY: ___QTY		

MAIN FLOOR HALL:	___H	___ L x ___ W	___ L x ___ W	___ L x ___ W	___ TOTAL SFT
AREA(S)	___CEILINGS	___CROWN	___WALLS	___TRIM	___DOORS ___CLOSET
COLOUR					
BASEBOARD ONLY: ___LF	DOOR TRIM ONLY: ___LF	WINDOW TRIM ONLY: ___LF	DOORS ONLY: ___QTY		

UPPER HALL:	___H	___ L x ___ W	___ L x ___ W	___ L x ___ W	___ TOTAL SFT
AREA(S)	___CEILINGS	___CROWN	___WALLS	___TRIM	___DOORS ___CLOSET
COLOUR					
BASEBOARD ONLY: ___LF	DOOR TRIM ONLY: ___LF	WINDOW TRIM ONLY: ___LF	DOORS ONLY: ___QTY		

UPPER STAIRWELL:	___H	___ L x ___ W	___ L x ___ W	___ L x ___ W	___ TOTAL SFT
AREA(S)	___CEILINGS	___CROWN	___WALLS	___TRIM	___DOORS ___CLOSET
COLOUR					
BASEBOARD ONLY: ___LF	DOOR TRIM ONLY: ___LF	WINDOW TRIM ONLY: ___LF	DOORS ONLY: ___QTY		

LOWER HALL:	___H	___ L x ___ W	___ L x ___ W	___ L x ___ W	___ TOTAL SFT
AREA(S)	___CEILINGS	___CROWN	___WALLS	___TRIM	___DOORS ___CLOSET
COLOUR					
BASEBOARD ONLY: ___LF	DOOR TRIM ONLY: ___LF	WINDOW TRIM ONLY: ___LF	DOORS ONLY: ___QTY		

LOWER STAIRWELL:	___H	___ L x ___ W	___ L x ___ W	___ L x ___ W	___ TOTAL SFT
AREA(S)	___CEILINGS	___CROWN	___WALLS	___TRIM	___DOORS ___CLOSET
COLOUR					
BASEBOARD ONLY: ___LF	DOOR TRIM ONLY: ___LF	WINDOW TRIM ONLY: ___LF	DOORS ONLY: ___QTY		

GARAGE:	___H	___ L x ___ W	___ L x ___ W	___ L x ___ W	___ TOTAL SFT
AREA(S)	___CEILINGS	___CROWN	___WALLS	___TRIM	___DOORS ___CLOSET
COLOUR					
BASEBOARD ONLY: ___LF	DOOR TRIM ONLY: ___LF	WINDOW TRIM ONLY: ___LF	DOORS ONLY: ___QTY		

NOTES:

STAIRCASE	TREADS #	RISERS #	STRINGERS #	POSTS #	BALUSTERS #	HANDRAIL #
PRIME						
PAINT						
STAIN						
CLEAR COAT						

KITCHEN	UPPER CABINET DOORS	BASE CABINETS DOORS	DRAWERS	VANITY	OTHER
PRIME					
PAINT					
STAIN					
CLEAR COAT					

WALLPAPER REMOVAL

ROOM(S) _____

ROOM SIZE _____W x _____L x _____H

BORDER _____YES _____NO

DRAWING

INTERIOR RESIDENTAL PAINTING ESTIMATE FORM

CLIENT CALL DATE: _____ CLIENT CALL BACK DATE: _____

CLIENT SITE VISIT DATE: _____ TIME: _____ CLIENT 2ᴺ CALL BACK DATE: _____

CLIENT NAME: _____ PHONE NUMBER: _____

ADDRESS: _____ EMAIL: _____

CITY: _____ POSTAL CODE _____ OTHER: _____

HOW DID YOU HEAR ABOUT US?   GOOGLE   WEBSITE   MAGAZINE   WORD OF MOUTH   SIGNAGE

CLIENT REFERRAL-NAME: _____ REFERRAL PROGRAM: _____

ESTIMATE DATE: _____ ESTIMATE # _____

REQUESTED START DATE: _____ REQUESTED FINISH DATE: _____

APPROX START DATE: _____ APPROX NUMBER OF DAYS: _____

NOTES:
_____
_____
_____
_____
_____
_____
_____

SPECIAL INSTRUCTIONS:
_____
_____
_____
_____
_____
_____
_____
_____
_____
_____
_____
_____

KITCHEN: ___H	___L x ___W	___L x ___W	___L x ___W	___TOTAL SFT	
AREA(S) ___CEILINGS	___CROWN	___WALLS	___TRIM	___DOORS	___CLOSET
COLOUR _____	_____	_____	_____	_____	_____
BASEBOARD ONLY: ___LF	DOOR TRIM ONLY: ___LF	WINDOW TRIM ONLY: ___LF	DOORS ONLY: ___QTY		
DINING ROOM: ___H	___L x ___W	___L x ___W	___L x ___W	___TOTAL SFT	
AREA(S) ___CEILINGS	___CROWN	___WALLS	___TRIM	___DOORS	___CLOSET
COLOUR _____	_____	_____	_____	_____	_____
BASEBOARD ONLY: ___LF	DOOR TRIM ONLY: ___LF	WINDOW TRIM ONLY: ___LF	DOORS ONLY: ___QTY		
PANTRY: ___H	___L x ___W	___L x ___W	___L x ___W	___TOTAL SFT	
AREA(S) ___CEILINGS	___CROWN	___WALLS	___TRIM	___DOORS	___CLOSET
COLOUR _____	_____	_____	_____	_____	_____
BASEBOARD ONLY: ___LF	DOOR TRIM ONLY: ___LF	WINDOW TRIM ONLY: ___LF	DOORS ONLY: ___QTY		
LIVING ROOM: ___H	___L x ___W	___L x ___W	___L x ___W	___TOTAL SFT	
AREA(S) ___CEILINGS	___CROWN	___WALLS	___TRIM	___DOORS	___CLOSET
COLOUR _____	_____	_____	_____	_____	_____
BASEBOARD ONLY: ___LF	DOOR TRIM ONLY: ___LF	WINDOW TRIM ONLY: ___LF	DOORS ONLY: ___QTY		
LAUNDRY: ___H	___L x ___W	___L x ___W	___L x ___W	___TOTAL SFT	
AREA(S) ___CEILINGS	___CROWN	___WALLS	___TRIM	___DOORS	___CLOSET
COLOUR _____	_____	_____	_____	_____	_____
BASEBOARD ONLY: ___LF	DOOR TRIM ONLY: ___LF	WINDOW TRIM ONLY: ___LF	DOORS ONLY: ___QTY		
MUDROOM: ___H	___L x ___W	___L x ___W	___L x ___W	___TOTAL SFT	
AREA(S) ___CEILINGS	___CROWN	___WALLS	___TRIM	___DOORS	___CLOSET
COLOUR _____	_____	_____	_____	_____	_____
BASEBOARD ONLY: ___LF	DOOR TRIM ONLY: ___LF	WINDOW TRIM ONLY: ___LF	DOORS ONLY: ___QTY		
FOYER: ___H	___L x ___W	___L x ___W	___L x ___W	___TOTAL SFT	
AREA(S) ___CEILINGS	___CROWN	___WALLS	___TRIM	___DOORS	___CLOSET
COLOUR _____	_____	_____	_____	_____	_____
BASEBOARD ONLY: ___LF	DOOR TRIM ONLY: ___LF	WINDOW TRIM ONLY: ___LF	DOORS ONLY: ___QTY		
MASTER BED: ___H	___L x ___W	___L x ___W	___L x ___W	___TOTAL SFT	
AREA(S) ___CEILINGS	___CROWN	___WALLS	___TRIM	___DOORS	___CLOSET
COLOUR _____	_____	_____	_____	_____	_____
BASEBOARD ONLY: ___LF	DOOR TRIM ONLY: ___LF	WINDOW TRIM ONLY: ___LF	DOORS ONLY: ___QTY		
ENSUITE: ___H	___L x ___W	___L x ___W	___L x ___W	___TOTAL SFT	
AREA(S) ___CEILINGS	___CROWN	___WALLS	___TRIM	___DOORS	___CLOSET
COLOUR _____	_____	_____	_____	_____	_____
BASEBOARD ONLY: ___LF	DOOR TRIM ONLY: ___LF	WINDOW TRIM ONLY: ___LF	DOORS ONLY: ___QTY		
BEDROOM 1: ___H	___L x ___W	___L x ___W	___L x ___W	___TOTAL SFT	
AREA(S) ___CEILINGS	___CROWN	___WALLS	___TRIM	___DOORS	___CLOSET
COLOUR _____	_____	_____	_____	_____	_____
BASEBOARD ONLY: ___LF	DOOR TRIM ONLY: ___LF	WINDOW TRIM ONLY: ___LF	DOORS ONLY: ___QTY		
BEDROOM 2: ___H	___L x ___W	___L x ___W	___L x ___W	___TOTAL SFT	
AREA(S) ___CEILINGS	___CROWN	___WALLS	___TRIM	___DOORS	___CLOSET
COLOUR _____	_____	_____	_____	_____	_____
BASEBOARD ONLY: ___LF	DOOR TRIM ONLY: ___LF	WINDOW TRIM ONLY: ___LF	DOORS ONLY: ___QTY		
BEDROOM 3: ___H	___L x ___W	___L x ___W	___L x ___W	___TOTAL SFT	
AREA(S) ___CEILINGS	___CROWN	___WALLS	___TRIM	___DOORS	___CLOSET
COLOUR _____	_____	_____	_____	_____	_____
BASEBOARD ONLY: ___LF	DOOR TRIM ONLY: ___LF	WINDOW TRIM ONLY: ___LF	DOORS ONLY: ___QTY		
BEDROOM 4: ___H	___L x ___W	___L x ___W	___L x ___W	___TOTAL SFT	
AREA(S) ___CEILINGS	___CROWN	___WALLS	___TRIM	___DOORS	___CLOSET
COLOUR _____	_____	_____	_____	_____	_____
BASEBOARD ONLY: ___LF	DOOR TRIM ONLY: ___LF	WINDOW TRIM ONLY: ___LF	DOORS ONLY: ___QTY		
MAIN BATH: ___H	___L x ___W	___L x ___W	___L x ___W	___TOTAL SFT	
AREA(S) ___CEILINGS	___CROWN	___WALLS	___TRIM	___DOORS	___CLOSET
COLOUR _____	_____	_____	_____	_____	_____
BASEBOARD ONLY: ___LF	DOOR TRIM ONLY: ___LF	WINDOW TRIM ONLY: ___LF	DOORS ONLY: ___QTY		
BATH 1: ___H	___L x ___W	___L x ___W	___L x ___W	___TOTAL SFT	
AREA(S) ___CEILINGS	___CROWN	___WALLS	___TRIM	___DOORS	___CLOSET
COLOUR _____	_____	_____	_____	_____	_____
BASEBOARD ONLY: ___LF	DOOR TRIM ONLY: ___LF	WINDOW TRIM ONLY: ___LF	DOORS ONLY: ___QTY		

ATH 2:	___H	___L x ___W	___L x ___W	___L x ___W	___TOTAL SFT
AREA(S)	___CEILINGS	___CROWN	___WALLS	___TRIM	___DOORS ___CLOSET
COLOUR					
BASEBOARD ONLY: ___LF	DOOR TRIM ONLY: ___LF	WINDOW TRIM ONLY: ___LF	DOORS ONLY: ___QTY		

POWDER ROOM:	___H	___L x ___W	___L x ___W	___L x ___W	___TOTAL SFT
AREA(S)	___CEILINGS	___CROWN	___WALLS	___TRIM	___DOORS ___CLOSET
COLOUR					
BASEBOARD ONLY: ___LF	DOOR TRIM ONLY: ___LF	WINDOW TRIM ONLY: ___LF	DOORS ONLY: ___QTY		

REC ROOM	___H	___L x ___W	___L x ___W	___L x ___W	___TOTAL SFT
AREA(S)	___CEILINGS	___CROWN	___WALLS	___TRIM	___DOORS ___CLOSET
COLOUR					
BASEBOARD ONLY: ___LF	DOOR TRIM ONLY: ___LF	WINDOW TRIM ONLY: ___LF	DOORS ONLY: ___QTY		

MAIN FLOOR HALL:	___H	___L x ___W	___L x ___W	___L x ___W	___TOTAL SFT
AREA(S)	___CEILINGS	___CROWN	___WALLS	___TRIM	___DOORS ___CLOSET
COLOUR					
BASEBOARD ONLY: ___LF	DOOR TRIM ONLY: ___LF	WINDOW TRIM ONLY: ___LF	DOORS ONLY: ___QTY		

UPPER HALL:	___H	___L x ___W	___L x ___W	___L x ___W	___TOTAL SFT
AREA(S)	___CEILINGS	___CROWN	___WALLS	___TRIM	___DOORS ___CLOSET
COLOUR					
BASEBOARD ONLY: ___LF	DOOR TRIM ONLY: ___LF	WINDOW TRIM ONLY: ___LF	DOORS ONLY: ___QTY		

UPPER STAIRWELL:	___H	___L x ___W	___L x ___W	___L x ___W	___TOTAL SFT
AREA(S)	___CEILINGS	___CROWN	___WALLS	___TRIM	___DOORS ___CLOSET
COLOUR					
BASEBOARD ONLY: ___LF	DOOR TRIM ONLY: ___LF	WINDOW TRIM ONLY: ___LF	DOORS ONLY: ___QTY		

LOWER HALL:	___H	___L x ___W	___L x ___W	___L x ___W	___TOTAL SFT
AREA(S)	___CEILINGS	___CROWN	___WALLS	___TRIM	___DOORS ___CLOSET
COLOUR					
BASEBOARD ONLY: ___LF	DOOR TRIM ONLY: ___LF	WINDOW TRIM ONLY: ___LF	DOORS ONLY: ___QTY		

LOWER STAIRWELL:	___H	___L x ___W	___L x ___W	___L x ___W	___TOTAL SFT
AREA(S)	___CEILINGS	___CROWN	___WALLS	___TRIM	___DOORS ___CLOSET
COLOUR					
BASEBOARD ONLY: ___LF	DOOR TRIM ONLY: ___LF	WINDOW TRIM ONLY: ___LF	DOORS ONLY: ___QTY		

GARAGE:	___H	___L x ___W	___L x ___W	___L x ___W	___TOTAL SFT
AREA(S)	___CEILINGS	___CROWN	___WALLS	___TRIM	___DOORS ___CLOSET
COLOUR					
BASEBOARD ONLY: ___LF	DOOR TRIM ONLY: ___LF	WINDOW TRIM ONLY: ___LF	DOORS ONLY: ___QTY		

NOTES:

STAIRCASE	TREADS #	RISERS #	STRINGERS #	POSTS #	BALUSTERS #	HANDRAIL #
PRIME						
PAINT						
STAIN						
CLEAR COAT						

KITCHEN					
	UPPER CABINET DOORS	BASE CABINETS DOORS	DRAWERS	VANITY	OTHER
PRIME					
PAINT					
STAIN					
CLEAR COAT					

WALLPAPER REMOVAL

ROOM(S) _____

ROOM SIZE _____W x _____L x _____H

BORDER _____YES _____NO

DRAWING

INTERIOR RESIDENTAL PAINTING ESTIMATE FORM

CLIENT CALL DATE: _____   CLIENT CALL BACK DATE: _____

CLIENT SITE VISIT DATE: _____ TIME: _____
CLIENT 2ⁿ CALL BACK DATE: _____

CLIENT NAME: _____   PHONE NUMBER: _____

ADDRESS: _____   EMAIL: _____

CITY: _____ POSTAL CODE _____   OTHER: _____

HOW DID YOU HEAR ABOUT US?   GOOGLE   WEBSITE   MAGAZINE   WORD OF MOUTH   SIGNAGE

CLIENT REFERRAL-NAME: _____   REFERRAL PROGRAM: _____

ESTIMATE DATE: _____   ESTIMATE # _____

REQUESTED START DATE: _____   REQUESTED FINISH DATE: _____

APPROX START DATE: _____   APPROX NUMBER OF DAYS: _____

NOTES:
_____
_____
_____
_____
_____
_____
_____

SPECIAL INSTRUCTIONS:
_____
_____
_____
_____
_____
_____
_____
_____
_____
_____
_____
_____

KITCHEN: _____H	_____L x ____W	_____L x ____W	_____L x ____W	____TOTAL SFT	
AREA(S) _____CEILINGS	_____CROWN	_____WALLS	_____TRIM	_____DOORS	_____CLOSET
COLOUR _____	_____	_____	_____	_____	_____
BASEBOARD ONLY: _____LF	DOOR TRIM ONLY: _____LF	WINDOW TRIM ONLY: _____LF	DOORS ONLY: _____QTY		

(The above structure repeats for each of the following rooms:)

- **KITCHEN:**
- **DINING ROOM:**
- **PANTRY:**
- **LIVING ROOM:**
- **LAUNDRY:**
- **MUDROOM:**
- **FOYER:**
- **MASTER BED:**
- **ENSUITE:**
- **BEDROOM 1:**
- **BEDROOM 2:**
- **BEDROOM 3:**
- **BEDROOM 4:**
- **MAIN BATH:**
- **BATH 1:**

- _____H | _____L x ____W | _____L x ____W | _____L x ____W | ____TOTAL SFT
- AREA(S) _____CEILINGS _____CROWN _____WALLS _____TRIM _____DOORS _____CLOSET
- COLOUR _____
- BASEBOARD ONLY: _____LF   DOOR TRIM ONLY: _____LF   WINDOW TRIM ONLY: _____LF   DOORS ONLY: _____QTY

ATH 2:	_____H	_____ L x ___ W	_____ L x ___ W	_____ L x ___ W	____ TOTAL SFT
AREA(S)	____CEILINGS	_____CROWN	_____WALLS	_____TRIM	_____DOORS _____ CLOSET
COLOUR					
BASEBOARD ONLY: _____LF	DOOR TRIM ONLY: _____LF	WINDOW TRIM ONLY: _____LF	DOORS ONLY: _____QTY		

POWDER ROOM:	_____H	_____ L x ___ W	_____ L x ___ W	_____ L x ___ W	____ TOTAL SFT
AREA(S)	____CEILINGS	_____CROWN	_____WALLS	_____TRIM	_____DOORS _____ CLOSET
COLOUR					
BASEBOARD ONLY: _____LF	DOOR TRIM ONLY: _____LF	WINDOW TRIM ONLY: _____LF	DOORS ONLY: _____QTY		

REC ROOM	_____H	_____ L x ___ W	_____ L x ___ W	_____ L x ___ W	____ TOTAL SFT
AREA(S)	____CEILINGS	_____CROWN	_____WALLS	_____TRIM	_____DOORS _____ CLOSET
COLOUR					
BASEBOARD ONLY: _____LF	DOOR TRIM ONLY: _____LF	WINDOW TRIM ONLY: _____LF	DOORS ONLY: _____QTY		

MAIN FLOOR HALL:	_____H	_____ L x ___ W	_____ L x ___ W	_____ L x ___ W	____ TOTAL SFT
AREA(S)	____CEILINGS	_____CROWN	_____WALLS	_____TRIM	_____DOORS _____ CLOSET
COLOUR					
BASEBOARD ONLY: _____LF	DOOR TRIM ONLY: _____LF	WINDOW TRIM ONLY: _____LF	DOORS ONLY: _____QTY		

UPPER HALL:	_____H	_____ L x ___ W	_____ L x ___ W	_____ L x ___ W	____ TOTAL SFT
AREA(S)	____CEILINGS	_____CROWN	_____WALLS	_____TRIM	_____DOORS _____ CLOSET
COLOUR					
BASEBOARD ONLY: _____LF	DOOR TRIM ONLY: _____LF	WINDOW TRIM ONLY: _____LF	DOORS ONLY: _____QTY		

UPPER STAIRWELL:	_____H	_____ L x ___ W	_____ L x ___ W	_____ L x ___ W	____ TOTAL SFT
AREA(S)	____CEILINGS	_____CROWN	_____WALLS	_____TRIM	_____DOORS _____ CLOSET
COLOUR					
BASEBOARD ONLY: _____LF	DOOR TRIM ONLY: _____LF	WINDOW TRIM ONLY: _____LF	DOORS ONLY: _____QTY		

LOWER HALL:	_____H	_____ L x ___ W	_____ L x ___ W	_____ L x ___ W	____ TOTAL SFT
AREA(S)	____CEILINGS	_____CROWN	_____WALLS	_____TRIM	_____DOORS _____ CLOSET
COLOUR					
BASEBOARD ONLY: _____LF	DOOR TRIM ONLY: _____LF	WINDOW TRIM ONLY: _____LF	DOORS ONLY: _____QTY		

LOWER STAIRWELL:	_____H	_____ L x ___ W	_____ L x ___ W	_____ L x ___ W	____ TOTAL SFT
AREA(S)	____CEILINGS	_____CROWN	_____WALLS	_____TRIM	_____DOORS _____ CLOSET
COLOUR					
BASEBOARD ONLY: _____LF	DOOR TRIM ONLY: _____LF	WINDOW TRIM ONLY: _____LF	DOORS ONLY: _____QTY		

GARAGE:	_____H	_____ L x ___ W	_____ L x ___ W	_____ L x ___ W	____ TOTAL SFT
AREA(S)	____CEILINGS	_____CROWN	_____WALLS	_____TRIM	_____DOORS _____ CLOSET
COLOUR					
BASEBOARD ONLY: _____LF	DOOR TRIM ONLY: _____LF	WINDOW TRIM ONLY: _____LF	DOORS ONLY: _____QTY		

NOTES:

STAIRCASE	TREADS #	RISERS #	STRINGERS #	POSTS #	BALUSTERS #	HANDRAIL #
PRIME						
PAINT						
STAIN						
CLEAR COAT						

KITCHEN	UPPER CABINET DOORS	BASE CABINETS DOORS	DRAWERS	VANITY	OTHER
PRIME					
PAINT					
STAIN					
CLEAR COAT					

WALLPAPER REMOVAL	
ROOM(S)	_____
ROOM SIZE	_____W x _____L x _____H
BORDER	_____YES _____NO

DRAWING

INTERIOR RESIDENTAL PAINTING ESTIMATE FORM

CLIENT CALL DATE: _____ CLIENT CALL BACK DATE: _____

CLIENT SITE VISIT DATE: _____ TIME: _____ CLIENT 2ⁿ CALL BACK DATE: _____

CLIENT NAME: _____ PHONE NUMBER: _____

ADDRESS: _____ EMAIL: _____

CITY: _____ POSTAL CODE _____ OTHER: _____

HOW DID YOU HEAR ABOUT US?   GOOGLE   WEBSITE   MAGAZINE   WORD OF MOUTH   SIGNAGE

CLIENT REFERRAL-NAME: _____ REFERRAL PROGRAM: _____

ESTIMATE DATE: _____ ESTIMATE # _____

REQUESTED START DATE: _____ REQUESTED FINISH DATE: _____

APPROX START DATE: _____ APPROX NUMBER OF DAYS: _____

NOTES:
_____
_____
_____
_____
_____
_____
_____

SPECIAL INSTRUCTIONS:
_____
_____
_____
_____
_____
_____
_____
_____
_____
_____
_____
_____
_____

KITCHEN:	_____H	_____L x ____W	_____L x ____W	_____L x ____W	____TOTAL SFT
AREA(S)	____CEILINGS	_____CROWN	_____WALLS	_____TRIM	_____DOORS ____CLOSET
COLOUR					
BASEBOARD ONLY: _____LF	DOOR TRIM ONLY: _____LF		WINDOW TRIM ONLY: _____LF		DOORS ONLY: _____QTY
DINING ROOM:	_____H	_____L x ____W	_____L x ____W	_____L x ____W	____TOTAL SFT
AREA(S)	____CEILINGS	_____CROWN	_____WALLS	_____TRIM	_____DOORS ____CLOSET
COLOUR					
BASEBOARD ONLY: _____LF	DOOR TRIM ONLY: _____LF		WINDOW TRIM ONLY: _____LF		DOORS ONLY: _____QTY
PANTRY:	_____H	_____L x ____W	_____L x ____W	_____L x ____W	____TOTAL SFT
AREA(S)	____CEILINGS	_____CROWN	_____WALLS	_____TRIM	_____DOORS ____CLOSET
COLOUR					
BASEBOARD ONLY: _____LF	DOOR TRIM ONLY: _____LF		WINDOW TRIM ONLY: _____LF		DOORS ONLY: _____QTY
LIVING ROOM:	_____H	_____L x ____W	_____L x ____W	_____L x ____W	____TOTAL SFT
AREA(S)	____CEILINGS	_____CROWN	_____WALLS	_____TRIM	_____DOORS ____CLOSET
COLOUR					
BASEBOARD ONLY: _____LF	DOOR TRIM ONLY: _____LF		WINDOW TRIM ONLY: _____LF		DOORS ONLY: _____QTY
LAUNDRY:	_____H	_____L x ____W	_____L x ____W	_____L x ____W	____TOTAL SFT
AREA(S)	____CEILINGS	_____CROWN	_____WALLS	_____TRIM	_____DOORS ____CLOSET
COLOUR					
BASEBOARD ONLY: _____LF	DOOR TRIM ONLY: _____LF		WINDOW TRIM ONLY: _____LF		DOORS ONLY: _____QTY
MUDROOM:	_____H	_____L x ____W	_____L x ____W	_____L x ____W	____TOTAL SFT
AREA(S)	____CEILINGS	_____CROWN	_____WALLS	_____TRIM	_____DOORS ____CLOSET
COLOUR					
BASEBOARD ONLY: _____LF	DOOR TRIM ONLY: _____LF		WINDOW TRIM ONLY: _____LF		DOORS ONLY: _____QTY
FOYER:	_____H	_____L x ____W	_____L x ____W	_____L x ____W	____TOTAL SFT
AREA(S)	____CEILINGS	_____CROWN	_____WALLS	_____TRIM	_____DOORS ____CLOSET
COLOUR					
BASEBOARD ONLY: _____LF	DOOR TRIM ONLY: _____LF		WINDOW TRIM ONLY: _____LF		DOORS ONLY: _____QTY
MASTER BED:	_____H	_____L x ____W	_____L x ____W	_____L x ____W	____TOTAL SFT
AREA(S)	____CEILINGS	_____CROWN	_____WALLS	_____TRIM	_____DOORS ____CLOSET
COLOUR					
BASEBOARD ONLY: _____LF	DOOR TRIM ONLY: _____LF		WINDOW TRIM ONLY: _____LF		DOORS ONLY: _____QTY
ENSUITE:	_____H	_____L x ____W	_____L x ____W	_____L x ____W	____TOTAL SFT
AREA(S)	____CEILINGS	_____CROWN	_____WALLS	_____TRIM	_____DOORS ____CLOSET
COLOUR					
BASEBOARD ONLY: _____LF	DOOR TRIM ONLY: _____LF		WINDOW TRIM ONLY: _____LF		DOORS ONLY: _____QTY
BEDROOM 1:	_____H	_____L x ____W	_____L x ____W	_____L x ____W	____TOTAL SFT
AREA(S)	____CEILINGS	_____CROWN	_____WALLS	_____TRIM	_____DOORS ____CLOSET
COLOUR					
BASEBOARD ONLY: _____LF	DOOR TRIM ONLY: _____LF		WINDOW TRIM ONLY: _____LF		DOORS ONLY: _____QTY
BEDROOM 2:	_____H	_____L x ____W	_____L x ____W	_____L x ____W	____TOTAL SFT
AREA(S)	____CEILINGS	_____CROWN	_____WALLS	_____TRIM	_____DOORS ____CLOSET
COLOUR					
BASEBOARD ONLY: _____LF	DOOR TRIM ONLY: _____LF		WINDOW TRIM ONLY: _____LF		DOORS ONLY: _____QTY
BEDROOM 3:	_____H	_____L x ____W	_____L x ____W	_____L x ____W	____TOTAL SFT
AREA(S)	____CEILINGS	_____CROWN	_____WALLS	_____TRIM	_____DOORS ____CLOSET
COLOUR					
BASEBOARD ONLY: _____LF	DOOR TRIM ONLY: _____LF		WINDOW TRIM ONLY: _____LF		DOORS ONLY: _____QTY
BEDROOM 4:	_____H	_____L x ____W	_____L x ____W	_____L x ____W	____TOTAL SFT
AREA(S)	____CEILINGS	_____CROWN	_____WALLS	_____TRIM	_____DOORS ____CLOSET
COLOUR					
BASEBOARD ONLY: _____LF	DOOR TRIM ONLY: _____LF		WINDOW TRIM ONLY: _____LF		DOORS ONLY: _____QTY
MAIN BATH:	_____H	_____L x ____W	_____L x ____W	_____L x ____W	____TOTAL SFT
AREA(S)	____CEILINGS	_____CROWN	_____WALLS	_____TRIM	_____DOORS ____CLOSET
COLOUR					
BASEBOARD ONLY: _____LF	DOOR TRIM ONLY: _____LF		WINDOW TRIM ONLY: _____LF		DOORS ONLY: _____QTY
BATH 1:	_____H	_____L x ____W	_____L x ____W	_____L x ____W	____TOTAL SFT
AREA(S)	____CEILINGS	_____CROWN	_____WALLS	_____TRIM	_____DOORS ____CLOSET
COLOUR					
BASEBOARD ONLY: _____LF	DOOR TRIM ONLY: _____LF		WINDOW TRIM ONLY: _____LF		DOORS ONLY: _____QTY

ATH 2:	___H	___L x ___W	___L x ___W	___L x ___W	___TOTAL SFT
AREA(S)	___CEILINGS	___CROWN	___WALLS	___TRIM	___DOORS ___CLOSET
COLOUR					
BASEBOARD ONLY: ___LF	DOOR TRIM ONLY: ___LF	WINDOW TRIM ONLY: ___LF	DOORS ONLY: ___QTY		

POWDER ROOM:	___H	___L x ___W	___L x ___W	___L x ___W	___TOTAL SFT
AREA(S)	___CEILINGS	___CROWN	___WALLS	___TRIM	___DOORS ___CLOSET
COLOUR					
BASEBOARD ONLY: ___LF	DOOR TRIM ONLY: ___LF	WINDOW TRIM ONLY: ___LF	DOORS ONLY: ___QTY		

REC ROOM	___H	___L x ___W	___L x ___W	___L x ___W	___TOTAL SFT
AREA(S)	___CEILINGS	___CROWN	___WALLS	___TRIM	___DOORS ___CLOSET
COLOUR					
BASEBOARD ONLY: ___LF	DOOR TRIM ONLY: ___LF	WINDOW TRIM ONLY: ___LF	DOORS ONLY: ___QTY		

MAIN FLOOR HALL:	___H	___L x ___W	___L x ___W	___L x ___W	___TOTAL SFT
AREA(S)	___CEILINGS	___CROWN	___WALLS	___TRIM	___DOORS ___CLOSET
COLOUR					
BASEBOARD ONLY: ___LF	DOOR TRIM ONLY: ___LF	WINDOW TRIM ONLY: ___LF	DOORS ONLY: ___QTY		

UPPER HALL:	___H	___L x ___W	___L x ___W	___L x ___W	___TOTAL SFT
AREA(S)	___CEILINGS	___CROWN	___WALLS	___TRIM	___DOORS ___CLOSET
COLOUR					
BASEBOARD ONLY: ___LF	DOOR TRIM ONLY: ___LF	WINDOW TRIM ONLY: ___LF	DOORS ONLY: ___QTY		

UPPER STAIRWELL:	___H	___L x ___W	___L x ___W	___L x ___W	___TOTAL SFT
AREA(S)	___CEILINGS	___CROWN	___WALLS	___TRIM	___DOORS ___CLOSET
COLOUR					
BASEBOARD ONLY: ___LF	DOOR TRIM ONLY: ___LF	WINDOW TRIM ONLY: ___LF	DOORS ONLY: ___QTY		

LOWER HALL:	___H	___L x ___W	___L x ___W	___L x ___W	___TOTAL SFT
AREA(S)	___CEILINGS	___CROWN	___WALLS	___TRIM	___DOORS ___CLOSET
COLOUR					
BASEBOARD ONLY: ___LF	DOOR TRIM ONLY: ___LF	WINDOW TRIM ONLY: ___LF	DOORS ONLY: ___QTY		

LOWER STAIRWELL:	___H	___L x ___W	___L x ___W	___L x ___W	___TOTAL SFT
AREA(S)	___CEILINGS	___CROWN	___WALLS	___TRIM	___DOORS ___CLOSET
COLOUR					
BASEBOARD ONLY: ___LF	DOOR TRIM ONLY: ___LF	WINDOW TRIM ONLY: ___LF	DOORS ONLY: ___QTY		

GARAGE:	___H	___L x ___W	___L x ___W	___L x ___W	___TOTAL SFT
AREA(S)	___CEILINGS	___CROWN	___WALLS	___TRIM	___DOORS ___CLOSET
COLOUR					
BASEBOARD ONLY: ___LF	DOOR TRIM ONLY: ___LF	WINDOW TRIM ONLY: ___LF	DOORS ONLY: ___QTY		

NOTES:

STAIRCASE	TREADS #	RISERS #	STRINGERS #	POSTS #	BALUSTERS #	HANDRAIL #
PRIME						
PAINT						
STAIN						
CLEAR COAT						

KITCHEN	UPPER CABINET DOORS	BASE CABINETS DOORS	DRAWERS	VANITY	OTHER
PRIME					
PAINT					
STAIN					
CLEAR COAT					

WALLPAPER REMOVAL

ROOM(S) _____

ROOM SIZE _____W x _____L x _____H

BORDER _____YES _____NO

DRAWING

INTERIOR RESIDENTAL PAINTING ESTIMATE FORM

CLIENT CALL DATE: _____ CLIENT CALL BACK DATE: _____

CLIENT SITE VISIT DATE: _____ TIME: _____
CLIENT 2ᴺ CALL BACK DATE: _____

CLIENT NAME: _____ PHONE NUMBER: _____

ADDRESS: _____ EMAIL: _____

CITY: _____ POSTAL CODE _____ OTHER: _____

HOW DID YOU HEAR ABOUT US?   GOOGLE   WEBSITE   MAGAZINE   WORD OF MOUTH   SIGNAGE

CLIENT REFERRAL-NAME: _____ REFERRAL PROGRAM: _____

ESTIMATE DATE: _____ ESTIMATE # _____

REQUESTED START DATE: _____ REQUESTED FINISH DATE: _____

APPROX START DATE: _____ APPROX NUMBER OF DAYS: _____

NOTES:
_____
_____
_____
_____
_____
_____

SPECIAL INSTRUCTIONS:
_____
_____
_____
_____
_____
_____
_____
_____
_____
_____

KITCHEN:	_____H	_____ L x ___ W	_____ L x ___ W	_____ L x ___ W	_____ TOTAL SFT
AREA(S)	_____CEILINGS	_____CROWN	_____WALLS	_____TRIM	_____DOORS _____CLOSET
COLOUR	_____	_____	_____	_____	_____
BASEBOARD ONLY: _____LF	DOOR TRIM ONLY: _____LF	WINDOW TRIM ONLY: _____LF	DOORS ONLY: _____QTY		
DINING ROOM:	_____H	_____ L x ___ W	_____ L x ___ W	_____ L x ___ W	_____ TOTAL SFT
AREA(S)	_____CEILINGS	_____CROWN	_____WALLS	_____TRIM	_____DOORS _____CLOSET
COLOUR	_____	_____	_____	_____	_____
BASEBOARD ONLY: _____LF	DOOR TRIM ONLY: _____LF	WINDOW TRIM ONLY: _____LF	DOORS ONLY: _____QTY		
PANTRY:	_____H	_____ L x ___ W	_____ L x ___ W	_____ L x ___ W	_____ TOTAL SFT
AREA(S)	_____CEILINGS	_____CROWN	_____WALLS	_____TRIM	_____DOORS _____CLOSET
COLOUR	_____	_____	_____	_____	_____
BASEBOARD ONLY: _____LF	DOOR TRIM ONLY: _____LF	WINDOW TRIM ONLY: _____LF	DOORS ONLY: _____QTY		
LIVING ROOM:	_____H	_____ L x ___ W	_____ L x ___ W	_____ L x ___ W	_____ TOTAL SFT
AREA(S)	_____CEILINGS	_____CROWN	_____WALLS	_____TRIM	_____DOORS _____CLOSET
COLOUR	_____	_____	_____	_____	_____
BASEBOARD ONLY: _____LF	DOOR TRIM ONLY: _____LF	WINDOW TRIM ONLY: _____LF	DOORS ONLY: _____QTY		
LAUNDRY:	_____H	_____ L x ___ W	_____ L x ___ W	_____ L x ___ W	_____ TOTAL SFT
AREA(S)	_____CEILINGS	_____CROWN	_____WALLS	_____TRIM	_____DOORS _____CLOSET
COLOUR	_____	_____	_____	_____	_____
BASEBOARD ONLY: _____LF	DOOR TRIM ONLY: _____LF	WINDOW TRIM ONLY: _____LF	DOORS ONLY: _____QTY		
MUDROOM:	_____H	_____ L x ___ W	_____ L x ___ W	_____ L x ___ W	_____ TOTAL SFT
AREA(S)	_____CEILINGS	_____CROWN	_____WALLS	_____TRIM	_____DOORS _____CLOSET
COLOUR	_____	_____	_____	_____	_____
BASEBOARD ONLY: _____LF	DOOR TRIM ONLY: _____LF	WINDOW TRIM ONLY: _____LF	DOORS ONLY: _____QTY		
FOYER:	_____H	_____ L x ___ W	_____ L x ___ W	_____ L x ___ W	_____ TOTAL SFT
AREA(S)	_____CEILINGS	_____CROWN	_____WALLS	_____TRIM	_____DOORS _____CLOSET
COLOUR	_____	_____	_____	_____	_____
BASEBOARD ONLY: _____LF	DOOR TRIM ONLY: _____LF	WINDOW TRIM ONLY: _____LF	DOORS ONLY: _____QTY		
MASTER BED:	_____H	_____ L x ___ W	_____ L x ___ W	_____ L x ___ W	_____ TOTAL SFT
AREA(S)	_____CEILINGS	_____CROWN	_____WALLS	_____TRIM	_____DOORS _____CLOSET
COLOUR	_____	_____	_____	_____	_____
BASEBOARD ONLY: _____LF	DOOR TRIM ONLY: _____LF	WINDOW TRIM ONLY: _____LF	DOORS ONLY: _____QTY		
ENSUITE:	_____H	_____ L x ___ W	_____ L x ___ W	_____ L x ___ W	_____ TOTAL SFT
AREA(S)	_____CEILINGS	_____CROWN	_____WALLS	_____TRIM	_____DOORS _____CLOSET
COLOUR	_____	_____	_____	_____	_____
BASEBOARD ONLY: _____LF	DOOR TRIM ONLY: _____LF	WINDOW TRIM ONLY: _____LF	DOORS ONLY: _____QTY		
BEDROOM 1:	_____H	_____ L x ___ W	_____ L x ___ W	_____ L x ___ W	_____ TOTAL SFT
AREA(S)	_____CEILINGS	_____CROWN	_____WALLS	_____TRIM	_____DOORS _____CLOSET
COLOUR	_____	_____	_____	_____	_____
BASEBOARD ONLY: _____LF	DOOR TRIM ONLY: _____LF	WINDOW TRIM ONLY: _____LF	DOORS ONLY: _____QTY		
BEDROOM 2:	_____H	_____ L x ___ W	_____ L x ___ W	_____ L x ___ W	_____ TOTAL SFT
AREA(S)	_____CEILINGS	_____CROWN	_____WALLS	_____TRIM	_____DOORS _____CLOSET
COLOUR	_____	_____	_____	_____	_____
BASEBOARD ONLY: _____LF	DOOR TRIM ONLY: _____LF	WINDOW TRIM ONLY: _____LF	DOORS ONLY: _____QTY		
BEDROOM 3:	_____H	_____ L x ___ W	_____ L x ___ W	_____ L x ___ W	_____ TOTAL SFT
AREA(S)	_____CEILINGS	_____CROWN	_____WALLS	_____TRIM	_____DOORS _____CLOSET
COLOUR	_____	_____	_____	_____	_____
BASEBOARD ONLY: _____LF	DOOR TRIM ONLY: _____LF	WINDOW TRIM ONLY: _____LF	DOORS ONLY: _____QTY		
BEDROOM 4:	_____H	_____ L x ___ W	_____ L x ___ W	_____ L x ___ W	_____ TOTAL SFT
AREA(S)	_____CEILINGS	_____CROWN	_____WALLS	_____TRIM	_____DOORS _____CLOSET
COLOUR	_____	_____	_____	_____	_____
BASEBOARD ONLY: _____LF	DOOR TRIM ONLY: _____LF	WINDOW TRIM ONLY: _____LF	DOORS ONLY: _____QTY		
MAIN BATH:	_____H	_____ L x ___ W	_____ L x ___ W	_____ L x ___ W	_____ TOTAL SFT
AREA(S)	_____CEILINGS	_____CROWN	_____WALLS	_____TRIM	_____DOORS _____CLOSET
COLOUR	_____	_____	_____	_____	_____
BASEBOARD ONLY: _____LF	DOOR TRIM ONLY: _____LF	WINDOW TRIM ONLY: _____LF	DOORS ONLY: _____QTY		
BATH 1:	_____H	_____ L x ___ W	_____ L x ___ W	_____ L x ___ W	_____ TOTAL SFT
AREA(S)	_____CEILINGS	_____CROWN	_____WALLS	_____TRIM	_____DOORS _____CLOSET
COLOUR	_____	_____	_____	_____	_____
BASEBOARD ONLY: _____LF	DOOR TRIM ONLY: _____LF	WINDOW TRIM ONLY: _____LF	DOORS ONLY: _____QTY		

ATH 2: ___H	___L x ___W	___L x ___W	___L x ___W	___ TOTAL SFT	
AREA(S) ___CEILINGS	___CROWN	___WALLS	___TRIM	___DOORS	___CLOSET
COLOUR ___	___	___	___	___	___
BASEBOARD ONLY: ___LF	DOOR TRIM ONLY: ___LF	WINDOW TRIM ONLY: ___LF	DOORS ONLY: ___QTY		
POWDER ROOM: ___H	___L x ___W	___L x ___W	___L x ___W	___ TOTAL SFT	
AREA(S) ___CEILINGS	___CROWN	___WALLS	___TRIM	___DOORS	___CLOSET
COLOUR ___	___	___	___	___	___
BASEBOARD ONLY: ___LF	DOOR TRIM ONLY: ___LF	WINDOW TRIM ONLY: ___LF	DOORS ONLY: ___QTY		
REC ROOM ___H	___L x ___W	___L x ___W	___L x ___W	___ TOTAL SFT	
AREA(S) ___CEILINGS	___CROWN	___WALLS	___TRIM	___DOORS	___CLOSET
COLOUR ___	___	___	___	___	___
BASEBOARD ONLY: ___LF	DOOR TRIM ONLY: ___LF	WINDOW TRIM ONLY: ___LF	DOORS ONLY: ___QTY		
MAIN FLOOR HALL: ___H	___L x ___W	___L x ___W	___L x ___W	___ TOTAL SFT	
AREA(S) ___CEILINGS	___CROWN	___WALLS	___TRIM	___DOORS	___CLOSET
COLOUR ___	___	___	___	___	___
BASEBOARD ONLY: ___LF	DOOR TRIM ONLY: ___LF	WINDOW TRIM ONLY: ___LF	DOORS ONLY: ___QTY		
UPPER HALL: ___H	___L x ___W	___L x ___W	___L x ___W	___ TOTAL SFT	
AREA(S) ___CEILINGS	___CROWN	___WALLS	___TRIM	___DOORS	___CLOSET
COLOUR ___	___	___	___	___	___
BASEBOARD ONLY: ___LF	DOOR TRIM ONLY: ___LF	WINDOW TRIM ONLY: ___LF	DOORS ONLY: ___QTY		
UPPER STAIRWELL: ___H	___L x ___W	___L x ___W	___L x ___W	___ TOTAL SFT	
AREA(S) ___CEILINGS	___CROWN	___WALLS	___TRIM	___DOORS	___CLOSET
COLOUR ___	___	___	___	___	___
BASEBOARD ONLY: ___LF	DOOR TRIM ONLY: ___LF	WINDOW TRIM ONLY: ___LF	DOORS ONLY: ___QTY		
LOWER HALL: ___H	___L x ___W	___L x ___W	___L x ___W	___ TOTAL SFT	
AREA(S) ___CEILINGS	___CROWN	___WALLS	___TRIM	___DOORS	___CLOSET
COLOUR ___	___	___	___	___	___
BASEBOARD ONLY: ___LF	DOOR TRIM ONLY: ___LF	WINDOW TRIM ONLY: ___LF	DOORS ONLY: ___QTY		
LOWER STAIRWELL: ___H	___L x ___W	___L x ___W	___L x ___W	___ TOTAL SFT	
AREA(S) ___CEILINGS	___CROWN	___WALLS	___TRIM	___DOORS	___CLOSET
COLOUR ___	___	___	___	___	___
BASEBOARD ONLY: ___LF	DOOR TRIM ONLY: ___LF	WINDOW TRIM ONLY: ___LF	DOORS ONLY: ___QTY		
GARAGE: ___H	___L x ___W	___L x ___W	___L x ___W	___ TOTAL SFT	
AREA(S) ___CEILINGS	___CROWN	___WALLS	___TRIM	___DOORS	___CLOSET
COLOUR ___	___	___	___	___	___
BASEBOARD ONLY: ___LF	DOOR TRIM ONLY: ___LF	WINDOW TRIM ONLY: ___LF	DOORS ONLY: ___QTY		

NOTES:

STAIRCASE	TREADS #	RISERS #	STRINGERS #	POSTS #	BALUSTERS #	HANDRAIL #
PRIME						
PAINT						
STAIN						
CLEAR COAT						

KITCHEN	UPPER CABINET DOORS	BASE CABINETS DOORS	DRAWERS	VANITY	OTHER
PRIME					
PAINT					
STAIN					
CLEAR COAT					

WALLPAPER REMOVAL

ROOM(S) _____

ROOM SIZE _____ W x _____ L x _____ H

BORDER _____ YES _____ NO

DRAWING

INTERIOR RESIDENTAL PAINTING ESTIMATE FORM

CLIENT CALL DATE: _____   CLIENT CALL BACK DATE: _____

CLIENT SITE VISIT DATE: _____ TIME: _____   CLIENT 2ⁿ CALL BACK DATE: _____

CLIENT NAME: _____   PHONE NUMBER: _____

ADDRESS: _____   EMAIL: _____

CITY: _____ POSTAL CODE _____   OTHER: _____

HOW DID YOU HEAR ABOUT US?   GOOGLE   WEBSITE   MAGAZINE   WORD OF MOUTH   SIGNAGE

CLIENT REFERRAL-NAME: _____   REFERRAL PROGRAM: _____

ESTIMATE DATE: _____   ESTIMATE # _____

REQUESTED START DATE: _____   REQUESTED FINISH DATE: _____

APPROX START DATE: _____   APPROX NUMBER OF DAYS: _____

NOTES:
_____
_____
_____
_____
_____
_____
_____

SPECIAL INSTRUCTIONS:
_____
_____
_____
_____
_____
_____
_____
_____
_____
_____
_____
_____

KITCHEN:	___H	___L x ___W	___L x ___W	___L x ___W	___TOTAL SFT
AREA(S)	___CEILINGS	___CROWN	___WALLS	___TRIM	___DOORS ___CLOSET
COLOUR					
BASEBOARD ONLY: ___LF	DOOR TRIM ONLY: ___LF	WINDOW TRIM ONLY: ___LF		DOORS ONLY: ___QTY	

DINING ROOM:	___H	___L x ___W	___L x ___W	___L x ___W	___TOTAL SFT
AREA(S)	___CEILINGS	___CROWN	___WALLS	___TRIM	___DOORS ___CLOSET
COLOUR					
BASEBOARD ONLY: ___LF	DOOR TRIM ONLY: ___LF	WINDOW TRIM ONLY: ___LF		DOORS ONLY: ___QTY	

PANTRY:	___H	___L x ___W	___L x ___W	___L x ___W	___TOTAL SFT
AREA(S)	___CEILINGS	___CROWN	___WALLS	___TRIM	___DOORS ___CLOSET
COLOUR					
BASEBOARD ONLY: ___LF	DOOR TRIM ONLY: ___LF	WINDOW TRIM ONLY: ___LF		DOORS ONLY: ___QTY	

LIVING ROOM:	___H	___L x ___W	___L x ___W	___L x ___W	___TOTAL SFT
AREA(S)	___CEILINGS	___CROWN	___WALLS	___TRIM	___DOORS ___CLOSET
COLOUR					
BASEBOARD ONLY: ___LF	DOOR TRIM ONLY: ___LF	WINDOW TRIM ONLY: ___LF		DOORS ONLY: ___QTY	

LAUNDRY:	___H	___L x ___W	___L x ___W	___L x ___W	___TOTAL SFT
AREA(S)	___CEILINGS	___CROWN	___WALLS	___TRIM	___DOORS ___CLOSET
COLOUR					
BASEBOARD ONLY: ___LF	DOOR TRIM ONLY: ___LF	WINDOW TRIM ONLY: ___LF		DOORS ONLY: ___QTY	

MUDROOM:	___H	___L x ___W	___L x ___W	___L x ___W	___TOTAL SFT
AREA(S)	___CEILINGS	___CROWN	___WALLS	___TRIM	___DOORS ___CLOSET
COLOUR					
BASEBOARD ONLY: ___LF	DOOR TRIM ONLY: ___LF	WINDOW TRIM ONLY: ___LF		DOORS ONLY: ___QTY	

FOYER:	___H	___L x ___W	___L x ___W	___L x ___W	___TOTAL SFT
AREA(S)	___CEILINGS	___CROWN	___WALLS	___TRIM	___DOORS ___CLOSET
COLOUR					
BASEBOARD ONLY: ___LF	DOOR TRIM ONLY: ___LF	WINDOW TRIM ONLY: ___LF		DOORS ONLY: ___QTY	

MASTER BED:	___H	___L x ___W	___L x ___W	___L x ___W	___TOTAL SFT
AREA(S)	___CEILINGS	___CROWN	___WALLS	___TRIM	___DOORS ___CLOSET
COLOUR					
BASEBOARD ONLY: ___LF	DOOR TRIM ONLY: ___LF	WINDOW TRIM ONLY: ___LF		DOORS ONLY: ___QTY	

ENSUITE:	___H	___L x ___W	___L x ___W	___L x ___W	___TOTAL SFT
AREA(S)	___CEILINGS	___CROWN	___WALLS	___TRIM	___DOORS ___CLOSET
COLOUR					
BASEBOARD ONLY: ___LF	DOOR TRIM ONLY: ___LF	WINDOW TRIM ONLY: ___LF		DOORS ONLY: ___QTY	

BEDROOM 1:	___H	___L x ___W	___L x ___W	___L x ___W	___TOTAL SFT
AREA(S)	___CEILINGS	___CROWN	___WALLS	___TRIM	___DOORS ___CLOSET
COLOUR					
BASEBOARD ONLY: ___LF	DOOR TRIM ONLY: ___LF	WINDOW TRIM ONLY: ___LF		DOORS ONLY: ___QTY	

BEDROOM 2:	___H	___L x ___W	___L x ___W	___L x ___W	___TOTAL SFT
AREA(S)	___CEILINGS	___CROWN	___WALLS	___TRIM	___DOORS ___CLOSET
COLOUR					
BASEBOARD ONLY: ___LF	DOOR TRIM ONLY: ___LF	WINDOW TRIM ONLY: ___LF		DOORS ONLY: ___QTY	

BEDROOM 3:	___H	___L x ___W	___L x ___W	___L x ___W	___TOTAL SFT
AREA(S)	___CEILINGS	___CROWN	___WALLS	___TRIM	___DOORS ___CLOSET
COLOUR					
BASEBOARD ONLY: ___LF	DOOR TRIM ONLY: ___LF	WINDOW TRIM ONLY: ___LF		DOORS ONLY: ___QTY	

BEDROOM 4:	___H	___L x ___W	___L x ___W	___L x ___W	___TOTAL SFT
AREA(S)	___CEILINGS	___CROWN	___WALLS	___TRIM	___DOORS ___CLOSET
COLOUR					
BASEBOARD ONLY: ___LF	DOOR TRIM ONLY: ___LF	WINDOW TRIM ONLY: ___LF		DOORS ONLY: ___QTY	

MAIN BATH:	___H	___L x ___W	___L x ___W	___L x ___W	___TOTAL SFT
AREA(S)	___CEILINGS	___CROWN	___WALLS	___TRIM	___DOORS ___CLOSET
COLOUR					
BASEBOARD ONLY: ___LF	DOOR TRIM ONLY: ___LF	WINDOW TRIM ONLY: ___LF		DOORS ONLY: ___QTY	

BATH 1:	___H	___L x ___W	___L x ___W	___L x ___W	___TOTAL SFT
AREA(S)	___CEILINGS	___CROWN	___WALLS	___TRIM	___DOORS ___CLOSET
COLOUR					
BASEBOARD ONLY: ___LF	DOOR TRIM ONLY: ___LF	WINDOW TRIM ONLY: ___LF		DOORS ONLY: ___QTY	

Room	Dimensions			Areas
ATH 2:	____H	____L x ____W	____L x ____W	____L x ____W ____TOTAL SFT

ATH 2:	____H	____L x ____W	____L x ____W	____L x ____W	____TOTAL SFT
AREA(S) ____CEILINGS	____CROWN	____WALLS	____TRIM	____DOORS	____CLOSET
COLOUR					
BASEBOARD ONLY: ____LF	DOOR TRIM ONLY: ____LF	WINDOW TRIM ONLY: ____LF	DOORS ONLY: ____QTY		
POWDER ROOM:	____H	____L x ____W	____L x ____W	____L x ____W	____TOTAL SFT
AREA(S) ____CEILINGS	____CROWN	____WALLS	____TRIM	____DOORS	____CLOSET
COLOUR					
BASEBOARD ONLY: ____LF	DOOR TRIM ONLY: ____LF	WINDOW TRIM ONLY: ____LF	DOORS ONLY: ____QTY		
REC ROOM	____H	____L x ____W	____L x ____W	____L x ____W	____TOTAL SFT
AREA(S) ____CEILINGS	____CROWN	____WALLS	____TRIM	____DOORS	____CLOSET
COLOUR					
BASEBOARD ONLY: ____LF	DOOR TRIM ONLY: ____LF	WINDOW TRIM ONLY: ____LF	DOORS ONLY: ____QTY		
MAIN FLOOR HALL:	____H	____L x ____W	____L x ____W	____L x ____W	____TOTAL SFT
AREA(S) ____CEILINGS	____CROWN	____WALLS	____TRIM	____DOORS	____CLOSET
COLOUR					
BASEBOARD ONLY: ____LF	DOOR TRIM ONLY: ____LF	WINDOW TRIM ONLY: ____LF	DOORS ONLY: ____QTY		
UPPER HALL:	____H	____L x ____W	____L x ____W	____L x ____W	____TOTAL SFT
AREA(S) ____CEILINGS	____CROWN	____WALLS	____TRIM	____DOORS	____CLOSET
COLOUR					
BASEBOARD ONLY: ____LF	DOOR TRIM ONLY: ____LF	WINDOW TRIM ONLY: ____LF	DOORS ONLY: ____QTY		
UPPER STAIRWELL:	____H	____L x ____W	____L x ____W	____L x ____W	____TOTAL SFT
AREA(S) ____CEILINGS	____CROWN	____WALLS	____TRIM	____DOORS	____CLOSET
COLOUR					
BASEBOARD ONLY: ____LF	DOOR TRIM ONLY: ____LF	WINDOW TRIM ONLY: ____LF	DOORS ONLY: ____QTY		
LOWER HALL:	____H	____L x ____W	____L x ____W	____L x ____W	____TOTAL SFT
AREA(S) ____CEILINGS	____CROWN	____WALLS	____TRIM	____DOORS	____CLOSET
COLOUR					
BASEBOARD ONLY: ____LF	DOOR TRIM ONLY: ____LF	WINDOW TRIM ONLY: ____LF	DOORS ONLY: ____QTY		
LOWER STAIRWELL:	____H	____L x ____W	____L x ____W	____L x ____W	____TOTAL SFT
AREA(S) ____CEILINGS	____CROWN	____WALLS	____TRIM	____DOORS	____CLOSET
COLOUR					
BASEBOARD ONLY: ____LF	DOOR TRIM ONLY: ____LF	WINDOW TRIM ONLY: ____LF	DOORS ONLY: ____QTY		
GARAGE:	____H	____L x ____W	____L x ____W	____L x ____W	____TOTAL SFT
AREA(S) ____CEILINGS	____CROWN	____WALLS	____TRIM	____DOORS	____CLOSET
COLOUR					
BASEBOARD ONLY: ____LF	DOOR TRIM ONLY: ____LF	WINDOW TRIM ONLY: ____LF	DOORS ONLY: ____QTY		

NOTES:

STAIRCASE	TREADS #	RISERS #	STRINGERS #	POSTS #	BALUSTERS #	HANDRAIL #
PRIME						
PAINT						
STAIN						
CLEAR COAT						

KITCHEN	UPPER CABINET DOORS	BASE CABINETS DOORS	DRAWERS	VANITY	OTHER
PRIME					
PAINT					
STAIN					
CLEAR COAT					

WALLPAPER REMOVAL	
ROOM(S)	_____
ROOM SIZE	_____W x _____L x _____H
BORDER	_____YES _____NO

DRAWING

INTERIOR RESIDENTAL PAINTING ESTIMATE FORM

CLIENT CALL DATE: _____ CLIENT CALL BACK DATE: _____

CLIENT SITE VISIT DATE: _____ TIME: _____ CLIENT 2ᴺ CALL BACK DATE: _____

CLIENT NAME: _____ PHONE NUMBER: _____

ADDRESS: _____ EMAIL: _____

CITY: _____ POSTAL CODE _____ OTHER: _____

HOW DID YOU HEAR ABOUT US?   GOOGLE   WEBSITE   MAGAZINE   WORD OF MOUTH   SIGNAGE

CLIENT REFERRAL-NAME: _____ REFERRAL PROGRAM: _____

ESTIMATE DATE: _____ ESTIMATE # _____

REQUESTED START DATE: _____ REQUESTED FINISH DATE: _____

APPROX START DATE: _____ APPROX NUMBER OF DAYS: _____

NOTES:
_____
_____
_____
_____
_____
_____
_____

SPECIAL INSTRUCTIONS:
_____
_____
_____
_____
_____
_____
_____
_____
_____
_____
_____
_____

KITCHEN:	____H	____L x ____W	____L x ____W	____L x ____W	____TOTAL SFT
AREA(S) ____CEILINGS	____CROWN	____WALLS	____TRIM	____DOORS	____CLOSET
COLOUR					
BASEBOARD ONLY: ____LF	DOOR TRIM ONLY: ____LF	WINDOW TRIM ONLY: ____LF	DOORS ONLY: ____QTY		

DINING ROOM:	____H	____L x ____W	____L x ____W	____L x ____W	____TOTAL SFT
AREA(S) ____CEILINGS	____CROWN	____WALLS	____TRIM	____DOORS	____CLOSET
COLOUR					
BASEBOARD ONLY: ____LF	DOOR TRIM ONLY: ____LF	WINDOW TRIM ONLY: ____LF	DOORS ONLY: ____QTY		

PANTRY:	____H	____L x ____W	____L x ____W	____L x ____W	____TOTAL SFT
AREA(S) ____CEILINGS	____CROWN	____WALLS	____TRIM	____DOORS	____CLOSET
COLOUR					
BASEBOARD ONLY: ____LF	DOOR TRIM ONLY: ____LF	WINDOW TRIM ONLY: ____LF	DOORS ONLY: ____QTY		

LIVING ROOM:	____H	____L x ____W	____L x ____W	____L x ____W	____TOTAL SFT
AREA(S) ____CEILINGS	____CROWN	____WALLS	____TRIM	____DOORS	____CLOSET
COLOUR					
BASEBOARD ONLY: ____LF	DOOR TRIM ONLY: ____LF	WINDOW TRIM ONLY: ____LF	DOORS ONLY: ____QTY		

LAUNDRY:	____H	____L x ____W	____L x ____W	____L x ____W	____TOTAL SFT
AREA(S) ____CEILINGS	____CROWN	____WALLS	____TRIM	____DOORS	____CLOSET
COLOUR					
BASEBOARD ONLY: ____LF	DOOR TRIM ONLY: ____LF	WINDOW TRIM ONLY: ____LF	DOORS ONLY: ____QTY		

MUDROOM:	____H	____L x ____W	____L x ____W	____L x ____W	____TOTAL SFT
AREA(S) ____CEILINGS	____CROWN	____WALLS	____TRIM	____DOORS	____CLOSET
COLOUR					
BASEBOARD ONLY: ____LF	DOOR TRIM ONLY: ____LF	WINDOW TRIM ONLY: ____LF	DOORS ONLY: ____QTY		

FOYER:	____H	____L x ____W	____L x ____W	____L x ____W	____TOTAL SFT
AREA(S) ____CEILINGS	____CROWN	____WALLS	____TRIM	____DOORS	____CLOSET
COLOUR					
BASEBOARD ONLY: ____LF	DOOR TRIM ONLY: ____LF	WINDOW TRIM ONLY: ____LF	DOORS ONLY: ____QTY		

MASTER BED:	____H	____L x ____W	____L x ____W	____L x ____W	____TOTAL SFT
AREA(S) ____CEILINGS	____CROWN	____WALLS	____TRIM	____DOORS	____CLOSET
COLOUR					
BASEBOARD ONLY: ____LF	DOOR TRIM ONLY: ____LF	WINDOW TRIM ONLY: ____LF	DOORS ONLY: ____QTY		

ENSUITE:	____H	____L x ____W	____L x ____W	____L x ____W	____TOTAL SFT
AREA(S) ____CEILINGS	____CROWN	____WALLS	____TRIM	____DOORS	____CLOSET
COLOUR					
BASEBOARD ONLY: ____LF	DOOR TRIM ONLY: ____LF	WINDOW TRIM ONLY: ____LF	DOORS ONLY: ____QTY		

BEDROOM 1:	____H	____L x ____W	____L x ____W	____L x ____W	____TOTAL SFT
AREA(S) ____CEILINGS	____CROWN	____WALLS	____TRIM	____DOORS	____CLOSET
COLOUR					
BASEBOARD ONLY: ____LF	DOOR TRIM ONLY: ____LF	WINDOW TRIM ONLY: ____LF	DOORS ONLY: ____QTY		

BEDROOM 2:	____H	____L x ____W	____L x ____W	____L x ____W	____TOTAL SFT
AREA(S) ____CEILINGS	____CROWN	____WALLS	____TRIM	____DOORS	____CLOSET
COLOUR					
BASEBOARD ONLY: ____LF	DOOR TRIM ONLY: ____LF	WINDOW TRIM ONLY: ____LF	DOORS ONLY: ____QTY		

BEDROOM 3:	____H	____L x ____W	____L x ____W	____L x ____W	____TOTAL SFT
AREA(S) ____CEILINGS	____CROWN	____WALLS	____TRIM	____DOORS	____CLOSET
COLOUR					
BASEBOARD ONLY: ____LF	DOOR TRIM ONLY: ____LF	WINDOW TRIM ONLY: ____LF	DOORS ONLY: ____QTY		

BEDROOM 4:	____H	____L x ____W	____L x ____W	____L x ____W	____TOTAL SFT
AREA(S) ____CEILINGS	____CROWN	____WALLS	____TRIM	____DOORS	____CLOSET
COLOUR					
BASEBOARD ONLY: ____LF	DOOR TRIM ONLY: ____LF	WINDOW TRIM ONLY: ____LF	DOORS ONLY: ____QTY		

MAIN BATH:	____H	____L x ____W	____L x ____W	____L x ____W	____TOTAL SFT
AREA(S) ____CEILINGS	____CROWN	____WALLS	____TRIM	____DOORS	____CLOSET
COLOUR					
BASEBOARD ONLY: ____LF	DOOR TRIM ONLY: ____LF	WINDOW TRIM ONLY: ____LF	DOORS ONLY: ____QTY		

BATH 1:	____H	____L x ____W	____L x ____W	____L x ____W	____TOTAL SFT
AREA(S) ____CEILINGS	____CROWN	____WALLS	____TRIM	____DOORS	____CLOSET
COLOUR					
BASEBOARD ONLY: ____LF	DOOR TRIM ONLY: ____LF	WINDOW TRIM ONLY: ____LF	DOORS ONLY: ____QTY		

ATH 2:	_____H	_____ L x ___ W	_____ L x ___ W	_____ L x ___ W	____ TOTAL SFT
AREA(S)	_____CEILINGS	_____CROWN	_____WALLS	_____TRIM	_____DOORS ____ CLOSET
COLOUR					
BASEBOARD ONLY: _____LF	DOOR TRIM ONLY: _____LF	WINDOW TRIM ONLY: _____LF	DOORS ONLY: _____QTY		

POWDER ROOM:	_____H	_____ L x ___ W	_____ L x ___ W	_____ L x ___ W	____ TOTAL SFT
AREA(S)	_____CEILINGS	_____CROWN	_____WALLS	_____TRIM	_____DOORS ____ CLOSET
COLOUR					
BASEBOARD ONLY: _____LF	DOOR TRIM ONLY: _____LF	WINDOW TRIM ONLY: _____LF	DOORS ONLY: _____QTY		

REC ROOM	_____H	_____ L x ___ W	_____ L x ___ W	_____ L x ___ W	____ TOTAL SFT
AREA(S)	_____CEILINGS	_____CROWN	_____WALLS	_____TRIM	_____DOORS ____ CLOSET
COLOUR					
BASEBOARD ONLY: _____LF	DOOR TRIM ONLY: _____LF	WINDOW TRIM ONLY: _____LF	DOORS ONLY: _____QTY		

MAIN FLOOR HALL:	_____H	_____ L x ___ W	_____ L x ___ W	_____ L x ___ W	____ TOTAL SFT
AREA(S)	_____CEILINGS	_____CROWN	_____WALLS	_____TRIM	_____DOORS ____ CLOSET
COLOUR					
BASEBOARD ONLY: _____LF	DOOR TRIM ONLY: _____LF	WINDOW TRIM ONLY: _____LF	DOORS ONLY: _____QTY		

UPPER HALL:	_____H	_____ L x ___ W	_____ L x ___ W	_____ L x ___ W	____ TOTAL SFT
AREA(S)	_____CEILINGS	_____CROWN	_____WALLS	_____TRIM	_____DOORS ____ CLOSET
COLOUR					
BASEBOARD ONLY: _____LF	DOOR TRIM ONLY: _____LF	WINDOW TRIM ONLY: _____LF	DOORS ONLY: _____QTY		

UPPER STAIRWELL:	_____H	_____ L x ___ W	_____ L x ___ W	_____ L x ___ W	____ TOTAL SFT
AREA(S)	_____CEILINGS	_____CROWN	_____WALLS	_____TRIM	_____DOORS ____ CLOSET
COLOUR					
BASEBOARD ONLY: _____LF	DOOR TRIM ONLY: _____LF	WINDOW TRIM ONLY: _____LF	DOORS ONLY: _____QTY		

LOWER HALL:	_____H	_____ L x ___ W	_____ L x ___ W	_____ L x ___ W	____ TOTAL SFT
AREA(S)	_____CEILINGS	_____CROWN	_____WALLS	_____TRIM	_____DOORS ____ CLOSET
COLOUR					
BASEBOARD ONLY: _____LF	DOOR TRIM ONLY: _____LF	WINDOW TRIM ONLY: _____LF	DOORS ONLY: _____QTY		

LOWER STAIRWELL:	_____H	_____ L x ___ W	_____ L x ___ W	_____ L x ___ W	____ TOTAL SFT
AREA(S)	_____CEILINGS	_____CROWN	_____WALLS	_____TRIM	_____DOORS ____ CLOSET
COLOUR					
BASEBOARD ONLY: _____LF	DOOR TRIM ONLY: _____LF	WINDOW TRIM ONLY: _____LF	DOORS ONLY: _____QTY		

GARAGE:	_____H	_____ L x ___ W	_____ L x ___ W	_____ L x ___ W	____ TOTAL SFT
AREA(S)	_____CEILINGS	_____CROWN	_____WALLS	_____TRIM	_____DOORS ____ CLOSET
COLOUR					
BASEBOARD ONLY: _____LF	DOOR TRIM ONLY: _____LF	WINDOW TRIM ONLY: _____LF	DOORS ONLY: _____QTY		

NOTES:

STAIRCASE	TREADS #	RISERS #	STRINGERS #	POSTS #	BALUSTERS #	HANDRAIL #
PRIME						
PAINT						
STAIN						
CLEAR COAT						

KITCHEN					
	UPPER CABINET DOORS	BASE CABINETS DOORS	DRAWERS	VANITY	OTHER
PRIME					
PAINT					
STAIN					
CLEAR COAT					

WALLPAPER REMOVAL	
ROOM(S)	_____
ROOM SIZE	_____W x _____L x _____H
BORDER	_____YES _____NO

DRAWING

INTERIOR RESIDENTAL PAINTING ESTIMATE FORM

CLIENT CALL DATE: _____   CLIENT CALL BACK DATE: _____

CLIENT SITE VISIT DATE: _____ TIME: _____
                                                CLIENT 2ᴺ CALL BACK DATE: _____

CLIENT NAME: _____   PHONE NUMBER: _____

ADDRESS: _____   EMAIL: _____

CITY: _____ POSTAL CODE _____   OTHER: _____

HOW DID YOU HEAR ABOUT US?   GOOGLE   WEBSITE   MAGAZINE   WORD OF MOUTH   SIGNAGE

CLIENT REFERRAL-NAME: _____   REFERRAL PROGRAM: _____

ESTIMATE DATE: _____   ESTIMATE # _____

REQUESTED START DATE: _____   REQUESTED FINISH DATE: _____

APPROX START DATE: _____   APPROX NUMBER OF DAYS: _____

NOTES:
_____
_____
_____
_____
_____
_____

SPECIAL INSTRUCTIONS:
_____
_____
_____
_____
_____
_____
_____
_____
_____
_____
_____

KITCHEN: _____H	_____L x ___W	_____L x ___W	_____L x ___W	_____TOTAL SFT	
AREA(S) _____CEILINGS	_____CROWN	_____WALLS	_____TRIM	_____DOORS	_____CLOSET
COLOUR _____					
BASEBOARD ONLY: _____LF	DOOR TRIM ONLY: _____LF	WINDOW TRIM ONLY: _____LF	DOORS ONLY: _____QTY		
DINING ROOM: _____H	_____L x ___W	_____L x ___W	_____L x ___W	_____TOTAL SFT	
AREA(S) _____CEILINGS	_____CROWN	_____WALLS	_____TRIM	_____DOORS	_____CLOSET
COLOUR _____					
BASEBOARD ONLY: _____LF	DOOR TRIM ONLY: _____LF	WINDOW TRIM ONLY: _____LF	DOORS ONLY: _____QTY		
PANTRY: _____H	_____L x ___W	_____L x ___W	_____L x ___W	_____TOTAL SFT	
AREA(S) _____CEILINGS	_____CROWN	_____WALLS	_____TRIM	_____DOORS	_____CLOSET
COLOUR _____					
BASEBOARD ONLY: _____LF	DOOR TRIM ONLY: _____LF	WINDOW TRIM ONLY: _____LF	DOORS ONLY: _____QTY		
LIVING ROOM: _____H	_____L x ___W	_____L x ___W	_____L x ___W	_____TOTAL SFT	
AREA(S) _____CEILINGS	_____CROWN	_____WALLS	_____TRIM	_____DOORS	_____CLOSET
COLOUR _____					
BASEBOARD ONLY: _____LF	DOOR TRIM ONLY: _____LF	WINDOW TRIM ONLY: _____LF	DOORS ONLY: _____QTY		
LAUNDRY: _____H	_____L x ___W	_____L x ___W	_____L x ___W	_____TOTAL SFT	
AREA(S) _____CEILINGS	_____CROWN	_____WALLS	_____TRIM	_____DOORS	_____CLOSET
COLOUR _____					
BASEBOARD ONLY: _____LF	DOOR TRIM ONLY: _____LF	WINDOW TRIM ONLY: _____LF	DOORS ONLY: _____QTY		
MUDROOM: _____H	_____L x ___W	_____L x ___W	_____L x ___W	_____TOTAL SFT	
AREA(S) _____CEILINGS	_____CROWN	_____WALLS	_____TRIM	_____DOORS	_____CLOSET
COLOUR _____					
BASEBOARD ONLY: _____LF	DOOR TRIM ONLY: _____LF	WINDOW TRIM ONLY: _____LF	DOORS ONLY: _____QTY		
FOYER: _____H	_____L x ___W	_____L x ___W	_____L x ___W	_____TOTAL SFT	
AREA(S) _____CEILINGS	_____CROWN	_____WALLS	_____TRIM	_____DOORS	_____CLOSET
COLOUR _____					
BASEBOARD ONLY: _____LF	DOOR TRIM ONLY: _____LF	WINDOW TRIM ONLY: _____LF	DOORS ONLY: _____QTY		
MASTER BED: _____H	_____L x ___W	_____L x ___W	_____L x ___W	_____TOTAL SFT	
AREA(S) _____CEILINGS	_____CROWN	_____WALLS	_____TRIM	_____DOORS	_____CLOSET
COLOUR _____					
BASEBOARD ONLY: _____LF	DOOR TRIM ONLY: _____LF	WINDOW TRIM ONLY: _____LF	DOORS ONLY: _____QTY		
ENSUITE: _____H	_____L x ___W	_____L x ___W	_____L x ___W	_____TOTAL SFT	
AREA(S) _____CEILINGS	_____CROWN	_____WALLS	_____TRIM	_____DOORS	_____CLOSET
COLOUR _____					
BASEBOARD ONLY: _____LF	DOOR TRIM ONLY: _____LF	WINDOW TRIM ONLY: _____LF	DOORS ONLY: _____QTY		
BEDROOM 1: _____H	_____L x ___W	_____L x ___W	_____L x ___W	_____TOTAL SFT	
AREA(S) _____CEILINGS	_____CROWN	_____WALLS	_____TRIM	_____DOORS	_____CLOSET
COLOUR _____					
BASEBOARD ONLY: _____LF	DOOR TRIM ONLY: _____LF	WINDOW TRIM ONLY: _____LF	DOORS ONLY: _____QTY		
BEDROOM 2: _____H	_____L x ___W	_____L x ___W	_____L x ___W	_____TOTAL SFT	
AREA(S) _____CEILINGS	_____CROWN	_____WALLS	_____TRIM	_____DOORS	_____CLOSET
COLOUR _____					
BASEBOARD ONLY: _____LF	DOOR TRIM ONLY: _____LF	WINDOW TRIM ONLY: _____LF	DOORS ONLY: _____QTY		
BEDROOM 3: _____H	_____L x ___W	_____L x ___W	_____L x ___W	_____TOTAL SFT	
AREA(S) _____CEILINGS	_____CROWN	_____WALLS	_____TRIM	_____DOORS	_____CLOSET
COLOUR _____					
BASEBOARD ONLY: _____LF	DOOR TRIM ONLY: _____LF	WINDOW TRIM ONLY: _____LF	DOORS ONLY: _____QTY		
BEDROOM 4: _____H	_____L x ___W	_____L x ___W	_____L x ___W	_____TOTAL SFT	
AREA(S) _____CEILINGS	_____CROWN	_____WALLS	_____TRIM	_____DOORS	_____CLOSET
COLOUR _____					
BASEBOARD ONLY: _____LF	DOOR TRIM ONLY: _____LF	WINDOW TRIM ONLY: _____LF	DOORS ONLY: _____QTY		
MAIN BATH: _____H	_____L x ___W	_____L x ___W	_____L x ___W	_____TOTAL SFT	
AREA(S) _____CEILINGS	_____CROWN	_____WALLS	_____TRIM	_____DOORS	_____CLOSET
COLOUR _____					
BASEBOARD ONLY: _____LF	DOOR TRIM ONLY: _____LF	WINDOW TRIM ONLY: _____LF	DOORS ONLY: _____QTY		
BATH 1: _____H	_____L x ___W	_____L x ___W	_____L x ___W	_____TOTAL SFT	
AREA(S) _____CEILINGS	_____CROWN	_____WALLS	_____TRIM	_____DOORS	_____CLOSET
COLOUR _____					
BASEBOARD ONLY: _____LF	DOOR TRIM ONLY: _____LF	WINDOW TRIM ONLY: _____LF	DOORS ONLY: _____QTY		

ATH 2: _____H	____ L x ___ W	____ L x ___ W	____ L x ___ W	____ TOTAL SFT	
AREA(S) ____CEILINGS	_____CROWN	_____WALLS	_____TRIM	_____DOORS	____CLOSET
COLOUR _____	_____	_____	_____	_____	_____
BASEBOARD ONLY: _____LF	DOOR TRIM ONLY: _____LF	WINDOW TRIM ONLY: _____LF		DOORS ONLY: _____QTY	

(Identical block repeats for each room below)

POWDER ROOM: ____H ____ L x ___ W ____ L x ___ W ____ L x ___ W ____ TOTAL SFT
AREA(S) ____CEILINGS _____CROWN _____WALLS _____TRIM _____DOORS ____CLOSET
COLOUR _____ _____ _____ _____ _____ _____
BASEBOARD ONLY: _____LF DOOR TRIM ONLY: _____LF WINDOW TRIM ONLY: _____LF DOORS ONLY: _____QTY

REC ROOM ____H ____ L x ___ W ____ L x ___ W ____ L x ___ W ____ TOTAL SFT
AREA(S) ____CEILINGS _____CROWN _____WALLS _____TRIM _____DOORS ____CLOSET
COLOUR _____ _____ _____ _____ _____ _____
BASEBOARD ONLY: _____LF DOOR TRIM ONLY: _____LF WINDOW TRIM ONLY: _____LF DOORS ONLY: _____QTY

MAIN FLOOR HALL: ____H ____ L x ___ W ____ L x ___ W ____ L x ___ W ____ TOTAL SFT
AREA(S) ____CEILINGS _____CROWN _____WALLS _____TRIM _____DOORS ____CLOSET
COLOUR _____ _____ _____ _____ _____ _____
BASEBOARD ONLY: _____LF DOOR TRIM ONLY: _____LF WINDOW TRIM ONLY: _____LF DOORS ONLY: _____QTY

UPPER HALL: ____H ____ L x ___ W ____ L x ___ W ____ L x ___ W ____ TOTAL SFT
AREA(S) ____CEILINGS _____CROWN _____WALLS _____TRIM _____DOORS ____CLOSET
COLOUR _____ _____ _____ _____ _____ _____
BASEBOARD ONLY: _____LF DOOR TRIM ONLY: _____LF WINDOW TRIM ONLY: _____LF DOORS ONLY: _____QTY

UPPER STAIRWELL: ____H ____ L x ___ W ____ L x ___ W ____ L x ___ W ____ TOTAL SFT
AREA(S) ____CEILINGS _____CROWN _____WALLS _____TRIM _____DOORS ____CLOSET
COLOUR _____ _____ _____ _____ _____ _____
BASEBOARD ONLY: _____LF DOOR TRIM ONLY: _____LF WINDOW TRIM ONLY: _____LF DOORS ONLY: _____QTY

LOWER HALL: ____H ____ L x ___ W ____ L x ___ W ____ L x ___ W ____ TOTAL SFT
AREA(S) ____CEILINGS _____CROWN _____WALLS _____TRIM _____DOORS ____CLOSET
COLOUR _____ _____ _____ _____ _____ _____
BASEBOARD ONLY: _____LF DOOR TRIM ONLY: _____LF WINDOW TRIM ONLY: _____LF DOORS ONLY: _____QTY

LOWER STAIRWELL: ____H ____ L x ___ W ____ L x ___ W ____ L x ___ W ____ TOTAL SFT
AREA(S) ____CEILINGS _____CROWN _____WALLS _____TRIM _____DOORS ____CLOSET
COLOUR _____ _____ _____ _____ _____ _____
BASEBOARD ONLY: _____LF DOOR TRIM ONLY: _____LF WINDOW TRIM ONLY: _____LF DOORS ONLY: _____QTY

GARAGE: ____H ____ L x ___ W ____ L x ___ W ____ L x ___ W ____ TOTAL SFT
AREA(S) ____CEILINGS _____CROWN _____WALLS _____TRIM _____DOORS ____CLOSET
COLOUR _____ _____ _____ _____ _____ _____
BASEBOARD ONLY: _____LF DOOR TRIM ONLY: _____LF WINDOW TRIM ONLY: _____LF DOORS ONLY: _____QTY

NOTES:

_____

STAIRCASE	TREADS #	RISERS #	STRINGERS #	POSTS #	BALUSTERS #	HANDRAIL #
PRIME						
PAINT						
STAIN						
CLEAR COAT						

KITCHEN	UPPER CABINET DOORS	BASE CABINETS DOORS	DRAWERS	VANITY	OTHER
PRIME					
PAINT					
STAIN					
CLEAR COAT					

WALLPAPER REMOVAL

ROOM(S) _____

ROOM SIZE _____W x _____L x _____H

BORDER _____YES _____NO

DRAWING

"Paint Smart, not Hard" is available on Amazon.

This bestseller dives deep into the painting business start-up, offering expert insights. Filled with stories of challenges and solutions, it provides essential knowledge to help you master the residential painting business.

Whether you're just starting out or want to refine your painting business skills, this book is key to success. Available in paperback and Kindle on Amazon. Soon to be available as an audiobook.

Don't miss your chance to unlock the secrets to a thriving residential painting business. Grab your copy today and transform your company.

PAIN**T**ING BIZ COACH.COM

Are you struggling with getting jobs and making great money?

Looking back, over 15 years now, when I started out on my own, I wished he would have a painting mentor or a painting business coach to answer questions about the business side of things. I'm sure, if I had someone to consult with occasionally, they would have saved me from spending thousands of dollars in bad marketing choices, buying useless painting equipment and making poor client decisions. So, here I am offering my one-on-one painting business coaching services to you through –

https://www.paintingbizcoach.com

MY MONTHLY MENTOR / COACHING PROGRAM

- One weekly phone chat for 30 minutes.
- A weekly review of your business goals, issues and plans for the next week.
- Unlimited support, text support & email support for paint business marketing, sales and management.
- Month to month payments
- Receive my monthly newsletter.

Visit my website and subscribe today.

WATCH JEFF LOCKWOOD ON

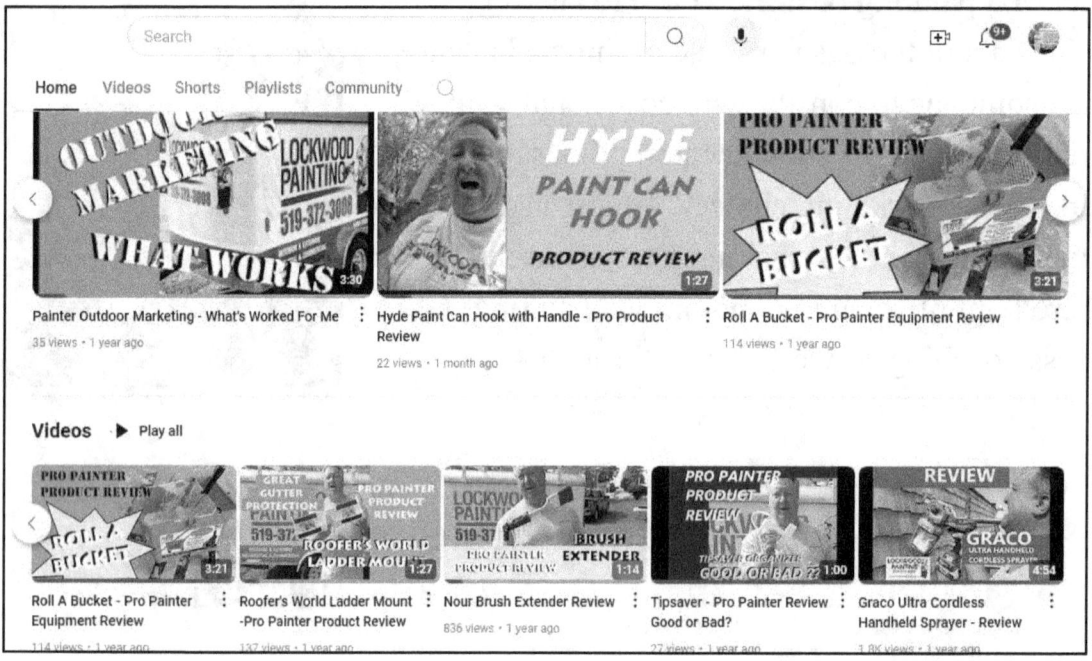

Business Tips, Painter Product Reviews, Q&A Videos and More.

Check them out at -

https://www.youtube.com/@lockwoodpainting

ORDER GREAT PAINTING CONTRACTOR FORM BOOKS ON amazon

The *"Painting Contractor Estimate Request Call Log"* is the perfect tool for residential painting contractors looking to stay organized and keep track of important business calls related to their projects.

With dedicated sections for recording date, time, client name, phone number, project details, you'll have all the information you need to manage your client's first communications efficiently. **Available on Amazon.**

The *"Painting Contractor Exterior Estimating Forms"* is a practical tool designed for new painting contractors. It features 50 four-sheet estimate forms in a convenient 8.5 x 11-inch size, helping residential painters gather organized details for exterior painting estimates. Created by an experienced contractor, it streamlines the estimating process, making it faster, easier, and more accurate for various exterior painting and staining projects. **Available on Amazon.**

www.ingramcontent.com/pod-product-compliance
Lightning Source LLC
Chambersburg PA
CBHW080454220526
45465CB00006B/2269